BIBLIOTHÈQUE

DE L'ÉCOLE

DES HAUTES ÉTUDES

PUBLIÉE SOUS LES AUSPICES

DU MINISTÈRE DE L'INSTRUCTION PUBLIQUE

———

SCIENCES PHILOLOGIQUES ET HISTORIQUES

———

QUARANTE-CINQUIÈME FASCICULE

HISTOIRE DES INSTITUTIONS MUNICIPALES DE SENLIS
PAR JULES FLAMMERMONT.

PARIS

F. VIEWEG, LIBRAIRE-ÉDITEUR

67, RUE DE RICHELIEU, 67

—

1881

Chartres. — Imprimerie DURAND frères, rue Fulbert

HISTOIRE

DES

INSTITUTIONS MUNICIPALES

DE SENLIS

PAR

Jules FLAMMERMONT

PARIS

F. VIEWEG, LIBRAIRE-EDITEUR

67, RUE DE RICHELIEU, 67

—

1881

A MONSIEUR

Léon RENIER

MEMBRE DE L'INSTITUT

PROFESSEUR AU COLLÉGE DE FRANCE

PRÉSIDENT

DE LA SECTION HISTORIQUE ET PHILOLOGIQUE

A L'ÉCOLE PRATIQUE DES HAUTES ÉTUDES

HOMMAGE

DE RESPECTUEUX DÉVOUEMENT

Sur l'avis de M. GABRIEL MONOD, directeur des conférences d'histoire, et de MM. ROY et GIRY, commissaires responsables, le présent mémoire a valu à M. FLAMMERMONT le titre d'*Élève diplômé de la section d'Histoire et de Philologie de l'École pratique des Hautes Études.*

Paris, le 23 juillet 1879.

Le Directeur d'études,

G. MONOD.

Les Commissaires responsables,

J. ROY.   A. GIRY.

Le Président de la section,

L. RENIER.

PRÉFACE

Le germe de ce travail se trouvait dans la seconde partie de notre thèse de sortie de l'École des Chartes, un *Essai manuscrit sur l'histoire de Senlis au moyen âge*, que l'Académie des Inscriptions et Belles-Lettres daigna couronner en 1878. Pour rester digne de la bienveillance de l'Académie, nous avons poursuivi jusqu'en 1610 cette partie de notre ouvrage, qui d'abord se terminait à la fin de la guerre de Cent-Ans, et nous l'avons refaite d'un bout à l'autre. Nous nous sommes arrêté à la mort d'Henri IV parce qu'à cette époque la décadence des institutions municipales était complète à Senlis, comme partout ailleurs, et surtout parce que de 1610 à 1665 il existe une interruption dans les registres aux assemblées qui sont notre principale source de renseignements. La première partie de notre essai comprenait l'histoire proprement dite de Senlis et nous en avons déjà publié plusieurs fragments [1]. Plus tard nous reprendrons ce travail; nous réunirons les morceaux épars, nous comblerons les lacunes et nous poursuivrons cette étude jusqu'à la fin du xvie siècle au moment où après l'échec de la Ligue et le triomphe de Henri IV l'histoire particulière de Senlis cesse d'avoir un peu d'in-

---

[1] Notes sur l'étymologie de Senlis et sur l'enceinte gallo-romaine, dite la cité, dans les *Mémoires du Comité archéologique de Senlis* pour l'année 1876, p. 3 à 11. La Jacquerie en Beauvaisis dans la *Revue historique*, numéro de janvier 1879. p. 123, et une Histoire de Senlis pendant la seconde partie de la guerre de Cent-Ans dans les *Mémoires de la Société de l'Histoire de Paris et de l'Ile-de-France*, t. V, p. 180 à 298.

térêt; ce nouvel ouvrage formera le complément du présent volume. Pour le moment nous laisserons de côté tous les faits plus ou moins curieux, qui ne sont pas d'une utilité immédiate pour notre sujet, et nous nous efforcerons de donner à ce travail la plus grande précision possible sans trop redouter la sécheresse ni l'aridité ; ce n'est pas un livre d'une lecture agréable et facile que nous avons voulu composer, mais une étude d'un caractère absolument technique sur les vicissitudes que subirent pendant plusieurs siècles les libertés communales dans une ville assez importante et nous nous estimerons trop heureux si elle peut fournir d'utiles matériaux aux historiens qui entreprendront un jour d'écrire l'histoire municipale de la France.

Les dépôts et les collections qui nous ont fourni la plupart des documents de notre travail sont les archives municipales de Senlis, la collection Afforty, les archives de l'Oise, les archives nationales et au cabinet des manuscrits de la bibliothèque nationale les collections Moreau et Grenier. Nous n'avons rien à dire de ces dernières collections, dont M. L. Delisle a publié des inventaires sommaires ; dans le volume que viennent de publier MM. J. Desjardins et A. Rendu, anciens archivistes de l'Oise, on trouve un inventaire des fonds de l'évêché et du chapitre de Senlis, et il n'y a rien à y ajouter. A Senlis, il y a également un inventaire manuscrit des archives municipales rédigé vers 1860 par un employé de la mairie, M. Cazes. Malheureusement, ce travailleur, aussi laborieux que consciencieux, n'avait pas des connaissances paléographiques et historiques suffisantes et il a commis de nombreuses et importantes erreurs; en outre, son plan n'était pas assez développé et ses analyses sont beaucoup trop sommaires; nous avons donc entrepris un nouvel inventaire, dont nous espérons bientôt commencer la publication, et c'est pour cette raison que nous nous bornerons à signaler les séries de documents dont nous nous sommes surtout servis. Dans la série AA avec les chartes de commune on trouve un cartulaire du XIIIᵉ siècle, dit le *Cartulaire enchaîné*, parce qu'il était attaché par une chaîne de fer au bureau de la grand' salle de l'hôtel de ville. Ce registre en parchemin contient les copies des principales chartes intéressant la commune jusqu'à la fin du XIII⁰ siècle; il paraît avoir été exécuté vers 1250 et après cette époque on y transcrivit sans ordre les titres importants au moment où ils étaient signés; ces dernières copies sont d'une écriture bien plus négligée que les premières transcriptions qui paraissent avoir été faites toutes en même temps et de suite. A la même époque, pour utiliser les pages blanches, on y copia les tarifs du tonlieu, du travers et des autres revenus indirects de la ville, et on inscrivit par ci par là les noms des nouveaux bourgeois reçus dans la commune. C'est un des articles les plus importants des archives. On rencontre ensuite dans la série BB une suite de dix registres en papier contenant les délibérations des assemblées des habitants, soit générales, soit particulières, depuis 1383 jusqu'à la Révolution; dans la série CC une suite de comptes et d'états de la ville, commençant après la reddition de la ville à Charles VII; mais dans cette dernière série les lacunes sont plus fréquentes et plus importantes que dans la série BB où la seule interruption considérable ne se trouve qu'au XVII⁰ siècle. Dans les autres séries on rencontre beaucoup de pièces dont nous avons tiré parti; mais il serait trop long et inutile de les mentionner ici, on les trouvera chacune en son lieu.

La collection Afforty est conservée à la bibliothèque de Senlis; elle comprend 25 volumes manuscrits, dont les 12 premiers contiennent les *Collectanea Silvanectensia* et les 13 autres le *Tabularium Silvanectense*. Elle porte le nom du travailleur qui l'a tout entière écrite de sa main. C'était un doyen du chapitre de Saint-Rieul de Senlis qui habita cette ville de 1734 jusqu'à sa mort en 1786. Lorsqu'il n'était encore qu'un simple chanoine, il acheta une volumineuse histoire manuscrite du diocèse de Senlis, composée avant 1735 par un ecclésiastique senlisien, nommé Duruel, qui fut plus tard curé de Sarcelles; Afforty trouva beaucoup d'intérêt à cette lecture et il copia de sa main une table fort complète, qui sans doute se trouvait jointe à un autre exemplaire que le sien. Il poursuivit ses études sur l'histoire ecclésiastique de Senlis en classant et copiant les papiers de Deslyons, qui peut-être avaient déjà servi à Duruel et lui étaient venus avec le travail de ce dernier. Deslyons, qui, à la fin du xviiᵉ siècle, était à la tête du chapitre de Notre-Dame de Senlis, s'était mis à étudier l'histoire du diocèse pour défendre l'antiquité et la suprématie de son église contre le doyen Jaulnay qui l'avait attaquée au profit de son église de Saint-Rieul dans un livre dénué de toute critique et rempli de grossiers mensonges. Cette querelle vulgaire, engagée à propos de la réclame impudente naïvement fabriquée par Jaulnay, força Deslyons à étudier l'histoire des origines du diocèse et de la ville et une fois entré dans cette voie il continua ; il réunit de nombreux matériaux et il écrivit sur plusieurs points importants d'excellentes dissertations, mais il ne put achever l'œuvre qu'il avait rêvée et ce fut Duruel qui eut cet honneur. C'était un vigoureux esprit que le doyen de Notre-Dame ; janséniste convaincu, il avait, comme tous les amis de Port-Royal, la passion des fortes études et il possédait le sens critique à un très haut degré ; lié avec Arnaud, avec Mabillon, avec Martène et tout ce que l'érudition comptait alors d'hommes illustres et instruits, il se tenait, quoique senlisien, au courant de tout ce qui était intéressant. Ce fut une rare bonne fortune pour le jeune chanoine Afforty de trouver à ses débuts, sous sa main, les papiers de Deslyons et de Duruel ; il y prit le goût de l'histoire vraie et sincère, écrite sans parti pris et toujours appuyée sur des preuves authentiques ; il subit à ce point l'influence de cette virile éducation, qu'il eût le courage d'abandonner la cause de son église de Saint-Rieul et qu'il osât plus tard porter un jugement des plus sévères sur son prédécesseur Jaulnay ; c'était pourtant à lui qu'il devait sa vocation ; car il est probable que sans le *livre des miracles de Saint-Rieul* Deslyons n'aurait pas entrepris ses travaux sur l'histoire de Senlis et qu'il n'aurait pas laissé les papiers qui donnèrent à Afforty l'habitude des études historiques et lui inspirèrent sans doute le désir de compléter la collection de documents commencée par le doyen de Notre-Dame.

Ce fut vers 1740, six ans après être arrivé à Senlis et un an après avoir été nommé chantre de Saint-Rieul, qu'Afforty commença ses travaux de compilation. Les deux premiers volumes des *Collectanea* sont remplis de copies tirées des papiers de Deslyons et le bon chanoine y mit tant de zèle que dix ans après il avait déjà à peu près rempli douze gros volumes in-quarto écrits d'une écriture fine et serrée. A ce moment les Bénédictins préparaient pour la seconde édition du *Gallia Christiana* la monographie du diocèse de Senlis; ils furent mis en relations avec Afforty qui leur fut d'un grand secours. Il leur prêta son manuscrit de Duruel et les fit profiter du fruit de ses propres travaux[1]. Ils usèrent largement de sa collection; ils y prirent de nombreux documents qu'ils publièrent en appendice et il est probable qu'ils se servirent des catalogues d'Afforty pour la rédaction de ceux qu'ils insérèrent dans ce volume. Dans le XI° et le XII° volume de ses *Collectanea* Afforty avait dressé des listes des personnages dont le nom se trouvait dans sa collection, et pour chacun d'eux il renvoyait par des chiffres aux pages qui les intéressaient. Ces personnages étaient rangés chronologiquement sous la rubrique de l'établissement auquel ils avaient appartenu; on avait ainsi des catalogues des baillis, des maires, des échevins de Senlis, des prévôts, des évêques, des dignitaires des chapitres et des abbayes du diocèse et en général de tous les établissements civils et ecclésiastiques un peu importants.

---

[1] Is historiam manuscriptam silvanectensis ecclesie a Duruel, quondam Sarcellarum diœcesis Parisiensis parochi, conscriptam et ab auctoris herede pretio comparatam nobiscum perhumaniter communicavit ex qua quod libuit excerpere licuit. (*Gallia Christiana*, t. X, 1379.) — « Avant cette époque (1770), il s'était déjà occupé pendant plus de trente ans du même objet, c'est-à-dire de la recherche des monuments ecclésiastiques civils anciens et modernes, dont il a formé un recueil sous le nom de *Collectanea Silvanectensia* de 12 volumes in-4, bien connus de dom Grenier et avant lui de ses confrères, auteurs du *Gallia Christiana*, qui y ont puisé tout ce qui leur a convenu pour cet ouvrage. » (Supplique d'Afforty au garde des sceaux en décembre 1780, collection Grenier, vol. 41, 409ª.) Dans ce volume se trouve la correspondance d'Afforty avec dom Grenier; M. A. Margry, auquel nous avons signalé ces lettres curieuses, annonce qu'il les publiera dans un des prochains volumes des mémoires du Comité de Senlis.

Afforty avait l'intention de prendre des extraits des passages qui contenaient le nom de chacun de ces personnages ou des faits les concernant ; c'est à faire ces extraits que devait lui servir la table alphabétique de ses *Collectanea*, qu'il avait dressée avec les renvois dont nous avons parlé plus haut ; mais il ne fit ce travail que pour les baillis, les maires et les échevins de Senlis. Tout cela n'était que des matériaux destinés à être mis en œuvre et le bon chanoine se réservait peut-être de rédiger plus tard ces notices et de leur donner une forme plus présentable ; mais il ne mit jamais cette idée à exécution, comme le prouve ce passage d'une lettre écrite par lui à dom Grenier le 13 janvier 1778 : « On m'a prêté le premier volume du Trésor généalogique de dom Caffiaux depuis quelques jours. Mes tables me mettraient, ce me semble, en état de produire au public un pareil ouvrage en suivant le même plan. Je ne crois pas que ces sortes d'ouvrages soient d'un grand débit et puissent dédommager l'auteur des peines qu'il s'y est donné [1]. » A ce point de vue Afforty avait raison et de nos jours pas plus que de son temps ces ouvrages ne trouvent beaucoup d'acheteurs, bien qu'ils soient fort utiles et rendent de grands services aux érudits. Et même, quoique ces catalogues soient informes et ne soient guère autre chose que des tables renvoyant aux pages des *Collectanea*, ils sont d'une grande utilité et nous sommes très heureux qu'un érudit, aussi instruit que laborieux, M. A. Margry, ait partagé notre sentiment sur ce point et ait entrepris de publier ce travail d'Afforty dans les mémoires du Comité archéologique de Senlis.

En 1770, une impulsion nouvelle dirigea les efforts d'Afforty, dont ce travail était la seule distraction en dehors des faciles labeurs que lui imposaient ses fonctions. Dom Grenier vint à Senlis, en qualité de commissaire du Comité des chartes, pour rechercher dans les dépôts d'archives du pays les documents intéressants ; on le mit aussitôt en relations

---

[1] Bibliothèque nationale, cabinet des manuscrits, collection Grenier, vol. XLI, p. 362.

avec Afforty, qui lui montra sa collection de documents ;
dom Grenier y marqua plusieurs chartes, dont il demanda
la copie, et, après avoir parcouru ces volumes, il se montra
tout à fait surpris de la richesse des archives de la région.
En rentrant à Paris, le savant bénédictin proposa au ministre Bertin de charger Afforty d'explorer les archives
du pays et d'y recueillir tous les titres curieux ; le ministre
y consentit ; le doyen de Saint-Rieul accepta avec joie et
se mit immédiatement à l'œuvre ; le 30 octobre 1770 il re-
merciait le ministre et faisait un premier envoi ; c'est dans
cette lettre qu'il disait avec une légère pointe d'orgueil que
dom Grenier s'était convaincu de la richesse des dépôts sen-
lisiens « par la simple inspection des mémoires que j'ay recueillis depuis près de trente ans que j'en fais mon amuse-
ment[1]. » Depuis ce moment Afforty, qui jusqu'ici
n'avait travaillé que pour se distraire, se mit à la besogne
avec la plus grande ardeur et ne s'accorda plus de repos ;
il restait parfois huit jours « *sans sortir de sa tanière ;* » il
était si ardent qu'en 1775, à l'âge de 69 ans, il se réjouis-
sait d'être retenu par la goutte pendant plus de six mois
dans sa chambre, parce qu'il n'en travaillait que mieux. Le
1ᵉʳ mars 1771, au moment d'aller passer huit jours à Soissons dans sa famille, il écrivait à dom Grenier : « Je porte
de l'ouvrage avec moi à Soissons, au cas que j'aie quelques
heures de libres dans les matinées pendant que les autres
reposeront ; il faut toujours tâcher d'allier ses plaisirs avec
ses devoirs surtout dans un temps de pénitence. » Afforty
avait pris comme aide un jeune ecclésiastique, nommé Lecomte ; mais cet auxiliaire ne savait pas lire les anciennes
écritures et il n'était guère bon qu'à faire de belles expé-
ditions des copies prises par Afforty ; souvent même on trouvait de grosses erreurs et, le 21 janvier 1781, dom Grenier
faisait dire au doyen par Desmarest, un autre de ses auxiliaires, qu'il eût à surveiller les copies de Lecomte ; mais pendant dix ans il avait eu le temps de faire de mauvaise besogne
et cette observation de dom Grenier montre qu'il ne faut se

---

[1] Bibliothèque nationale, cabinet des manuscrits, collection Moreau, 319.

servir qu'avec défiance des copies faites pour le Comité des chartes aujourd'hui conservées dans la collection Moreau. Afforty transcrivait lui-même les chartes qu'il recueillait et celles qui se trouvaient déjà dans ses *Collectanea* et il les rangeait par ordre chronologique; il appelait cette seconde collection le *Tabularium Silvanectense ;* il nous en reste aujourd'hui 13 volumes allant de la fin du xe siècle à la fin du xvie; mais les copies qui s'y trouvent sont souvent mauvaises; le bon doyen passait des mots, voire même des lignes entières, et faisait de fréquentes fautes de lecture. Dans un billet écrit à dom Grenier par Afforty peu de temps avant sa mort, arrivée à Senlis en mai 1786, on voit que de 1770 à 1778 le doyen de Saint-Rieul envoya au dépôt des chartes la copie de deux mille pièces, dont on lui avait à peine remboursé ses frais; de 1778 à l'époque où il écrivait, il en avait encore envoyé cinq cents, bien qu'on ne lui eût pas payé ses déboursés et qu'il n'eût reçu qu'une gratification de quatre cents livres « que M. de Miromesnil lui avait accordée après une maladie longue et cruelle, causée par son travail. »

Afforty mourut peu après, sans avoir pu obtenir la récompense que Moreau et dom Grenier n'avaient cessé de solliciter pour ce compilateur si zélé. Moreau, informé de la mort du doyen, pria le président Desmarest de veiller à la conservation des collections d'Afforty; un des héritiers, le notaire Sédillot, offrit au ministre de lui céder en échange de quelques faveurs tous les manuscrits de son oncle qui comprenaient plus de 30 volumes in-4, des dossiers et des portefeuilles; le ministre demanda des éclaircissements, mais on ne trouve pas la réponse de Sédillot et l'affaire en resta là [1]. Les manuscrits d'Afforty restèrent peu de temps dans sa famille et passèrent de mains en mains; aujourd'hui ils seraient sans doute tous perdus si la bibliothèque de Senlis n'en avait acheté 25 volumes au moment où ils allaient être détruits.

---

[1] Collection Moreau. t. CCCXIX, p. 91 et 92.

HISTOIRE

DES

INSTITUTIONS MUNICIPALES

DE SENLIS

PREMIÈRE PARTIE

COMMUNE. — 1173-1320.

CHAPITRE Ier

DE L'ÉTABLISSEMENT DU RÉGIME COMMUNAL. — DES MEMBRES ET DES MAGISTRATS DE LA COMMUNE.

Nous n'avons, pour ainsi dire, aucun document concernant le régime administratif sous lequel vécurent les habitants de Senlis avant la concession de la charte de commune en 1173; non seulement nous n'avons pu trouver aucun renseignement qui pût servir à l'histoire des origines des institutions communales ; mais il nous a été impossible d'arriver à connaître quelle était l'étendue des diverses seigneuries qui se partageaient la ville, et quels étaient les droits exercés par ceux qui les possédaient. Le peu que nous savons sur ce point nous est fourni par les accords que la commune conclut avec les seigneurs, et que l'on trouvera analysés au cours de cette étude. Nous serons donc obligés, pour éviter des répétitions inutiles, de nous contenter de dire quelques mots de l'état de Senlis, au milieu du XIIe siècle.

La plus grande partie de la ville appartenait alors immédiatement au roi de France, comme héritier des anciens comtes de Senlis. On ne sait rien sur les premiers de ces comtes et on ignore quand et par qui cette dynastie seigneuriale fut fondée ; certains historiens la font sortir de Pépin, roi de Lombardie ; mais c'est là une de ces généalogies fabuleuses, qui eurent autrefois une si grande vogue. Le seul de ces comtes, sur lesquels nous ayons des renseignements précis, est un certain Bernard, qui, en 946 et 948, prit le parti de Hugues de France, son suzerain, et soutint dans Senlis deux sièges contre le roi Louis d'Outre-Mer. Mais depuis lors nous ne voyons plus ce Bernard dans l'histoire, et on ne sait même pas s'il eut des successeurs. Que devint le comté à sa mort? On l'ignore; les auteurs qui, pour rehausser l'éclat d'une illustre famille, ont prétendu rattacher les Bouteillers de Senlis aux anciens comtes, n'ont donné à l'appui de leurs hypothèses aucun argument sérieux (1); et l'on peut affirmer que les comtes de Senlis ont disparu après ou peu après la mort de Bernard, et que le comté est revenu, faute d'hoirs, au suzerain, le duc de France (2).

Depuis ce temps Senlis fut toujours dans le domaine immédiat des Capétiens; c'est dans cette ville que le fondateur de la dynastie fut élu roi de France, par les Grands assemblés pour juger Adalbéron. Ses successeurs firent de fréquents séjours à Senlis et y bâtirent plusieurs églises. Robert fit reconstruire l'église de Saint-Rieul; pour remercier Dieu de lui avoir donné un fils, la reine Anne de Russie, qui avait la plus grande partie de son douaire constituée à Senlis et dans les environs, fonda l'abbaye de Saint-Vincent, au faubourg de Witel, *in alodé regali*, c'est-à-dire dans un terrain relevant immédiatement du roi. Louis-le-Gros, qui habita souvent dans cette ville, fit la fortune des principales familles seigneuriales du pays, des de la Tour et des Garlande. Louis VII vint presque tous les ans à Senlis; en 1154, il décida la

---

(1). A. Duchesne, *Histoire des Bouteillers de Senlis*, publiée par M. Sandret, dans la *Revue Historique et Nobiliaire*, années 1878 et 1879.

(2). En effet, le comte de Senlis était vassal du duc de France, comme le prouvent différents passages de Richer : « *Dux apud suos, hanc injuriam sæpissimè memorans, de regis pernicie pertractabat, fideles et amicos hortans ut hoc ultum iri accelerent. Quod etiam multis querimoniis amplificans suos in regem provocat; Bernardus itaque Silletensis atque Teutbaldus Turonicus comparenti satisfacientes*, etc. (Richer, livre II, chap. 43, dans Pertz, *Scriptores*, III, 597). — Thibaud de Tours et Bernard de Senlis étaient les hommes, les vassaux du duc de France. En 981, Hugues Capet donne, « *in castro silvanectensi* » un diplôme pour l'abbaye d'Homblières, et c'est de ce château royal que relevaient les terres de l'évêque de Senlis et celles des Bouteillers, ce qui prouve que ni les uns ni les autres n'avaient hérité du comté, comme on l'a prétendu quelquefois.

reconstruction complète de la cathédrale et, en 1177, il fit
réédifier Saint-Frambourg ; en 1173, il donna une preuve
plus grande de l'affection qu'il portait à la ville, et lui
concéda une charte de commune. Le préambule dit bien qu'elle
fut accordée « *in intuitu pacis in posterum conservandæ* ; »
mais ce n'est là qu'une vaine formule empruntée, comme
presque tous les autres articles, à la charte de Compiègne, qui
dérivait elle-même de celle de Soissons. Comme le roi ne
pouvait pas porter atteinte aux droits des autres seigneurs de
la ville, soit laïques, soit ecclésiastiques, la commune dut
conclure des accords avec eux.

Le seigneur le plus puissant après le roi était alors Guy le
Bouteiller, qui avait sollicité la concession de la charte de
commune ; au siècle précédent, le nom patronymique de ses
ancêtres était de la Tour, parce qu'ils possédaient à Senlis
même une tour très forte, située non loin du château royal ;
mais, depuis que Louis-le-Gros avait confié vers 1130 à
Louis de la Tour la charge de grand-bouteiller de France, ces
fonctions étaient restées dans la famille, qui en avait pris le
nom ; Louis-le-Gros et son fils avaient comblé de faveurs ces
officiers et leur avaient donné des droits importants et de
nombreux domaines à Senlis, et dans les environs (1).
Guy le Bouteiller s'empressa de conclure en l'année 1173
même, avec la commune, un accord qui fut confirmé par le
roi (2). Nous ne connaissons guère les autres seigneurs de la
ville que par une convention non datée (3), par laquelle ils
vendirent aux bourgeois leurs droits et leur justice ; ils étaient
assez nombreux et dans cet acte figurent Guillaume de Garlande, Renaud de Gonesse, Raoul le Queux, le Vidame Pierre
Choisel, Eudes de Fosses, Pierre de Gonesse et Pierre le
Bouteiller.

Les seigneurs ecclésiastiques firent une plus longue résistance. En 1177, l'évêque Henri affranchit ses hommes et céda
à la commune une partie de ses droits moyennant une forte
rente, qui fut encore augmentée en 1215 (4). En 1208 l'abbaye de Saint-Vincent céda une partie de ses droits (5) et ce

(1) Voir l'*Histoire des Bouteillers*, de Duchesne, citée plus haut.
(2) P. Just. n° III.
(3) P. Just. n° IV.
(4) P. Just. n° V.
(5) P. Just. n° IX.

ne fut qu'en 1288 que la situation fut définitivement réglée par un arrêt du parlement. En 1204 le chapitre de Notre-Dame conclut avec la commune un accord sur la justice (1) et en 1225 seulement le chapitre de Saint-Rieul se décida à signer une convention à peu près analogue pour ses terres, qui comprenaient le hameau de Villevert (2). Enfin en 1239 le chapitre de Notre-Dame consentit à une transaction sur le surcens et les lods et ventes (3), et en 1257 le roi fixa les conditions de l'établissement du cloître de la cathédrale (4). Ce sont là les actes principaux, qui réglèrent la situation des habitants de Senlis; il y en eut encore plusieurs autres; mais ils sont moins importants et ne méritent pas d'être signalés.

Les coutumes de Senlis n'exercèrent pas une grande influence; seuls les bourgs de Barron et de la Neuville-le-Roy en Beauvaisis eurent des chartes d'après celle de Senlis. Les rapports entre les bourgeois et les seigneurs ecclésiastiques étaient réputés si excellents, qu'en 1196 les habitants de Tournay, qui étaient en désaccord avec le clergé de la ville, choisirent, de l'aveu du roi et de l'archevêque de Reims, entre les coutumes de Beauvais, Reims, Amiens, Noyon, Soissons et Senlis, celles qui devaient régler leurs relations avec le clergé, et préférèrent celles de notre ville après une enquête approfondie, faite sur place par des commissaires des deux parties. L'évêque, les chanoines, le maire et les pairs de la commune rédigèrent par écrit les coutumes qu'ils suivaient entre eux et les envoyèrent à Tournay, où on en a conservé le texte (5); ces articles se rapprochent beaucoup des accords conclus plus tard en 1204 et en 1225 par la commune avec les chapitres. C'est là toute l'extension que prirent les usages de Senlis.

Tous ceux qui habitaient dans la ville et dans les faubourgs, devaient être membres de la commune, et les jurés pouvaient détruire la maison et confisquer les biens de ceux qui se seraient refusés à en faire partie. « *Præterea concessimus et* « *præcipimus quod universi homines infra muros civitatis et*

---

(1) P. Just. n° VIII.
(2) P. Just. n° XI.
(3) P. Just. n° XII.
(4) *Gallia Christiana*, tome X, appendice. 460.
(5) *Ordonnances*, t. XI, p. 281.

» *extra manentes, in cujuscumque terra morentur, com-*
» *muniam jurent. Cui vero jurare noluerit, illi qui juraverunt*
» *de domo ipsius et de pecunia justitiam facient.* » (1).
Donc tous les habitants de la ville, de quelque condition
qu'ils fussent et dans quelque terre qu'ils fissent leur
demeure, devaient entrer dans la commune. Des accords particuliers, stipulant des exceptions, prouvent que ce ne fut pas
une vaine formule, empruntée à la charte de Compiègne.

Dans les conventions conclues en 1204 et en 1225, nous
trouvons la même disposition. « *Famuli canonicorum non*
» *poterunt cogi ut sint de communia, nisi uxores habeant*
» *in eadem villa, vel nisi filii sint juratorum communiæ* (2). »
Ce que la traduction française du cartulaire enchaîné rend
ainsi : « *Li serjant aus chanoines ne pourront pas être con-*
» *traint qu'il soient de la commune, s'il n'ont femmes en la*
» *ville, ou s'il ne sont filz aus jurés de la commune* (3). »
Ainsi les serviteurs des chanoines pouvaient être contraints à
jurer la commune s'ils avaient leur femme dans la ville ou
s'ils étaient fils de jurés (4). Les fils des jurés et même
leurs gendres devaient être jurés ; ils étaient attachés à cette
condition et ils ne pouvaient la perdre qu'en quittant la ville.

Il est, du reste, vraisemblable que, dans les premiers temps
de l'établissement de la commune, point n'était besoin de
contrainte pour que les habitants la jurassent. Les avantages
assurés aux membres de la commune étaient si grands que
tous, habitants ou non, devaient volontiers demander d'en
faire partie. Ainsi nous voyons le bouteiller et l'évêque

(1) Charte de 1173. P. Just. n° II.

(2) Voir Accords de N.-D. et de S.-Rieul. P. Just., n°s X et XI.

(3) Archives de la ville de Senlis, Cartulaire enchainé, AA. IX. f° 36.

(4) Le passage suivant de Beaumanoir semblerait établir que par
« *avoir femme en la ville* » il faut entendre s'y être marié et s'y être
établi sans esprit de retour. Ce texte est d'autant plus applicable dans
cette espèce, qu'après la suppression de la commune, seuls les descendants des anciens membres de la commune pouvaient être admis à
Saint-Lazare de Senlis. « *Les maladeries sunt establies as villes pour rece-*
voir cix et cieles, qui cicent en cix maladies, liquel sunt de la nacion de la
ville, ou qui s'i sunt marié sans espérance de partir, si comme s'il y ont
aceté mesons ou prises à héritage, à cens ou à loier, non pas pour les étranges
trépassans. » — Beaumanoir, II, 326.

prendre leurs précautions, pour empêcher que leurs hommes de la campagne ne se fassent recevoir bourgeois de Senlis. L'évêque, dans l'accord de 1177, fait insérer cette clause : « *Nullum de hominibus meis vel hospitibus meis, extra* » *parochias civitatis manentem, absque meo assensu, ho-* » *mines communiæ recipient.* » En 1173 le bouteiller avait fait à peu près la même défense. « *Nullus præterea suorum* » *hominum capitalium nec etiam suorum hospitum, nisi in* » *urbe vel in suburbio manentium, absque assensu illius vel* » *heredum suorum in communia recipietur.* » Ces restrictions prouvent que les hommes de la commune recevaient tous ceux qui demandaient à entrer dans la commune, qu'ils fussent ou non habitants de la ville ; cela se conçoit aisément, car ils augmentaient ainsi le nombre de leurs bourgeois et acquéraient une plus grande force. Mais, par cela même que ces hommes de l'évêque et du bouteiller devenaient membres de la commune de Senlis, ils étaient, comme nous le verrons plus loin, affranchis de la plupart des droits que les serfs devaient à leurs seigneurs, et devenaient justiciables de la commune. C'est pourquoi le bouteiller et l'évêque imposèrent cette réserve, afin d'empêcher leurs hommes de s'affranchir, en se faisant recevoir bourgeois de Senlis.

Pour désigner les membres de la commune, on dit dans la charte de 1173 « *homines de communia;* » et, plus tard, « *jurati.* » En 1239 ce terme est accompagné d'une restriction étrange ; le bénéfice de cet acte est réservé aux jurés taillables de la commune, « *juratus, qui sit taillabilis de* *communia.* » Il nous semble que cette expression exclut tous ceux qui ne payaient pas la taille ; c'est ainsi qu'elle fut interprétée dans la suite.

Les bourgeois étaient appelés *jurati*, parce qu'ils étaient obligés, au moment de leur réception, de prêter un serment, dont nous n'avons aucune formule et dont nous ne connaissons pas la teneur. Cependant tous les nouveaux membres ne prêtaient pas ce serment. On en dispensa souvent ceux qui étaient forcés d'entrer dans la commune, quand bien même ils auraient été serviteurs des chanoines. En 1299 on reçut 19 nouveaux bourgeois, qui ne jurèrent pas la commune, parce qu'ils avaient pour femmes des filles de jurés. « *Ce* » *sont les noms de ceux qui furent reçus à avoir les* » *droits de la Commune au tams sire Pierre de Monten-* » *gni, mayeur de Senlis, l'an 1299, liquel ne jurèrent*

» *pas la dite commune par l'acort dou mayeur et de ses*
» *compagnons, mes il ont fille de nostre juré* (1). » Ces nouveaux membres, ayant pris femme dans la ville et s'y étant
établis, ne pouvaient pas se soustraire à l'obligation d'entrer
dans la commune, quelle que fût leur situation (2); c'est pourquoi on pouvait les dispenser du serment et leur éviter les
frais de cette formalité. A plus forte raison devait-il en être
de même pour les fils de jurés.

Dans les différentes mentions de réception de nouveaux
bourgeois, qui se trouvent dans le Cartulaire Enchaîné, on
voit rarement plus de quinze à vingt nouveau venus par an.
Ce serait un nombre trop faible, s'il fallait y comprendre
les fils ou même les gendres de bourgeois nouvellement
établis dans la ville. Cependant la mention de l'accord du
maire et de ses compagnons prouve que cette dispense du
serment pour les gendres des jurés n'était pas la règle. En
outre, en 1273, on voit recevoir dans la commune 47 nouveaux bourgeois ; or il est difficile d'admettre que tous fussent
venus du dehors s'établir avec leurs familles dans la ville ;
c'est d'autant moins probable, qu'à cette époque la commune,
en butte à l'hostilité des baillis et accablée d'amendes, devait
déjà se trouver dans une assez mauvaise situation.

En 1173, lors de l'établissement de la commune, il y avait
encore des serfs à Senlis. La charte de 1173 n'affranchit pas
ipso facto les serfs de la ville, bien que tous les habitants, de
quelque condition qu'ils fussent, dussent jurer la commune.
On se contenta seulement de fixer le taux du formariage et
celui des amendes exigibles en cas de retard du paiement
du chef-cens. Il faut croire que le roi n'avait plus de serfs à
Senlis et que c'est le motif du silence de la Charte. En effet,

(1) Cartulaire enchaîné, f⁰ 97 r⁰.

(2) Voir plus haut, p. 5, note 2. Cette dispense du serment, en faveur des gendres de jurés, semblerait confirmer l'interprétation que
nous avons proposée du passage de Beaumanoir « *qui s'i sunt marié sans
espérance de partir.* » Il faudrait donc admettre que ceux-là seulement
qui étaient fils ou gendres de bourgeois, pouvaient être contraints d'entrer dans la commune. Mais, comme d'après Beaumanoir, les « étranges
trépassans » sont seuls exclus des maladeries et qu'à Senlis tous les
communiers étaient admis à Saint-Lazare, il semblerait que, seuls, les
vagabonds n'auraient pu être reçus dans la commune, mais que ceux
qui seraient venus s'établir dans la ville avec leur famille à demeure et
y auraient ou acheté, ou loué, ou pris à cens, ou hérité une maison,
auraient pu être admis, s'ils le désiraient et le demandaient.

nous n'avons jamais rencontré un acte qui pût faire croire
que le roi ait encore eu, au XIIᵉ siècle, des hommes de corps
habitant dans la ville. Quant aux serfs des seigneurs, c'était
aux seigneurs eux-mêmes à les affranchir, et non au roi ;
mais comme dans ce pays beaucoup d'hommes étaient
déjà libres, l'évêque et le bouteiller eurent seuls besoin de
s'occuper des serfs dans les actes qu'ils conclurent avec la
commune. Ils lui vendirent, l'évêque ses droits de main-
morte, de ban et de congé, et le bouteiller sa taille et ses
droits de ban et de suite. Ce fut donc la commune qui acheta
la liberté de ceux de ses membres qui en étaient privés. Mais
cette liberté ne fut pas complète ; en effet, la charte de commune stipula que les hommes de corps paieraient à leurs
seigneurs le chef-cens ou cens personnel, au jour fixé, à
peine d'une amende de cinq sous ; et, dans l'accord de 1177,
l'évêque fit confirmer cet article d'une façon spéciale. Quant
au droit de formariage, il n'en est parlé que dans la charte de
1173, qui le fixa à cinq sous. « *Homines etiam hujus com-*
» *munie uxores quascumque voluerint, licentia a dominis*
» *suis requisita, accipient et si dominus hoc concedere no-*
» *luerit et absque concessione domini sui aliquis uxorem*
» *alterius potestatis duxerit, si dominus suus inde eum impli-*
» *citaverit, quinque tantum solidis hoc illi emendabit.* » Ce
n'était pas là une pleine et entière liberté ; ces hommes et
leurs descendants avaient toujours un seigneur, auxquels ils
devaient payer et le chef-cens et le formariage ; mais, affranchis des droits de suite et de main-morte, ils pouvaient aller
s'établir où ils voulaient et transmettre leurs biens à leurs
héritiers et ayants cause ; en outre ils n'étaient plus tenus
d'obéir aux bans de leurs seigneurs particuliers, étaient soustraits aux amendes arbitraires et n'étaient plus taillables à
merci.

Les relations des bourgeois avec les seigneurs fonciers,
pour leurs censives, subirent peu de changements du fait de
la commune ; nous n'avons à ce sujet qu'un seul acte important, c'est un accord conclu en 1239, entre le chapitre de
Notre-Dame et la commune, au sujet du surcens et des lods
et ventes. A Senlis, par surcens on entendait une rente due
pour un immeuble possédé moyennant une redevance annuelle ;
le cens était la rente payée au seigneur foncier. Le surcens
avait souvent pour cause un emprunt dissimulé ; le possesseur
d'un immeuble le rendait au vendeur moyennant une rente,

qui s'appelait surcens. « *Nos major et jurati dicimus quod,*
» *quando contingat aliquem nostrum emere in fundo ecclesie*
» *predicte domum vel aliam hereditatem, quanticumque va-*
» *loris sit et quantocumque pretio venditur, quod debet inves-*
» *tiri de illa et licet ei reddere domum vel reddere heredi-*
» *tatem emptam venditori vel cuicumque alii ad supercensum*
» *magnum vel parvum, secundum quod inter contrahentes*
» *convenerit.* (1) » On disait encore « *incrementum census.* »

Le chapitre ne voulait pas que dans sa censive on achetât
des surcens sans sa permission, et disait qu'il n'était pas tenu
d'en donner l'investiture ; la commune soutenait le contraire
et les arbitres lui donnèrent raison. En outre, l'église ne pouvait pas reprendre le marché en vertu du retrait seigneurial.
Le chapitre fut désormais tenu d'investir tous les jurés de la
commune de Senlis, taillables de la commune, qui achète-
raient dans la censive de Notre-Dame, soit une maison, soit
une propriété quelconque, soit un crois de cens ou surcens,
pourvu que ce fût dans les paroisses de la ville et qu'il eût
été requis de donner l'investiture. Le droit d'investiture était
fixé à deux deniers, qui devaient être payés par l'acheteur.
Le droit de lods et ventes, d'après les prétentions de la commune, devait être égal au droit cens ; mais un des contrac-
tants devait seul le payer ; sur ce point les arbitres donnèrent
tort à la commune et déclarèrent que les lods et ventes
seraient payés et par l'acheteur et par le vendeur, et que
chacun d'eux paierait une somme égale au cens et au surcens, dans le cas où l'église aurait sur la chose vendue un
surcens. Le chapitre pouvait, si le cens n'était pas payé au
terme fixé, faire enlever les portes et les fenêtres des maisons
et saisir les meubles. Cependant, la première fois que le cen-
sitaire était en retard, il ne pouvait être inquiété, s'il jurait
avoir payé ; mais la seconde fois il devait fournir des
preuves meilleures que son serment. L'église seule pouvait
ainsi faire elle-même une justice sommaire de ses débiteurs ;
les possesseurs de surcens ne pouvaient pas même saisir les
meubles de leurs débiteurs en retard ; ils devaient porter
plainte au chapitre ou à son prévôt.

Cet acte, où les habitants avaient eu en grande partie gain
de cause, régit les rapports entre le chapitre de Notre-Dame
et ses censitaires jusqu'à la Révolution ; au xviie siècle le

(1) P. Just. n° XII.

chapitre, se trouvant lésé par la modicité des droits d'investiture et de lods et ventes, perdit un procès, qu'il avait intenté
à la ville pour faire dire que par jurés taillables de la commune il fallait entendre les pairs ou échevins et non tous les
membres de la commune. Les chanoines furent déboutés de
leurs prétentions et tous les habitants continuèrent à jouir du
bénéfice de la charte de 1239 (1).

La commune s'appliqua constamment à délivrer ses membres des charges qui pesaient sur eux et sur leurs biens ;
mais elle n'y réussit pas toujours. C'est ainsi que l'évêque et
le bouteiller conservèrent le droit de ne payer leurs achats
qu'après quinze jours de crédit. Les banalités, les dîmes
furent maintenues ; le bouteiller conserva le droit de pouvoir
seul introduire du tan et de l'écorce à tan dans la ville, et
tous les tanneurs furent banniers à son moulin. La ville,
cependant, racheta beaucoup de taxes indirectes, le tonlieu,
le travers, le minage, etc. ; elle continua, il est vrai, à les
percevoir à son profit, mais elle accorda de nombreux privilèges à ses bourgeois. Elle lutta énergiquement contre tous
ceux qui voulurent établir de nouveaux droits et elle défendit
même ses jurés contre les seigneurs du dehors. C'est ainsi
qu'elle conclut avec le seigneur de Boran et les religieux de
Saint-Leu des accords pour le travers par terre de Boran (2)
et le travers par eau de Saint-Leu (3). Jusqu'au milieu du
XIIIe siècle, le régime communal fut un grand bienfait pour
les habitants de Senlis ; ce n'est qu'à la fin de ce siècle et au
commencement du XIVe qu'il devint une charge insupportable.

Dans la charte de commune on dit presque toujours, pour
désigner les magistrats, « *illi qui communiam custodient* »
ou « *statuti ad communiæ custodiam* » ou plus simplement
« *custodes communie,* » les gardiens de la commune, c'est-à-
dire ceux qui sont chargés de faire respecter la charte et de
l'appliquer. Ces périphrases devaient forcément être rempla-
cées dans la pratique par un terme plus court. Dans la charte
de 1173 même, pour désigner les magistrats, on trouve l'expression « *jurati.* » Ce mot ne désigne pas d'autres magistrats que les « *custodes communie ;* » nous voyons, en effet,

(1) Accord de 1676 entre les habitants et le chapitre Notre-Dame,
Bibliothèque municipale de Senlis. Mss. Afforty, IVe vol. des *Collectanea
Silvanectensia,* p. 398,

(2) Cartul. ench., f° 40 r°.

(3) Archives de Senlis. FF., 6.

qu'il sera fait justice du bourgeois coupable d'avoir prêté de l'argent aux ennemis de la commune, « *secundum judicium juratorum.* » Et, à l'article suivant, nous trouvons la promesse de faire bonne et loyale justice à leurs bourgeois inscrite au serment prêté par les « *statuti ad communiæ custodiam.* » Ces expressions différentes ne s'appliquent qu'à un seul et même ordre de magistrats. Mais le terme « *jurati* » semble avoir bientôt après été réservé à Senlis pour désigner tous les membres de la commune sans distinction, tandis qu'à Compiègne et à Crépy, villes voisines, ayant la même coutume et les mêmes usages que Senlis, *juratus* voulait dire le compagnon du maire, échevin, pair (1). A Senlis pour désigner les échevins on emploie le plus souvent l'expression *pares*, que l'on traduit par « *pairs ou compagnons du maire.* » Ainsi, dans l'enquête du bailliage de Vermandois, nous trouvons la déposition d'un certain « *Gomerus, juratus de Silvanecto, et qui fuit Par tempore baillivie domini Mathei* » (2). Dans ce même document nous voyons figurer cinq pairs de la ville de Senlis ; c'est tout ce que nous savons sur leur nombre.

La charte de 1173 ne parle du maire dans aucun de ces articles, et les accords conclus par la commune avec le bouteiller, en 1173, et avec l'évêque, en 1177, n'en font pas non plus mention. Afforty, qui pendant plus de quarante ans fouilla toutes les archives de Senlis et du diocèse, soit laïques, soit ecclésiastiques, dressa, à l'aide des documents qu'il avait recueillis, un catalogue des maires de Senlis (3) ; le premier que l'on y rencontre était en fonctions en 1184. Nous n'avons pas été plus heureux que le savant correspondant du comité des Chartes. Cependant nous pensons que, de ce silence, il ne faudrait pas conclure que la mairie ne fût pas instituée aussitôt après l'établissement de la commune. Au contraire, nous croyons que les pairs ont eu dès l'origine un président, un chef, car dans tout conseil, de quelque nom qu'on le décore, il faut toujours un président. Si nous ne trouvons pas le maire nommé dans les premiers actes qui suivirent l'établissement de la commune, il n'y a rien là d'extraordinaire ; il

---

(1) *Philippus Champbaudons, burgensis de Crispeio, qui fuit juratus de Crispeio per duos anos tempore baillivie dicti domini Mathei.* — Enquête de Vermandois, Arch., nat., J. 1028, 4. fº 49.

Petrus, dictus Fermaus, qui fuit juratus de Compendio. — *Ibidem,* fº 44.

(2) *Ibidem,* fᵘ 55.

(3) Mss. Afforty, x11ᵉ vol., p. 7731, catalogue des maires de Senlis.

est, en effet, très vraisemblable que l'usage de nommer le maire dans les actes ne s'introduisit qu'après un certain temps, quand on eût été habitué à voir dans le président du conseil échevinal le premier magistrat de la commune.

On ne saurait dire si, dès l'origine, les maires étaient renouvelés fréquemment; car, depuis 1173 jusqu'à 1204, nous n'en connaissons que deux, Ernoul, pour les années 1184 et 1186, et Jean en 1193. Mais, de 1204 à 1215, nous trouvons, en 1204 et 1206, Henri; en 1208, Raoul, et en 1213 et 1215, Pierre. Aussi peut-on affirmer que, dès le commencement du XIII° siècle, les maires étaient souvent changés; mais nous ne savons pas à quelle époque ce renouvellement devint annuel, comme il l'était au commencement du XIV°. Ils entraient en charge et en sortaient à la fête des saints Pierre et Paul, le 29 juin, et non à la Saint-Simon et Saint-Jude, le 28 octobre, comme le prescrivait l'ordonnance de 1256 (1).

Les fonctions de maire n'étaient pas gratuites, car nous voyons qu'en 1314 on devait encore à Robert du Murat, maire en 1308-1309, 20 £ pour la mairie; ce n'est pas là une avance que ce magistrat aurait faite; car toutes les fois qu'un maire fait une avance de deniers à la commune, on indique l'objet pour lequel ils ont été employés. En outre il n'y a là rien d'extraordinaire; plus tard on donna une indemnité aux attournés; du reste c'était un usage constant au moyen âge de rétribuer les fonctions municipales.

Dans le cas où le maire mourait en charge, un lieutenant gérait les affaires jusqu'à l'époque traditionnelle de l'élection des magistrats (2).

Les finances municipales étaient confiées à un officier particulier, qui à Senlis s'appelait le dépensier de la ville, et à Crépy et Compiègne, l'argentier. Nous ne savons pas si, à Senlis, le dépensier était, comme il l'était à Compiègne, considéré comme pair de la commune; mais c'est probable; il était sans aucun doute le sixième compagnon du maire. Nous verrons, en étudiant les tablettes de cire, quelles étaient ses fonctions et sa comptabilité.

Il y avait encore un autre personnage, qui était la cheville ouvrière de l'administration municipale; nous voulons parler

(1) Compte de 1266 et Tablettes de cire *passim*.
(2) P. Just. n° 22, et dans Afforty, Ier vol., p. 444.

du clerc de la ville ou secrétaire de la mairie. Nous ne savons rien de particulier sur ses fonctions ; mais elles devaient avoir une très grande importance, car, parmi ces officiers temporaires, il était seul au courant des affaires, puisque seul il restait longtemps en place.

Aucun document ne nous fait connaître par qui étaient choisis le maire, les pairs et l'argentier. Peut-être étaient-ils, à l'origine, nommés par le roi ? Cependant il semble qu'ils étaient élus par l'assemblée générale des membres de la commune ; car il en fut ainsi dans le régime qui succéda immédiatement à la commune.

Les magistrats municipaux se réunissaient pour traiter les affaires de la ville. Les délibérations de ce conseil étaient secrètes et nous en voyons les membres, le maire et les pairs, qui étaient aussi les juges du tribunal communal, faire amener à leur barre et condamner à l'amende un bourgeois qui s'était vanté de savoir tout ce qui se passait dans leurs réunions, de connaître leurs projets et d'être au courant de tout ce qu'ils faisaient pour la ville (1).

---

(1) *Cum major et jurati Silvanectenses adjornassent coram se Johannem, dictum Neret, civem Silvanectensem et imponeret eidem dictus major quod ipse dixerat se scire omnia consilia eorum et quidquid ipsi faciebant in tractatibus villæ. Quidam etiam de juratis predictis similiter imponeret eidem Johanni se audivisse ab eo quod ipse sciebat omnia consilia villæ, ut predictum est, et propter hoc peterent ipsi major et jurati contra eumdem Johannem, quod hoc emendaret eisdem vel nominaret per quem hoc sciebat, nec tamen dicerent quo hoc audivissent, insimul ipsi major et juratus predictus, sed quilibet per se et in diversis locis. Dictus Johannes, in eorum presencia, hoc se dixisse expresse negavit et super hoc paratus fuit se purgare per juramentum suum, nolens ultra procedere nisi per jus. Dicti vero major et jurati, nolentes super hoc ipsius Johannis purgationem excipere per jus, dixerunt eidem, quid emendaret hoc eisdem vel nominaret eis per quem hoc sciebat ; super quo appellavit ad Regem. Tandem cum idem Johannes de ejusmodi judicio, tanquam de pravo et falso, ad dominum regem appellasset, auditis rationibus partium, judicatum fuit quod dictum judicium majoris et juratorum falsum erat et pravum ; et emendaverunt regi, et fuit injunctum baillivo quod dampnna sua propter hoc habita reddi faceret eidem Johanni.* — Arch. nat.. *Olim.* I. f° 139 v°.

CHAPITRE II.

JUSTICE ET GUERRE.

Les magistrats municipaux avaient des attributions légis-
latives très importantes ; ils faisaient des bans ou règlements
et veillaient eux-mêmes à leur exécution. Il est impossible
aujourd'hui de déterminer exactement quelle était l'étendue
de ces attributions, car il nous est resté bien peu de ces bans ;
mais il semble qu'elles étaient très larges et qu'elles comprenaient à peu près toutes les matières susceptibles d'être ré-
glées par la loi. Le maire et ses compagnons s'occupaient de
l'alimentation, fixaient le poids des pains de diverses formes
et pouvaient défendre de vendre dans la ville des pains, valant
plus d'un denier (1). En 1308, ils firent un long règlement
pour la vente du poisson de mer, en gros et en détail ; mais
il semble que, vu l'importance de l'objet, l'approbation royale
ait été nécessaire, car le roi confirma cet arrêté.

D'autres bans, parmi ceux qui nous restent, ont trait à
l'organisation des métiers ; ils donnent des renseignements
assez complets sur la part que prenaient à cette organisation
les magistrats municipaux. Les statuts des métiers étaient
rédigés sur l'avis des regars du métier, qui, s'adressant au
maire, disaient : « *Sire, nous disons, nous qui sommes regars,
par nos serments que cela est bon à faire.* » Et quand les
statuts anciens n'étaient pas assez connus ou n'étaient pas
assez clairs, ou enfin n'étaient pas écrits, le maire, comme
premier juge de la commune, faisait une enquête, et établissait,
par une ordonnance, quelle était la coutume (2).

Le maire et ses compagnons faisaient encore d'autres règlements, plus intéressants, s'il est possible, pour l'étude des
mœurs. Nous n'en avons que trois et, comme ils sont peu

(1) *Olim.* I. f⁰ 109 v⁰.
(2) Voir deux de ces bans, P. Just. XVIII et XIX.

lóngs et très curieux, nous allons les transcrire ici en entier :
« *Nus ne nule ne puet mangier ne boire as acochiés, se n'est*
» *mère et, qui ert repris de ce, il paiera vint sols; et ce à tenir*
» *li mères, li pers et li juré afiancèrent.* » (1) « *Nus ne nule*
» *ne puet manger à pélerins ne à mortailles s'il n'est ses*
» *père ou mère, ou fils, ou fille, ou frères ou suers ou gendres*
» *ou serorges et s'il est repris, il paiera 20ˢ d'amende.* » (2)
« *Fu acordé et ordené ou tans sire Ouede de la Porte, maires*
» *à ce tans, que nul ne manjacent à nosces que au souper la*
» *velgle des espouzailgles et le jour de l'espouzer le diner et*
» *le souper seulement, se il n'est oncles ou neveu ou plus*
» *prochain et quiconque ira ou fera contre cest acort ou orde-*
» *nance, il en paiera 20ˢ d'amende, sans riens quitier et fu*
» *fait cest acort ou ordenance par l'acort du dit maire et de*
» *ses compengnons et de pluzeurs autres à ce appellé, l'an*
» *de grâce 1295.* » (3) On buvait et mangeait bien à Senlis,
et les bourgeois eux-mêmes reconnaissaient qu'ils étaient
incapables de s'abstenir de ces repas pantagruéliques, sans
y être contraints par la loi et la crainte des amendes. Le
maire et ses compagnons ne rédigeaient pas seuls ces
règlements, qui touchaient à des objets si sensibles à toute
la population ; ils appelaient avec eux les notables de la ville
ou soumettaient leur projet à l'approbation de l'assemblée
générale des bourgeois, suivant qu'ils étaient plus ou moins
sûrs de l'opinion publique.

La charte de commune de 1173 permettait aux magistrats
communaux de se constituer en tribunal et de faire justice à
ceux de leurs jurés qui réclameraient leur protection ; mais
ils n'étaient pas saisis, *ipso facto*, de toutes les affaires ayant
pris naissance dans l'étendue de leur juridiction. Il fallait,
pour que la justice communale intervînt, que la partie lésée
fût un juré ou un marchand venant à Senlis pour son négoce,
et qu'une plainte eût été portée aux juges municipaux (4).

---

(1) Cartul. ench. Arch. Senlis, AA. IX. 43 rᵒ.

(2) *Ibidem.*

(3) *Ibidem* 79 vᵒ.

(4) *Si aliquis aliquam injuriam fecerit homini de hac communia et clamor inde venerit ad juratos*, etc., et ailleurs: *Si mercator Silvanectis ad mercandum venerit et aliquis ei aliquid forisfecerit infra leuguam ipsius civitatis, si clamor inde ad juratos venerit.* — Charte de 1173.

Dans tous les autres cas, les officiers du roi ou des seigneurs étaient seuls compétents.

La commune ne recula devant aucun sacrifice pour étendre la compétence de son tribunal. En 1202 quand Philippe-Auguste confirma la charte octroyée en 1173 par le roi son père, il donna à la commune toute la justice qu'il avait à Senlis, à l'exception de trois cas qu'il se réserva (1). La commune, à l'exception du meurtre, du rapt et de l'homicide, eut le droit de faire justice de tous les crimes et délits commis dans la ville ou dans la banlieue. Elle était substituée presque entièrement au bailli et au prévôt du roi et, pour la justice et la police, recevait la plupart de leurs attributions. La justice municipale n'était plus spécialement instituée pour assurer une protection équitable aux jurés et aux marchands, qui préféreraient appeler devant le maire et les pairs les parties qui les avaient lésées ; ce n'était plus seulement une juridiction pour ainsi dire personnelle, elle devenait une juridiction territoriale.

Dès lors tous les crimes et délits, commis dans la ville ou dans la banlieue, étaient de la compétence des magistrats municipaux, à l'exception des trois cas réservés. Mais en 1202 comme en 1173 le roi ne pouvait céder à la commune que les droits qu'il avait, que la justice royale, telle qu'elle s'exerçait dans ses terres ; et bien qu'en 1173 les seigneurs laïques eussent vendu leur justice à la commune, il restait encore dans la ville de nombreuses enclaves soumises aux juges des seigneuries ecclésiastiques. La commune fit de grands et constants efforts pour faire disparaître toutes ces justices, enchevêtrées les unes dans les autres, qui étaient d'un excellent revenu pour les seigneurs, mais ruinaient les bourgeois.

En 1173, le bouteiller céda sa justice à la commune et ne réserva pour ses hommes que de faibles privilèges. D'après la charte de commune, les juges municipaux pouvaient, sur la plainte de la partie lésée, faire justice de tous ceux qui auraient fait quelque tort à un juré ou à un marchand ; les

---

(1) *Nos etiam propter servicium, quod eadem Communia nobis fecit, et propter augmentum reddituum nostrorum, quod nobis fecit, eidem communie in perpetuum concessimus, quod dicta communia habeat omnia forefacta et justicias et emendationes omnium forefactorum, que in civitate Silvanectensi et infra banni leucam ejusdem ville fient, eo excepto, quod nobis retinemus, multrum, raptum et homicidium.* — P. Just. n° VII.

serviteurs du bouteiller attachés à sa maison, à ses fours ou
à ses moulins, ne pouvaient être cités devant la cour communale que s'ils étaient jurés ou s'ils avaient été pris en flagrant
délit. Autrement on devait les poursuivre devant la cour du
bouteiller; la commune avait seulement le droit d'expulser
le coupable de la ville, dans le cas où le bouteiller n'en aurait
pas fait justice. C'est à peu près à la même époque, que les
autres seigneurs laïques de la ville vendirent à la commune, moyennant une rente annuelle, le droit d'exercer sur
leurs terres la justice telle qu'elle leur appartenait.

Les seigneurs ecclésiastiques firent une plus longue résistance; Notre-Dame ne s'accorda avec la commune qu'en
1204, et Saint-Rieul qu'en 1225. Et par la suite, bien que
les conventions conclues fussent très explicites, il s'éleva
entre les chanoines et les bourgeois de longues et fréquentes
contestations, qui le plus souvent ne se terminèrent que par
arrêt du Parlement.

La charte de 1173 avait restreint la juridiction de l'archidiacre, toujours prêt à empiéter sur les justices civiles;
tout homme cité devant l'archidiacre n'était pas tenu de répondre, si l'accusateur n'était pas présent ou si l'évidence du
forfait n'était pas manifeste. En 1200, on avait gagné, depuis
1173, beaucoup de terrain sur les tribunaux d'église et on
avait obtenu la suppression des cas de flagrant délit; les
bourgeois n'étaient plus obligés de comparaître qu'en présence
de l'accusateur (1). Cependant les clercs jouissaient encore,
à la fin du XIIᵉ siècle, de tels privilèges, qu'il n'est pas étonnant que les ecclésiastiques de Tournay eussent choisi les
coutumes de Senlis. La commune n'avait aucun droit sur les
clercs usuriers; pour eux l'usure n'était pas un délit, mais
seulement un péché (2). A cette époque, où l'Eglise poursui-
vait énergiquement les usuriers laïques et proscrivait le prêt
à intérêt, ce privilège devait paraître monstrueux. Du reste,
entre les laïques et les clercs, il y avait la plus grande inéga-
lité; ainsi, le clerc créancier d'un laïque pouvait à son gré
porter plainte à l'évêque ou à tous autres juges; mais le laïque
créancier d'un clerc devait toujours demander justice à
l'évêque.

(1) Voir enquête de Tournay, (*Ordonnances* XI, p. 283).

(2) *De clericis usurariis ad communiam nichil pertinet, unusquisque
onus et peccatum suum portat.* » (*Ibidem*).

La commune avait, dans la partie de la terre du chapitre de Notre-Dame comprise dans les paroisses de la ville, le sang, le ban, le larcin et le droit d'abattre les maisons de ses jurés ; il en était de même dans la terre du chapitre de Saint-Rieul, dans les paroisses de la ville, dedans et dehors le bourg clos, et surtout à Villevert ; l'accord avec Saint-Rieul portait, en outre, que la commune aurait les plaids des meubles et le droit de lever des tailles dans la terre du chapitre, comme elle l'avait dans le reste de la ville. Les deux chapitres s'étaient réservé les biens des larrons, qui auraient été arrêtés dans leur terre.

Tel était le droit commun ; mais les chanoines ne manquèrent pas d'exiger des privilèges étendus pour eux et pour leurs serviteurs. Dans les maisons où habitait un chanoine, soit de Saint-Rieul, soit de Notre-Dame, la commune n'avait aucune justice (1). Bien plus, les maisons des chanoines pouvaient servir d'asile aux débiteurs et à leurs cautions ; ce privilège avait déjà été reconnu par les bourgeois, en 1200 ; mais ils tenaient tant à leur droit d'arrêter leurs débiteurs, qu'ils le contestèrent en 1204 et 1225. Ils ne réussirent pas à supprimer entièrement cette faveur, mais elle fut bien diminuée et soigneusement définie : si le débiteur d'un bourgeois se réfugiait dans la maison d'un chanoine et y recevait l'hospitalité, le maître de la maison, lorsqu'il en était requis par le magistrat ou le créancier devant deux ou trois chanoines et deux ou trois pairs, ne pouvait plus le recevoir, avant qu'il n'ait acquitté sa dette. Ainsi la commune avait réussi à réduire de beaucoup les privilèges des chanoines, tels que les constate l'enquête de 1200 ; car, à cette époque, le chanoine pouvait empêcher qu'on s'emparât de la personne de son hôte, sans cependant pouvoir protéger les biens qu'il aurait apportés dans la maison canoniale. En 1204 et 1225, la contrainte par corps fut efficacement rétablie, et les bourgeois purent dès lors faire exécuter dans toute la ville l'article de la charte qui leur permettait de faire arrêter leurs débiteurs.

Les serviteurs des chanoines ne devaient, en principe, avoir d'autres juges que leurs maîtres ; si l'un d'eux blessait

(1) *In domibus canonicorum, in quibus sunt manentes, nullam justitiam habebit communia.* — (Accord de 1204 avec N.-D., et accord de 1225 avec S. Rieul, P. Just. nos 8 et 11).

un bourgeois ou lui faisait quelque tort, la victime devait porter plainte au chanoine, maître du serviteur coupable, à moins toutefois que ce dernier ne fût fils de juré ou n'eût femme en la ville, c'est-à-dire à moins qu'il ne fût de droit membre de la commune; dans ce cas, le tribunal communal était seul compétent. Si le coupable avait été pris en flagrant délit et enfermé dans la prison de la commune, les magistrats devaient le rendre à son maître, qui était tenu de faire justice (1).

Les chanoines avaient les plaids des fonds de la terre; mais leur compétence, en ce point, était plus ou moins étendue, suivant que les héritages en litige étaient situés soit dans le bourg clos (2), soit en dehors. Dans le bourg clos, ces plaids ne venaient aux chanoines que jusqu'aux gages de bataille, qui étaient réservés à la commune, comme avant la charte de 1202 ils l'étaient au roi; en dehors du bourg clos, les gages de bataille appartenaient aux chanoines, et le duel, au lieu de se livrer dans la cour des jurés, se passait dans la cour des chanoines.

En 1257, saint Louis autorisa le chapitre Notre-Dame à se faire bâtir un cloître, ou mieux à agrandir l'ancien. Suivant les termes de l'accord de 1204, ce cloître fut placé en dehors de la

(1) *Noverit discretio vestra, quod hac consuetudine usi sumus et adhuc utimur, quod, si serviens alicujus canonicorum nostrorum lesit aliquem de communia, vel injuriam aliquam fecerit, querimonia ad dominum servientis deferetur, nisi serviens qui deliquit uxorem in villa habuerit vel filius jurati fuerit. Si autem in forisfacto deprehensus fuerit et a majore et a juratis detineatur, ad petitionem ipsius canonici cujus serviens est, restituetur et de ipso justitiam injuriato tenebitur exhibere.* (Lettre du chapitre de Notre-Dame de Senlis au Chapitre de Tournay, écrite vers 1211). — *Ordonnances* XI. 284.

(2) Dans la bulle, donnée en 1182, pour confirmer les biens de Notre-Dame de Senlis, on trouve cette mention curieuse « *extra burgum clausum, sicut per antiquum fossatum distinguitur:* » Il faut entendre par là la seconde enceinte, qui n'aurait été composée que d'un retranchement en terre, précédé d'un fossé et surmonté d'une palissade. Cette enceinte avait été, sans doute, élevée au xe siècle, après les incendies des faubourgs brulés lors des sièges de 946 et 948, pour protéger les habitations situées en dehors de la vieille enceinte gallo-romaine. Cependant la partie de la ville comprise entre les deux enceintes était dite « en dehors du bourg clos » et dans le faubourg. Ainsi cette même bulle de 1182 place l'église Saint-Pierre « *in suburbio.* » (Voir cette bulle dans le *Gallia Christiana*, tome X, instr., col. 220). Encore au xive siècle on disait que Saint-Vincent était situé au faubourg de Witel.

juridiction communale, sauf cependant certaines restrictions pour la justice du tonlieu (1).

En 1321 seulement, après la suppression de la commune, l'évêque obtint du parlement un arrêt reconnaissant que dans sa maison épiscopale il avait toute justice ; nous ne savons pas si la commune, qui lui avait longtemps contesté ce droit, avait pour elle l'usage ; c'est douteux. Cependant l'évêque n'invoqua, pour appuyer ses prétentions, que des considérations générales (2). L'évêque conserva ce privilège et, dans un aveu de la fin du xive siècle, il déclare avoir toute justice en son principal hôtel et en deux pièces de pré sises dans la banlieue de Senlis ; partout ailleurs, où il prenait droit cens, il n'avait que la justice foncière (3).

Saint-Frambourg, le chapitre de Senlis le moins important, avait aussi justice haute et basse dans son cloître, sauf un seul cas, la justice du minage, réservée à la commune (4).

Entre les établissements religieux les plus considérables de la ville, on remarquait, au xiie siècle, l'abbaye de Saint-Vincent, fondée en 1059 par la reine Anne de Russie. Cette abbaye jouissait de grands privilèges, et l'abbé avait toute justice dans l'enclos du couvent. Plus tard, la commune, en vertu de la confirmation de l'an 1202, prétendit que tous les crimes et délits fussent jugés par le maire et ses compagnons, à l'exception des trois cas réservés au roi ; l'abbé et les religieux se défendirent énergiquement et, pendant de longues années, l'abbaye et la commune furent en dispute et en procès (5) ; le litige ne se termina par un accord qu'en 1288 (6). La commune reconnut que, dans l'enclos de l'abbaye et dans la terre d'Aumont, sise dans la banlieue de Senlis, l'abbaye avait toute justice ; partout ailleurs, où elle avait droit cens, elle n'avait que la justice foncière. L'abbé pouvait avoir des sergents pour garder sa terre, mais ces

(1) *Gallia Christiana*, X., 461.

(2) Boutaric, *Actes du Parlement*, n° 6458.

(3) Archives Nationales, aveux du baillage de Senlis, registre P. 146, f° 63.

(4) Voir un accord du 3 décembre 1316, à la Bibliothèque Nat., collection Moreau, vol. 222 et Afforty, XVII, 377.

(5) Voir Delisle, *Restitution d'un registre des Olim*, n° 363, dans Boutaric, *Actes du Parlement*.

(6) En original, à la Bibl. Nat., collection Grenier, vol. 307, p. 29.

officiers devaient prêter serment devant le maire et amener les malfaiteurs devant lui ; la commune percevait les amendes à son profit et les religieux ne recevaient de dommages-intérêts que par son intermédiaire. L'abbé, comme les chanoines des chapitres de Notre-Dame et de Saint-Rieul, connaissait des délits commis dans l'enclos du couvent par ses serviteurs ou par les personnes étrangères à son service, arrêtées en flagrant délit dans cet enclos ; de plus, il connaissait des méfaits commis dans la ville par ceux de ses serviteurs, couchant et levant dans l'enclos de l'abbaye, à moins qu'ils ne fussent pris en flagrant délit, auquel cas ils étaient justiciables du maire. Comme nous l'avons dit plus haut, les religieux conservaient intacte leur justice foncière ; ils avaient la connaissance des plaids des fonds de la terre et pouvaient arrêter leurs banniers de four ou de moulin, quand ils les trouvaient venant d'un autre four ou d'un autre moulin que les leurs ; ils avaient enfin tous les forfaits appartenant au droit de ban.

Ainsi, les cloîtres de Notre-Dame, de Saint-Rieul, de Saint-Frambourg, l'évêché et l'enclos de Saint-Vincent, étaient soustraits à la juridiction de la commune. Bien plus, les serviteurs de ces églises étaient, comme ceux du Bouteiller, mis en dehors du droit commun et n'etaient soumis qu'à l'autorité de leurs maîtres.

Il y avait encore d'autres enclaves privilégiées dans la ville, mais elles étaient moins importantes. Toutes les abbayes, tous les prieurés, tous les établissements ecclésiastiques, qui avaient leur maison principale ou des possessions dans la ville, prétendaient y avoir toute justice. La commune, toujours prête à défendre ses droits et à arracher ses membres à la tyrannie des prévots et des juges seigneuriaux, résistait vigoureusement et portait presque toujours le conflit en parlement. Par malheur, les ordres religieux ne manquaient pas de bulles et de lettres ,royaux pour défendre leurs privilèges mal définis et justifier leurs usurpations ; le plus souvent la commune perdait son procès. Les maisons appartenant aux Templiers étaient soumises à la juridiction du commandeur ; l'enclos du Temple, plus connu sous le nom postérieur de Saint-Jean, était assez grand, et les limites n'en étaient pas très bien fixées ; le commandeur prétendait avoir la justice, non seulement dans l'enceinte, mais encore dans les demeures y attenant en dehors ; d'où conflits et procès (1). Il en était ainsi avec la Victoire (2), avec Saint-Nicolas (3); toujours la ville avait des procès en parlement avec les établissements religieux, soit sur des points non encore réglés par des accords, soit même sur des articles violés à son détriment, malgré des conventions formelles. Ces procès, quelle que fût leur issue, étaient fort dispendieux, et ce fut là une des causes principales de la ruine de la commune.

Pendant toute la durée de la foire de la Notre-Dame de septembre, la commune n'avait plus la justice dans le lieu où elle se tenait; tous ses droits passaient à l'évêque, tuteur et administrateur de la maladrerie de Saint-Lazare, aux faubourgs de Senlis, à qui cette foire avec tous ses priviléges avait été donnée, en 1157, par le roi Louis VII. La justice, il est vrai, était contestée par la ville, et ne fut positivement reconnue à l'évêque que par l'arrêt de 1321. Cependant la charte de 1157 réservait les droits des seigneurs et ne donnait la justice à Saint-Ladre que dans la terre du roi ; ce ne peut donc être que par une usurpation, confirmée postérieurement par le parlement, que l'évêque aura étendu ce droit aux terres des seigneurs, qui avaient cédé leur justice à la commune.

Ce n'était pas seulement avec les églises que la commune avait souvent à lutter, c'était surtout avec les baillis, auxquels il semble que les rois aient, depuis 1256, donné pour principale mission de ruiner les communes par les procès et les amendes; car tout procès perdu se terminait par une amende énorme, infligée à la ville, responsable des fautes de ses magistrats (4). Les occasions ne manquaient pas. Les plaideurs malheureux appelaient du maire au bailli par errements de droit et non par gages de bataille; il y avait donc peu de risques à courir, et tout porte à croire que ces appels, bien reçus par le bailli, jaloux de la justice communale, devaient être des plus fréquents. Si, par hasard, le bailli confirmait la sentence des juges communaux, on pouvait en appeler en parlement et il y avait de grandes chances pour

(1) Boutaric, *Actes du Parlement*, n° 4379, arrêt de 1315, et P. just. nos 14 et 16.

(2) Boutaric, *ibidem*, n° 2027, arrêt de 1276, et n° 3681, arrêt de 1310.

(3) Afforty. XVII. 205.

(4) Voir pièces justificat. n° 14.

que le jugement fût réformé. Toutes les fois qu'en appel, soit devant le bailli, soit devant le parlement, un de leurs jugements était infirmé, le maire et les pairs, au nom de la commune, étaient condamnés à l'amende ; quelquefois même ils étaient déclarés incapables de remplir aucune charge municipale pendant un certain temps (1).

Le bailli soulevait souvent des conflits d'attributions ; nous avons sur ce point nombre d'arrêts du parlement (2). Les trois cas réservés au roi étaient définis nettement par la charte de 1202 ; mais le bailli, pour étendre sa compétence, voulait toujours assimiler des cas nouveaux aux cas stipulés dans la charte royale. L'affaire allait dans ce cas devant le parlement, qui le plus souvent, pour ne pas dire toujours, donnait gain de cause au bailli. La commune paya de ce chef de nombreuses et lourdes amendes. Aussi on conçoit que la justice communale ait été regardée comme un privilège sans valeur par les bourgeois, ruinés par le paiement des tailles imposées sur la ville pour acquitter ces amendes, et qu'ils aient eu la pensée de l'abandonner, quand les baillis, établis à Senlis, et le parlement, réorganisé par Saint-Louis et Philippe-le-Bel, assurèrent à tous, sans grands déplacements, des juges pour le moins aussi équitables que le maire et ses compagnons.

Il nous reste à exposer l'organisation du tribunal municipal ; mais nous n'avons sur ce point que des renseignements d'une extrême sécheresse. Ils nous sont donnés par des fragments d'un rôle d'assises, se rapportant aux premières années du xiv⁰ siècle, dont nous avons trouvé quelques feuillets servant de chemises à des comptes du xv⁰ siècle. Le maire et les pairs auraient dû siéger ensemble au tribunal communal ; ainsi nous voyons, en 1268, le maire dire en parlement que, dans la commune de Senlis, la justice n'appartenait pas au maire seul, mais au maire et aux pairs réunis ; mais la règle n'était pas respectée et il fut prouvé que le maire avait jugé seul et sans le concours des pairs (3). Le rôle des assises prouve que 40 ans ans plus tard c'était encore l'usage ; le maire tient seul plusieurs audiences et, une fois, deux pairs

(1) P. just. n⁰ 14.

(2) Boutaric, *Actes du Parlement* n⁰ˢ 1230, 1270, 2109, 464, 479, 1588, etc., et P. just. n⁰ 20.

(3) *Olim.* I. 164 r⁰.

siègent sans le maire. Le clerc de la ville faisait office de greffier. Nous ne savons rien de plus ; ces fragments de rôle ne nous apprennent rien sur la procédure et ne contiennent que des mentions tout à fait sommaires, rappelant qu'un tel a été condamné à tant pour tel ou tel délit, ou que telle affaire a été renvoyée à quinzaine, soit pour l'absence de conseil, soit pour donner aux parties le moyen de faire la preuve de leurs allégations.

La peine la plus fréquente au moyen âge était l'amende ; cela se conçoit aisément, puisque les amendes étaient perçues, à l'origine du moins, par le juge lui-même, qui avait affermé la justice ; plus les amendes étaient nombreuses et élevées, plus le prévot faisait de forts bénéfices sur sa ferme. Les habitants avaient tellement souffert de cet abus, qu'ils ne se fièrent même pas aux juges municipaux et firent insérer dans la charte un taux maximum des amendes. Tous les forfaits devaient être amendés par cinq sous ; deux crimes seuls pouvaient être punis d'une peine plus forte ; c'était l'*infractio villœ* et le *vetus odium*. Cependant, dans notre rôle, nous trouvons des amendes montant jusqu'à trente sous, et les bans, que nous avons publiés plus haut, édictent contre les contrevenants des amendes de 20 sous ; on voit même dans les tablettes de cire une amende de 20 livres pour la violence faite à Guiart le Feron, compagnon du maire ; avec le temps, la valeur de l'argent avait diminué, et le taux des amendes s'était élevé ; en outre, les communes ne négligeaient pas plus que les seigneurs les moyens d'extorquer de l'argent ; elles en avaient toujours grand besoin.

Si un bourgeois ne voulait pas payer l'amende fixée par les juges municipaux, les jurés pouvaient le contraindre par corps. Si le coupable, pour se soustraire à la prison, prenait la fuite, les magistrats devaient aller dans le lieu où il s'était réfugié et réclamer du seigneur ou des premiers magistrats de l'endroit la permission de tirer de leur ennemi un juste châtiment. En cas de refus, à Senlis comme presque partout, la commune pouvait confisquer les biens du coupable ; en outre les bourgeois pouvaient tirer des hommes du lieu, où leur ennemi s'était réfugié, la vengeance qu'il leur plairait. Le roi seul et son sénéchal pouvaient amener dans la ville un bourgeois réfractaire ou, comme l'on disait, ennemi de la commune, sans qu'il eût payé l'amende à laquelle il avait été condamné. Si un ennemi de la com-

mune venait à Senlis sans être avec le roi et le sénéchal, il
pouvait être jeté en prison par les magistrats. Cependant
l'évêque était encore privilégié sur ce point ; l'ennemi de la
commune, qu'il aurait amené avec lui sans le savoir, ne pouvait être arrêté ; mais, si les magistrats le lui dénonçaient, il
ne pouvait plus s'en faire accompagner sans le consentement des jurés (1).

Mais les accusés, prévenus de crimes, punis de la prison ou
de la mort, étaient mis en prison par prévention, afin qu'ils
ne pussent échapper au châtiment (2). Pour marquer son
droit de haute justice, la commune avait dans la banlieue
des fourches patibulaires (3).

Il est à peine besoin de rappeler que les magistrats communaux avaient aussi la juridiction gracieuse ; au XIII° siècle on
passa devant eux un grand nombre d'actes, dont beaucoup
nous ont été conservés. Ce devait être pour la ville une
légère ressource ; cependant nous n'en trouvons pas trace
dans les comptes : peut-être le profit revenait-il au maire
ou au greffier qui dressait l'acte.

La défense de la ville était confiée aux magistrats communaux et aux bourgeois ; c'était la commune qui devait entretenir les murailles de la ville et le beffroy ; elle en était
considérée comme propriétaire et, seule, elle pouvait autoriser les habitants, voisins de l'enceinte, à élever sur les murailles des constructions provisoires ou à appuyer dessus des
appentis (4). Du reste ce ne fut qu'en 1786 que la royauté
contesta à la ville la propriété des remparts et des fossés (5).

Non seulement les bourgeois devaient garder et défendre
leur ville contre les assaillants, mais ils pouvaient aussi aller
attaquer leurs ennemis chez eux, par exemple, quand ils refusaient de leur rendre un condamné fugitif (6). La charte de
1173 prévoyait ces sorties et édictait diverses dispositions s'y
rapportant. Ainsi il n'était pas permis de communiquer avec
l'ennemi sans la permission des chefs de la commune. Tant

(1) Charte de 1173. P. Just n° 1.

(2) Rôle des assises, f° I.

(3) Boutaric, *Actes du Parlement*, n° 6458.

(4) Voir une de ces autorisations, dans Afforty, IV. 504.

(5) Voir aux Archives de Senlis, un exemplaire imprimé du mémoire
qu'Afforty composa pour la défense des droits de la ville.

(6) Voir Charte de 1173. P. just. n° 1.

que la guerre durait, il était interdit aux bourgeois de prêter de l'argent à un des ennemis de la commune ou de faire des accommodements avec eux.

Tous les bourgeois devaient le service militaire. L'évêque avait encore, sur ce point, obtenu pour ses serviteurs de grands privilèges; ses domestiques, vivant de son pain, étaient exempts de chevauchée, d'host et de guet (1). Cette dispense n'était pas valable, lorsque les bourgeois devaient partir en guerre pour le service du roi. Il ne paraît pas que le service militaire que la ville devait au roi ait été spécialement défini, et qu'il y ait eu certaines limites au delà desquelles les bourgeois n'étaient point tenus d'aller. Au XIII° siècle, la commune devait fournir au roi cent sergents et trois charrettes (2).

Le Bouteiller conservait le droit de rétablir sa tour dans l'état où elle était au temps du roi Louis, c'est-à-dire de Louis-le-Gros ; mais il ne paraît pas que lui ni ses successeurs aient jamais usé de ce droit ; ils vécurent dès lors en dehors de la ville, à Chantilly, Ermenonville et autres châteaux voisins de Senlis. Le bouteiller devait avoir dans la ville aide et refuge, en cas de guerre, à moins toutefois qu'il ne refusât de se rendre devant le roi pour y être jugé. Les bourgeois devaient le recevoir dans leur ville, quand il était en guerre, et par cela même prendre fait et cause pour lui (3).

---

(1) P. just. n° 5.
(2) Boutaric, *Institutions militaires*, p. 206.
(3) Voir l'accord de 1173 avec le Bouteiller. P. just. n° 3.

CHAPITRE III

FINANCES.

Au moyen âge, le roi et les seigneurs levaient beaucoup de taxes indirectes, qui étaient très gênantes pour le commerce et l'industrie. Les bourgeois, voulant établir en leur faveur des tarifs moins élevés et faciliter la perception, prenaient ces droits à cens. Ce fut un usage fréquent en France et en Angleterre (1). A Senlis les habitants qui, à la fin du XIIᵉ et au commencement du XIIIᵉ siècle, paraissent avoir été dans une grande aisance, employèrent presque toutes les ressources de la commune à racheter les charges qui les grevaient (2).

Dans la charte de 1173, se trouve à la fin une clause par laquelle le roi, pour se faire payer de la concession de la charte, abandonne à la ville tous ses revenus, moyennant une rente double de leur produit. Plus tard, en 1202, Philippe-Auguste, confirmant la charte de 1173, céda à la ville la justice et le produit des amendes, moyennant une augmentation de cette rente.

La commune avait, par suite, une censive très étendue, dans laquelle il y avait de nombreuses maisons. Cette censive comprenait tous les héritages naguères tenus du roi, et ceux relevant des seigneurs dont la commune avait acheté les droits fonciers (3). Les cens que la commune percevait formaient le seul revenu immuable de son budget. Elle exerçait aussi tous les droits appartenant à la justice foncière et

(1) Delisle, *Condition des classes agricoles en Normandie*, p. 144.

(2) Mémoires de Mallet, édition Bernier, page 6.

(3) Accord avec l'évêque en mai 1257, à la Bibliothèque Nationale, collection Moreau, vol. 180, p. 5. — Autre acte de février 1233, intéressant le seigneur du Plessier-Choisel, cité par Afforty, catalogue des maires, vol. XII de la collect., *in fine*.

recueillait tous les profits casuels, tels que lods et ventes, saisines, etc. (1). Ainsi, en février 1250 (n. s.), nous voyons la commune contraindre le chapitre de Saint-Rieul à mettre hors de sa main trois sols de surcens, qu'il avait achetés sur une maison sise dans la censive de la commune (2). La commune avait encore des propriétés étendues, des maisons et des terres qu'elle donnait à surcens ou qu'elle louait à terme, moyennant une redevance annuelle. En 1193, la commune donne à cens aux bouchers une halle (3) et, comme cette boucherie devint rapidement trop petite, la ville acheta en novembre 1224, une maison contiguë à l'hôtel de ville pour agrandir l'ancienne halle et en même temps la maison de la ville (4). La boucherie occupait tout le rez-de-chaussée de la maison commune et les marchands bouchers contribuaient aux réparations (5). Les bouchers, habitant Senlis, étaient privilégiés pour la location des étaux. Il en était de même pour les étaux de la halle aux drapiers, qui appartenait aussi à la ville (6). Le commerce de la draperie était si prospère qu'en 1228 la ville acheta deux maisons pour augmenter la halle (7). La ville possédait encore la halle aux pelletiers (8), la halle aux toiles (9), les étaux des boulangers et galmicheurs à la Porte-au-Pain (10), et la place du Marché, près de la porte de Creil. Les étaux des halles étaient donnés à cens ou à loyer, au profit de la ville, mais nous ne savons pas comment étaient exploités les marchés.

Le roi avait abandonné à la commune la perception du travers dans la ville seulement. Ce travers s'étendait assez

(1) Le maire, les pairs et les jurés de la commune de Senlis donnent à l'Hôtel-Dieu saisine d'une maison, sise en leur censive. Juillet 1231. (Pièce communiquée à Afforty, par M. Rose, alors subdélégué à Senlis). *Catalogue des maires*, à la date.

(2) Archives de Senlis, PP. 10. n° 2 et Afforty. *Collectanea Silvanect.* p. 2275.

(3) P. just. n° 6.

(4) Bibl. Nat., collection Grenier, vol. 325, pièces n°⁵ 15 et 38, et Archives de Senlis, Cartul. Enchaîné, f° 27.

(5) Accord de févrjer 1496 avec les bouchers, dans Afforty, IV. 472.

(6) Archives de Senlis, HH. I, et Afforty XV. 268.

(7) *Ibid.*, DD. I. 5 et Aff. IV. 499.

(8) *Ibid.*, HH. 2. et Aff. V. 507

(9) *Ibid.*, HH. 4.

(10) Afforty XVI. 332,

loin ; ainsi, au xiv⁰ siècle, la chaussée de Gouvieux faisait
partie du travers de Senlis ; mais le roi en avait déjà aliéné
une partie, car le bouteiller avait aussi des droits sur les
produits de cette taxe (1). La ville le perçut seulement aux portes
de l'enceinte ; le cartulaire enchaîné contient un tarif très développé ; presque tous les objets usuels étaient taxés. Aussi le
revenu en était assez élevé, bien que la commune eût accordé
de grandes faveurs à ses bourgeois et aux habitants de certains villages voisins (2).

Aux portes de la ville se levait aussi le droit de pavage,
concédé aux habitants par le roi. Mais tous ne le payaient pas
et nous voyons que les chanoines et les clercs étaient privilégiés (3). Ce droit ne devait pas être important, et nous
n'avons aucun autre document qui s'y rapporte. Cependant
la ville y tenait, car, après la suppression de la commune, ce
fut l'un des droits que le roi, sur leurs réclamations pressantes, consentit à rendre aux habitants.

La commune tenait encore du roi le minage, et c'est sur ce
point qu'elle fit à ses bourgeois les plus grandes concessions (4). Elle pouvait lever ce droit sur toutes les personnes laïques et ecclésiastiques vendant des grains dans
la ville ou dans la banlieue, et confisquer tous les grains qui,
lors de la vente, n'avaient pas été mesurés par le minager (5).
Tous les membres de la commune étaient exempts de ce droit,
à l'exception des boulangers, qui le devaient dans tous les
cas (6). Lorsque les bourgeois achetaient du blé, ils avaient
pour eux les jointées ou le boisselet, que les vendeurs devaient
payer au minager par chaque mine vendue ; après bien des

(1) *Gall. Christ.* X. Appendice 441.

(2) Cartul. Enchaîné, fⁱˢ 57 et ss.

(3) Arrêt autorisant le maire et les jurés de Senlis à faire payer le
droit de pavage, qui leur avait été concédé par le roi, aux charrettes qui
portaient des objets appartenant ou destinés à des chanoines, pourvu
que les charrettes ne fussent pas leur propriété. Boutaric. *Actes du
Parlement*, n° 1733.

(4) « Dès 1170 le roi de France, qui lors estoit, à qui appartenait le
minage et le moulage, donna aux frères de l'Hôtel-Dieu, dix muids de
grain, à la mesure de Paris, ramené par composition à 20 muids de
Senlis, à prendre chacun an sur ledit minage et moulage. » Arrêt du
bailli de Senlis, en 1437, dans Afforty, VI, 387.

(5) Boutaric, *Actes du Parlement*, n° 3878.

(6) Cartul. Ench., f° 74 v°.

contestations, la commune accorda également ce droit aux chanoines de Notre-Dame et de Saint-Frambourg (1). Cette exemption du droit de minage était regardée comme un privilége considérable et les bourgeois y tenaient beaucoup. Après la suppression de la commune, ils soutinrent de longs et coûteux procès pour continuer à en jouir.

Le minager était en même temps fermier des moulins de la ville. La commune tenait du roi deux moulins, qu'on appelle encore de nos jours les moulins du roi. L'un, le plus grand, était situé près de la Gastellière, du côté de Saint-Nicolas ; l'autre, qui existe encore, était situé non loin du premier, du côté de Senlis (2). Elle tenait aussi les moulins jumeaux, situés l'un à côté de l'autre dans le faubourg de Witel ; l'un vènait de l'évêque qui, par l'accord de 1177, l'avait accensé à la commune avec les banniers (3) ; l'autre venait de Jean du Plessis Choisel et de Dreux de Fontaines qui, en 1260, l'avaient cédé à la ville (4). Notre-Dame, pour prix de l'accord de 1204, obtint que les bourgeois prissent à cens la moitié des moulins de la rue de Paris avec leurs banniers, moyennant une rente de 14 livres parisis (5). La ville consentait ces rachats à des taux très élevés pour affranchir les habitants des banalités ; car ces monopoles étaient très gênants. Ainsi, en 1288, les religieux de Saint-Vincent se réservèrent d'arrêter les habitants soumis à la banalité de leur moulin et de leur pressoir, quand ils les trouveraient venant de faire moudre leur blé à un autre moulin que celui de l'abbaye (6). La commune abolit les droits de banalité attachés aux moulins, qu'elle acheta ou prit à cens, et permit aux chanoines et aux bourgeois de faire moudre leurs blés où ils voudraient. Le minager avait seulement le droit d'exiger des privilégiés le serment que le blé était leur. Les boulangers étaient tenus de faire moudre aux moulins du roi (7).

Le roi avait encore cédé à la ville le menu tonlieu, c'est-à-

---

(1) Afforty, XVII, 378, Archives de Senlis, FF. 3, et Archives de l'Oise, fonds N.-D. de Senlis. I, 60. I, 24.

(2) Cartul. Ench, fᶦⁱˢ 77 et 80.

(3) P. Just. nᵒ 5.

(4) Archives de Senlis, DD. I.

(5) P. just. nᵒ 8.

(6) Orig. à la Bib. Nat., collect. Grenier, vol. 307, nᵒ 29.

(7) Arch. de l'Oise, fonds N.-D. de Senlis. I. 60. I. 35.

dire le tonlieu des bêches, des faucilles, des courroies, des écuelles, des châtaignes, des pommes, etc. Par contre, la commune, pendant le séjour des rois dans la ville, devait les fournir d'aulx, de sel, d'écuelles et de pots. Le grand tonlieu appartenait à l'évêque, qui, en 1177, le donna à cens à la commune, moyennant une rente très élevée. En 1215, cette rente fut augmentée sur la plainte du chapitre Notre-Dame, qui stipula pour les chanoines des trois chapitres de la ville des privilèges considérables (1). La commune fit également aux bourgeois de grandes faveurs, et elle édicta au profit des marchands de la ville des tarifs beaucoup plus bas que ceux auxquels étaient soumis les marchands du dehors. Il nous est impossible d'entrer dans le détail et d'analyser, même succinctement, les tarifs développés que contient le Cartulaire enchaîné (2).

Dans le tonlieu était autrefois compris le minage, le forage et le roage des vins (3). L'évêque, qui possédait le tonlieu, accorda en 1146, à l'abbaye de Saint-Vincent (4), de percevoir dans sa terre ces divers droits, que du reste l'abbaye percevait déjà depuis longtemps, en vertu d'une concession royale octroyée sans doute avant que les rois n'eussent donné le tonlieu aux évêques de Senlis (5). En 1208, les religieux cédèrent à la commune, moyennant quatre livres parisis de cens annuel, les droits de vinage, forage, roage qu'ils avaient dans leur terre et le hauban. En 1129, le roi les avait confirmés dans la possession de ce droit, en ces termes : « *Confirmamus qui-* » *dem quod hospites jam dicte ecclesie, qui mercatores sunt,* » *et in foro nostro opera venalia exercent, hasbannum quod* » *ceteri mercatores preposito nostro persolvent, ipsi ecclesie* » *persolvant* (6). »

De même que la commune avait racheté fort cher au roi, à l'évêque et aux chapitres, les redevances qu'ils levaient

(1) P. Just. n° 5.

(2) Nous en donnerons une analyse complète dans l'Inventaire des Archives municipales de Senlis, que nous préparons.

(3) Voir Cartul. Enchaîné. Tarifs du tonlieu, f° 63.

(4) Bibl. Nationale, collection Grenier, vol. 307, p. 6, original latin

(5) Confirmation en 1129 des biens de Saint-Vincent, *Gallia Christiana,* X. appendix. 428.

(6) *Ibid.* — Voir Laurière, *Glossaire de droit français, verbo* Haultban.

sur les bourgeois, et avait largement payé de cette manière
les concessions qu'elle avait obtenues, elle dut également,
en 1225, lors de l'accord avec Saint-Rieul, indemniser ce
chapitre en lui payant une rente annuelle pour la foire dite
de Saint-Rieul, et les revenus que le chapitre en tirait (1).

La ville percevait aussi un droit sur la vente du poisson
de mer et d'eau douce qui autrefois faisait partie de la
ferme du tonlieu. Mais, depuis un règlement de 1308,
approuvé par Philippe-le-Bel (2), elle était affermée à part.
Un mois à peine après la suppression de la commune, Phi-
lippe-le-Long donna ce droit à Saint-Maurice, en l'évaluant
à cent livres parisis de revenu annuel (3). La commune avait
encore la pêche d'une grande partie de la rivière de Senlis,
qu'elle tenait à cens des seigneurs du Plessis-Choisel,
moyennant 4 £ 10 s. p. de rente annuelle (4).

La commune n'exploitait pas en régie le travers, le minage, le tonlieu et tous les impôts indirects que nous venons
d'énumérer, mais elle les affermait; nous verrons plus loin,
en étudiant la situation financière de la ville d'après les
tablettes de cire, que toutes ces taxes étaient affermées dès
les premières années du XIVᵉ siècle.

Les revenus ordinaires étaient insuffisants et la commune
devait lever des tailles sur les bourgeois: Tous les membres
de la commune devaient payer la taille, comme on le voit
dans l'accord de 1225; cependant, dans l'accord conclu
en 1239 avec Notre-Dame, nous trouvons que les avantages
concédés par le chapitre ne sont accordés qu'aux jurés taillables de la commune. Cette expression : « *juratus, qui sit
taillabilis de communia* », semble indiquer qu'il y avait des
jurés non taillables; mais nous ne savons pas quels ils
étaient (5). Les clercs payaient leur part des tailles, comme les
laïques, sans qu'il y ait lieu à établir des distinctions. Telle
était la coutume; cependant, vers 1320, les clercs ne voulurent plus payer les tailles et plaidèrent contre la commune
et, le bailli leur ayant donné tort, ils en appelèrent en Par-

(1) P. Just. nº 11.

(2) Arch. Nation. JJ, 59, 348.

(3) Arch. Nation. JJ, 59, nº 348 et JJ, 61, nº 76.

(4) Bibl. Nat., collect. Grenier, vol. 306, nº 4.

(5) P. Just. nº 12.

lement. C'est alors que, pour éviter les frais et les lenteurs d'un procès, un accord fut conclu par lequel les clercs marchands et les clercs fils de jurés furent astreints au payement de la taille, comme les laïques (1).

Les taillables devaient déclarer par serment, combien ils possédaient, soit en meubles, soit en héritages, et, s'ils faisaient un faux serment, les biens, qu'ils avaient passés sous silence, étaient confisqués au profit du roi ou de la commune, suivant que la taille était ou royale ou municipale (2). Si les déclarations avaient été exactes et si la répartition matérielle avait été bien faite, la taille aurait été l'impôt idéal, exactement proportionné aux facultés de chacun des contribuables. Mais la confiscation n'empêchait pas les fausses déclarations et la répartition laissait beaucoup à désirer. Les magistrats municipaux ne se faisaient pas faute de diminuer injustement leur cote et celles de leurs parents ; ils dégrevaient aussi les hommes puissants, pour que ceux-ci les favorisassent plus tard, quand ils seraient à la tête de la commune. Ces iniquités amenaient la discorde entre les pauvres et les riches et quelquefois même causaient des désordres graves (3). Nous n'ajoutons pas une foi pleine et entière aux accusations portées par Beaumanoir, car nous savons qu'il était très hostile aux communes. Mais il fut bailli de Senlis et put voir com-

(1) Pièces Just. nº 23.

(2) Arrêt rendu à la requête du bailli de Senlis contre le maire et les pairs de Senlis, pour s'être indûment appliqué les biens, confisqués sur un juré, qui s'était frauduleusement imposé à la taille contre son serment. Boutaric, *Actes du Parlement* nº 2064. Cet arrêt confirme ce que nous dit Beaumanoir, II, 269. « Bien se gardent cil, qui sunt taillié selon ce qu'il ont de meubles ou d'éritages, quant li lor convient jurer lor vaillant, qu'il dient vérité ; car s'il juroient moins qu'il n'ont et il en estoient ataint, il perdroient tout le surplus, li qui surplus seroient au Seigneur par qui la taille seroit fete, fors tant c'on metrait en taille, selonc ce qu'il jura, à le livre : c'est à entendre, s'il devoit paier de cent livres dix livres et on trovoit cent livres par desor son serement dix livres converroit en le taille et li quatre vingt et dix livres seroient aquis au seigneur; mais se le vile faisoit le taille sans le seigneur, le surplus, qui est trouvés de tix parjures, est aquis à le vile et non pas au seigneur. »

(3) « Moult de contens muevent es bones viles de comune pou lor tailles, car il avient souvent que li rice, qui sunt gouverneur des besongnes de le ville, metent moins, qu'il ne doivent, eus et lor parens et déportent les autres rices hommes, por ce qu'il soient déporté; et ainsi quort tous li frès sur le commun des povres. » (Beaumanoir, II. 268).

ment les choses se passaient dans notre ville. En outre, les faits qu'il reproche aux riches bourgeois sont, en ce qui concerne Senlis, en partie confirmés par les plaintes du commun et l'enquête des commissaires royaux, qui fut suivie de la suppression de la commune en 1320. Cette mauvaise répartition rendait la perception difficile, et nous verrons plus loin que les collecteurs devaient tous de grosses sommes pour des tailles remontant à plusieurs années. Cette difficulté avait obligé la commune à employer contre les retardataires et les récalcitrants des moyens de coercition excessivement violents. Quand les taillables négligeaient ou refusaient de payer leurs tailles, la commune pouvait faire découvrir leurs maisons (1), si les collecteurs ne pouvaient pas se payer sur les meubles des débiteurs.

Une recette extraordinaire fort productive était le produit des amendes prononcées par le tribunal communal ; on en dressait un rôle, dont on adjugeait la perception au rabais.

Les revenus ordinaires et extraordinaires de la commune ne lui permettaient pas de suffire à ses dépenses. Pour ne pas élever outre mesure le taux des tailles et ne pas trop mécontenter la population, on avait recours à l'emprunt. La commune se servait des capitaux, qui lui étaient confiés en dépôt, soit par des particuliers, soit par les tuteurs, qui devaient employer de cette façon une partie des biens de leurs pupilles (2). Nous voyons par les tablettes de cire, que c'était sur les sommes laissées ainsi en dépôt, que l'on prélevait les tailles dues par les mineurs ; peut-être ce dépôt était-il prescrit, pour que la commune ait une garantie pour le payement des impôts et pour le payement d'une part des dettes communes, si l'un des mineurs venait à quitter la ville à sa majorité. Ce ne sont là que des conjectures et nous n'avons sur ce point intéressant rien de précis. Outre ces « *deniers en garde*, » la commune devait des « *deniers à cous* » ; on entendait par là les sommes empruntées à intérêt pour un temps limité. Cette opposition semblerait signifier que les deniers en garde ne recevaient pas d'intérêts ; du reste il n'en

(1) P. Just. n° 20.

(2) « *Nomine depositi et rei depositæ, prout consuetudo ville Silvanectensis exigebat.* » Quittance de remboursement d'un dépôt, en 1276. (n. s). — Archives de Senlis, CC. 216, pièce n° 6. — Voir encore DD, I. 11 et Afforty, IV. 511.

est jamais question dans les comptes. Enfin la ville émettait des rentes viagères, qui n'étaient pas transmissibles, sans le consentement de la commune (1).

Nous venons de voir quelles étaient les ressources ordinaires et extraordinaires de la commune, nous allons nous efforcer d'en exposer la contre-partie, les charges ; mais, sur ce point, les renseignements sont très succincts.

La commune avait dû, en 1173, doubler le produit des revenus, que le roi avait dans la ville; de ce chef elle devait annuellement 208 l. p., 60 muids de méteil et 60 muids de vin. C'était le prix que le roi avait mis à la concession de la charte, qu'il s'était fait payer fort cher. Pour le menu tonlieu, elle était tenue de fournir les rois d'aulx, de sel, de pots et d'écuelles, pendant leur séjour à Senlis. En 1202; quand Philippe-Auguste céda la justice à la commune, cette redevance, énorme pour le temps, fut encore augmentée de 72 l. p. de rente annuelle.

Le bouteiller exigea, pour l'abandon de ses droits de ban, de taille et de suite, une rente annuelle de 10 l. p. Les autres seigneurs laïques recevaient chacun une indemnité et touchaient ensemble une rente de 33 livres 5 sous. L'évêque avait stipulé qu'on lui paierait pour le tonlieu 4 muids de sel par mois et 80 l. p. par an et, pour éviter les conséquences des fréquents changements de monnaie, il voulut qu'on lui versât toujours 40 marcs d'argent fin, qui valaient, en 1177, 80 l. p. En 1215, le chapitre Notre-Dame fit augmenter cette rente de 20 l. p. L'évêque avait, en 1177, accensé son moulin, moyennant 10 muids de blé d'hiver, aussi payables par mois.

En 1204, Notre-Dame fit payer la cession de sa justice à la commune, en la forçant de prendre à cens la moitié du moulin de la rue de Paris pour 14 l. p. par an. Saint-Rieul, en 1225, suivit le même système et céda à la ville la foire, dite de Saint-Rieul, moyennant une rente annuelle de 8 l. p. En 1208, la commune racheta le hauban et le vinage dans la terre de Saint-Vincent pour 4 l. p. et, en 1288, lors de l'accord conclu avec l'abbaye pour la justice, on lui demanda en plus 7 l. p. de rente. Il faut ajouter les cens dus pour la rivière, pour les propriétés de la commune sises dans la

(1) Beaumanoir, II. 270.

censive des seigneurs, et les rentes dues pour les maisons tenues par la commune à bail ou à surcens. Aussi, sans qu'il soit besoin de continuer cette fastidieuse énumération, qu'il est impossible de faire exacte et complète, nous pensons pouvoir dire que les rentes dues par la commune montaient à plus de 400 l. p. par an (1).

Ces rentes devaient être payées à jour fixe, à peine d'amendes variant de 1 à 10 s. p. par jour de retard. Ces amendes pouvaient être plus élevées que la somme à payer et elles se grossissaient des frais de justice. Le chapitre de Saint-Rieul, dans le cas où la commune serait plus d'un mois en retard, pouvait prononcer une excommunication générale sur toute la ville.

Les amendes à payer pour les jugements du tribunal communal réformés en appel par le bailli ou le parlement et pour les procès perdus par la commune étaient une des dépenses les plus lourdes du budget municipal, car ces amendes étaient fréquentes et souvent très élevées ; ainsi, en 1264, le parlement fixe à 400 l. tournois les amendes encourues par la commune de Senlis pour deux mauvais jugements (2). Il fallait ensuite payer les gages des officiers municipaux et les présents nombreux faits au bailli, au prévôt et autres personnages importants. L'entretien des rues, des fortifications et des propriétés communales était à la charge de la ville. C'était encore la commune, qui supportait les frais de perception des impôts, les dépenses des chariots et des sergents, qu'elle fournissait au roi en temps de guerre.

La ville ne pouvait faire face à ces charges écrasantes avec ses seules ressources ordinaires et extraordinaires. Nous avons vu qu'en 1173 le roi, en lui abandonnant les revenus qu'il percevait dans la ville, avait exigé d'elle qu'elle lui payât le double du produit qu'ils rendaient alors. Il est probable que les autres seigneurs ne furent pas plus généreux que le roi et exigèrent la même augmentation en retour de

---

(1) Ce chiffre est sans doute trop faible. Toutefois les rentes paiées directement par la ville ne le dépassaient pas de beaucoup ; car, d'après les cahiers de charge de leurs adjudications, les fermiers du tonlieu et du minage devaient payer, le premier les 100 livres dues à l'évêque et au chapitre, ainsi que le sel, et le second les muids de blé dus à l'évêque, au roi, à la Victoire, etc. — Voir Archives de Senlis, Cartulaire Ench., folio 73, r°.

(2) P. Just. n° 14

leurs concessions. Il est vrai que la plus grande partie de ces redevances étaient stipulées payables en argent, et que la valeur de la monnaie devint par la suite des temps de plus en plus faible; l'évêque seul avait pris ses mesures contre les affaiblissements de monnaie. Il faut aussi remarquer que le pouvoir de l'argent alla toujours en diminuant, et qu'au XIIIe siècle les progrès du bien-être et l'aisance générale durent faire largement augmenter le produit des taxes indirectes qui formaient la plus grande partie des ressources ordinaires de la commune. Par contre la commune, aussitôt après avoir racheté ces impôts indirects, qui gênaient beaucoup ses membres, avait accordé aux bourgeois, et dans la suite aux chanoines, de grands privilèges, qui pendant longtemps avaient dû compenser l'augmentation naturelle, dont nous venons d'énumérer les causes probables. Aussi croyons-nous que les bourgeois auraient dû s'estimer très heureux si, vers 1250, ils avaient pu, avec le produit des taxes indirectes, payer les charges dont elles étaient grevées en faveur des premiers possesseurs ou de leurs ayants-cause. La commune ne pouvait donc faire face à ses dépenses ordinaires et extra-ordinaires qu'en levant des tailles sur les bourgeois; mais les impôts directs ne peuvent être constamment augmentés sans faire vivement crier les contribuables, et, dans les années où la commune eut à payer de lourdes amendes pour les condamnations prononcées contre ses magistrats par le bailli de Senlis ou le parlement, elle dut nécessairement contracter des emprunts.

Nous avons conservé l'état sommaire de la situation financière de la commune, dressé lorsque Lambert de la Porte fut installé comme maire de la ville à la Saint-Pierre et Saint-Paul, le 29 juin 1266 (1). Les revenus de la ville s'élevaient à 669 l., plus 14 muids de blé et 4 muids de sel à la mesure de Senlis. Les dépenses se montaient à 547 l. 19 s. et 187 muids de blé et 4 muids de sel. Nous ne savons pas quelle était exactement la valeur du muid de blé à Senlis à cette époque; mais on peut dire que les dépenses égalaient au moins les recettes. Il est vrai qu'on devait à la ville 116 liv.; mais elle devait 397 livres de rentes viagères, 300 livres

---

(1) Ce compte a été publié par M. Dufour dans les Mémoires de la Société des Antiquaires de Picardie, tome XV, p. 479.

prêtées à intérêt et 955 livres prêtées sans intérêt. On voit donc que les revenus ordinaires étaient insuffisants; pour payer les rentes viagères et les intérêts des sommes prêtées à termes, il fallait chaque année asseoir des tailles, et, dès qu'une dépense extraordinaire survenait, il fallait emprunter de nouveau. Dans cette situation, un emprunt amenait à bref délai un nouvel emprunt, et la commune allait toujours s'endettant de plus en plus. Au commencement du XIV⁰ siècle, elle se trouva si obérée, que les petites gens, accablés d'impôts et opprimés par l'aristocratie bourgeoise, supplièrent le roi de faire faire une enquête pour arriver à la suppression de la commune.

CHAPITRE IV

Ce fut en 1319 que la majeure partie des habitants de Senlis demanda au Parlement de prononcer la suppression de la commune. Avant de prendre une décision aussi grave, la cour chargea Pierre Ponce, chantre du chapitre de Notre-Dame de Senlis, et Jean Robert, chevalier, conseiller du roi, de faire une enquête sur place, d'entendre les bourgeois et de s'assurer si le régime communal était utile ou nuisible aux intérêts de la ville. Ces commissaires exécutèrent leur mission sérieusement et dépouillèrent ou firent dépouiller tous les comptes rendus par les dépensiers de la commune depuis dix ans, afin de connaître exactement la situation financière de la ville et la conduite de ses administrateurs. Une partie des minutes de cette enquête nous est parvenue sous forme de notes, écrites sur des tablettes de cire, conservées dans les archives de Senlis. Jusqu'ici on avait cru que ces tablettes ne contenaient que des comptes municipaux; cette erreur vient de ce qu'on s'en était rapporté aux apparences. Une étude minutieuse de ce document le prouvera complètement.

Ces tablettes ont été décrites au siècle dernier par Afforty, dans le Ve volume du *Tabularium Silvanectense*, p. 42; le laborieux chanoine en a pris de nombreux extraits, en général fidèlement lus, mais toujours tronqués. Elles n'ont, depuis ce temps, été connues que par ce texte incomplet, ce qui explique la fausse attribution, qu'on leur a donnée. Lorsqu'Afforty les a parcourues, elles étaient réunies en un cahier par des bandes de parchemin, qui les reliaient par la tranche. Plus tard le cahier fut démonté et trois des tablettes de la collection disparurent. Depuis cette dispersion, deux d'entre elles ont été rachetées par l'administration municipale de Senlis et nous avons eu la bonne fortune de retrouver la troisième dans une tablette de provenance inconnue, conservée à la Bibliothèque Nationale sous le numéro 12,014 du fonds français, si bien qu'aucune des tablettes, qui composaient au xviiie siècle la collection, n'est perdue. Elles sont maintenant isolées les unes des autres ; mais la description sommaire d'Afforty a permis de les numéroter dans l'ordre, qu'elles avaient autrefois.

La première est haute de 384 millimètres et large de 168 ; ces dimensions varient de quelques millimètres pour les suivantes, tantôt en plus, tantôt en moins. La largeur de la partie non enduite de cire formant cadre est de sept à huit millimètres. Nous ne compléterons pas cette description matérielle, car l'une de ces tablettes est reproduite par l'héliogravure, dans l'Album du Musée des Archives Départementales, et on en trouvera une autre à la fin de ce volume. La collection des archives de Senlis comprend douze tablettes ; mais il y en a trois dont les notes ont été complètement effacées, ainsi qu'un des côtés de la cinquième ; toutes les autres, à l'exception de la première, sont enduites de cire et écrites des deux côtés. Une des faces de la première formait couvercle et n'avait pas été creusée pour recevoir de la cire ; ce qui prouve que dès l'origine elles furent reliées et formèrent registre. Mais il doit en manquer plusieurs et il manque certainement la dernière, dont l'un des côtés devait, comme pour la première, former couvercle.

Ces lacunes sont faciles à reconnaître en parcourant les tablettes ; on voit en effet que les relevés de comptes sont très incomplets et que nous n'en avons que des fragments. Pour le prouver, nous allons indiquer en quelques mots ce que contient chacun des côtés des dix tablettes, sur lesquelles on trouve des notes. Les cinq premières tablettes se suivent et contiennent une partie de l'analyse du compte rendu par le dépensier, sorti de charge à la fin de juin 1309. On trouve au verso de la première l'état des deniers déposés *en garde* dans la caisse communale ; au recto de la seconde, la fin des deniers *en garde* et le commencement des deniers *à cous*, c'est-à-dire empruntés à intérêts ; au verso la fin de ce compte et le commencement du chapitre des dettes dues à la ville, article des dettes dont le dépensier n'était pas chargé ; au recto de la troisième, la fin de ce même article et, au verso, le commencement de l'article des dettes dont le dépensier était chargé, et en particulier l'énumération des sommes qu'il avait portées en dépense et n'avait pas payées ;

au recto de la quatrième se trouve la fin de cet article et le commencement de l'article le plus intéressant de tout ce compte, c'est-à-dire l'état des sommes dues au dépensier, principalement par les collecteurs des tailles, et données par lui en paiement à la ville ; cet état se continue au verso de cette tablette et se termine au recto de la cinquième, dont le verso est effacé; il manque la balance du compte.

Les autres tablettes ne donnent plus un ensemble aussi long que cet extrait du compte de l'exercice 1308-1309, et les analyses qu'elles contiennent ne se suivent pas ; la fin d'un compte se trouve parfois deux ou trois tablettes plus loin que celle où est le commencement. Aussi nous n'avons pas suivi l'ordre matériel et nous avons tenté, autant que les lacunes nous le permettaient, de rétablir l'ordre logique. Nous n'avons pas l'analyse des comptes du dépensier pour l'exercice 1309-1310, et, pour les années 1310-11 et 1311-12, nous n'avons que des résultats tout à fait sommaires écrits sur le recto de la septième tablette.

Au recto de la huitième tablette nous trouvons le commencement de l'analyse du compte de la fin de l'année 1312-1313, l'état des deniers en garde ; la suite de cet état des deniers en garde se trouve au recto de la dixième ; il n'y a pas à en douter, car la phrase, commencée à la fin du recto de la huitième, se termine en haut du recto de la dixième. Le verso de la dixième contient l'état des deniers à cous, dus à la même époque. C'est tout ce que nous avons pour cette année 1312-1313. Les comptes de l'année 1313-14 sont aussi très incomplets ; au verso de la huitième on trouve l'état des sommes dues par le dépensier, qu'il avait comptées en dépense sans les avoir payées, et au verso de la neuvième le compte des personnes, dont ce même dépensier était chargé, et des sommes, qu'il avait comptées en sa dépense et qu'il n'avait pas payées. Ce compte n'est pas terminé.

Ainsi, pour résumer cette longue analyse, nous rappellerons que les huit premiers feuillets contiennent une partie des comptes de la fin de l'exercice 1308-09 ; c'est, à tous égards, le fragment le plus important. Un seul feuillet contient les résultats sommaires des comptes rendus pendant les années financières 1310-11 et 1311-12. Trois feuillets nous donnent une faible partie des comptes de l'exercice 1312-1313 et deux autres quelques fragments des comptes de l'année 1313-14. On voit que les lacunes sont nombreuses et qu'il y a de longues et singulières interruptions.

La sixième, recto et verso, contient le résultat de l'adjudication des revenus indirects ou, comme on disait alors, des métiers de la ville ; la suite se trouve au verso de la septième tablette, et, après une interruption qui semble de peu d'importance, on retrouve les mêmes matières au recto de la neuvième. Les adjudications étaient faites pour plusieurs années, trois au maximum, et étaient payables en un ou plusieurs termes. On inscrivait d'abord le nom de l'adjudicataire, le prix de l'adjudication, la durée et les termes de paiement. Ensuite, au-dessous, on relevait les paiements effectués, au fur et à mesure qu'on en rencontrait la preuve. Dans la neuvième, recto, on trouve un paiement fait le 24 juin 1317 pour les étaux de la boucherie et un autre, effectué le jour de l'Ascension de la même année, pour le travers..

Ce long relevé, qui comprend une partie de l'analyse des comptes rendus de 1309 à 1317, ne peut pas être pris pour un compte ordinaire. Un comptable ne rend compte que de la recette et de la dépense, qu'il effectue lui-même, et le compte qu'il présente lui est particulier. Au contraire, les analyses, contenues dans les tablettes, embrassent une période étendue, qui comprend les diverses gestions de plusieurs dépensiers. Nous avons donc là les fragments d'un dépouillement général, dont la date est postérieure à la Saint-Jean 1317. On ne voit pas quelle occasion autre que l'enquête de 1319 aurait pu être la cause d'un travail aussi long et aussi étendu. En le commençant à la fin de l'exercice 1308-1309, on devait se proposer d'embrasser une période décennale, afin de voir quelle était la conduite des magistrats municipaux depuis un certain temps. Ces morceaux d'un dépouillement général des comptes municipaux depuis 1309 ne peuvent être que les fragments d'une enquête faite sur les finances communales à la fin de la période décennale 1309-1319, lors de la suppression de la commune. Ce ne sont que des minutes, que l'on effaçait aussitôt après qu'elles étaient mises au net ; c'est ainsi que s'expliquent les lacunes et les interruptions ; on a effacé l'analyse des comptes de certaines années, pour écrire à la place celle des années précédentes. D'ailleurs il n'est pas étonnant que nous n'ayons ni les comptes ni les ventes des métiers postérieurs à 1314, puisque le cahier est incomplet et que la fin manque.

Nous croyons donc qu'il est permis de dire, sans être trop téméraire, que ces tablettes contiennent une partie de l'enquête de 1319 ; cela établi, nous allons tâcher de tirer parti des renseignements, qu'elles nous donnent.

Les indications, qu'elles nous fournissent, ne sont pas assez complètes, pour que nous puissions établir un budget régulier. Cependant nous allons tenter d'indiquer quelles étaient les charges et les ressources permanentes de la commune ; mais il nous sera impossible de le faire autrement que par à peu près.

Nous avons vu que la ville devait au roi et aux seigneurs plus de quatre cents livres de rente annuelle pour le rachat de leurs droits. En 1309, elle devait au moins 1,800 livres, empruntés à intérêts. Nous ne savons pas quel était le taux de l'intérêt. Nous voyons bien que, pour un prêt de 486 livres on doit 120 livres, et pour un prêt de 80 livres, 20 livres ; mais nous ne connaissons pas la durée du prêt et nous ne pouvons pas dire si la somme d'intérêts, qui devait être payée lors du remboursement, était due pour une année seulement ou pour plusieurs années. Le taux de 25 pour cent paraît exorbitant. Cependant nous le retrouvons encore en 1314 : « *A Hue le Large, de Rains, 600 et 150 livres pour cous, dont le terme échera à Paques Clouzes l'an 1314, dont il a lestres. Paié les couz du terme de l'Asancion, l'an 1316.* » Toutefois, nous ne calculerons pas l'intérêt à ce taux excessif et, pour les 1800 livres dues par la ville, nous ne porterons qu'une dépense de 180 livres pour les intérêts ; il faut y ajouter une forte somme pour les remboursements, puisque ces prêts sont à courts termes ; mais nous n'avons aucun élément pour la déterminer. La commune devait encore des rentes viagères assises sur la maison de la ville ; nous voyons qu'en 1313-1314, le dépensier avait porté en dépense, sans les avoir payées, plus de 125 livres de rentes, dues pour l'année seulement. Il faut bien admettre qu'il avait payé au moins la moitié de ces rentes et, sans exagération, on peut en fixer le chiffre à 300 livres de rente annuelle. La ville faisait des pensions aux magistrats et aux officiers municipaux ; ainsi nous voyons qu'en 1314 on devait à maître Gautier de Moy 10 livres tournois pour sa pension de l'an 1313 ; en 1309, on devait 20 livres à sire Robert du Murat, pour la mairie. Pour le maire, les pairs,

le dépensier, le clerc de la ville, les avocats et les procureurs
pensionnaires de la ville, ce n'est pas trop, en prenant ces
chiffres pour base, d'allouer une somme de 100 livres. Ainsi
les charges permanentes, dont la ville était grevée, s'élevaient au moins à mille livres par an, et ce minimum est
certainement beaucoup trop faible ; pour approcher de la
vérité, il faudrait peut-être le doubler.

Outre les rentes et pensions, la ville avait à supporter des
dépenses ordinaires considérables ; car c'est la commune qui
devait entretenir les fortifications, les rues, les édifices municipaux, payer les frais de perception, d'assiette et de collecte
des tailles royales et municipales, et solder les milices communales. Mais il est impossible d'évaluer ces dépenses, car
nous n'avons aucun élément de calcul.

Ce sont là les charges que l'on pourrait appeler ordinaires ;
mais il faut aussi tenir grand compte des charges extraordinaires, telles que les remboursements des sommes prêtées
à intérêts et à courts termes, et les amendes prononcées
contre la commune par le bailli ou le parlement. En 1312,
Oudard le Drapier, pour lors maire de Senlis, prêta à la commune plus de cinq cents livres qui furent versées au bailli,
par contrainte, pour le paiement des amendes dues par la
commune. C'est une somme énorme ; mais c'est le taux
ordinaire ; en 1264, le Parlement inflige une amende de 400
livres à la commune. Ce sont là les seules amendes dont
nous ayons le chiffre ; mais il ne faudrait pas en conclure
que ce fussent les seules payées par la ville ; dans les registres du Parlement, on rencontre rarement la mention de
l'amende qui était taxée après l'arrêt rendu ; mais une
amende était toujours infligée pour tout jugement réformé,
et nous pouvons croire, d'après les exemples cités plus haut,
les seuls que nous ayons pour Senlis, et d'après beaucoup
d'autres pour des villes voisines (1), qu'elles s'élevaient
toujours à une forte somme. On trouve, dans les Actes du
parlement de Paris, de M. Boutaric, l'analyse de beaucoup
de jugements des magistrats de Senlis, réformés par le
parlement, et, bien que la liste ne soit pas complète, il y
a très peu d'années, où la commune ne soit pas condamnée.
Ces amendes considérables étaient donc fréquentes.

(1) Pour Soissons, voir les exemples cités par Dormoy, *Histoire de
Soissons*, 1664, in-8.

Les seuls revenus ordinaires de la ville étaient, comme nous l'avons vu plus haut, p. 27, les produits des divers impots indirects, qu'elle avait rachetés, et les cens et surcens, qui lui étaient dus. Les taxes indirectes étaient affermées pour une durée de un, deux ou trois ans. En 1309, elles produisirent 642 livres 5 sols, et en 1312 il y eut très peu de différence ; nous ne pouvons pas dire le chiffre exact du revenu de cette année, car il nous manque le produit du vinage ; mais nous voyons que le tonlieu, qui en 1309 valut 140 liv., en rapporta 130 livres en 1312, et qu'il n'y eut sur le minage qu'une différence de 5 livres ; pour le travers, la ferme fut en 1312 vendue 165 livres, tandis qu'en 1309 elle fut adjugée 185. Ce ne sont là que de faibles écarts. Nous ne connaissons pas à quel chiffre s'élevaient les cens perçus par la ville ; en 1309, on lui devait 38 livres pour cens non payés ; mais ces cens étaient-ils tous dus pour l'année ? Rien ne nous le dit. Cependant il semble permis de conclure que, tous les censitaires n'ayant pas dû être en retard, les cens dus à la ville chaque année devaient plutôt être au-dessus qu'au-dessous de cette somme. Ainsi on peut admettre que les revenus ordinaires de la commune s'élevaient bon an mal an à sept cents livres.

On voit que les dépenses absolument obligatoires, rentes et pensions, l'emportaient au moins de 300 livres sur les revenus ordinaires ; il est vrai qu'aux revenus ordinaires on peut joindre les amendes. En effet, si les amendes ne sont pas d'un produit assuré, cependant, dans le cas qui nous occupe, on pouvait compter sur ce revenu ; car elles étaient prononcées par les magistrats municipaux, qui ne devaient rien négliger pour augmenter de ce chef les ressources dont ils pouvaient disposer. En 1308-1309, Robert du Murat étant maire, on vendit à trois personnes la perception des amendes ; ces collecteurs devaient encore, à la fin de l'exercice 1308-1309, le premier 87 livres, le deuxième 72 et le troisième 80, soit une somme d'environ 240 livres. Quelque difficile qu'ait été le recouvrement des amendes, on doit admettre que les collecteurs avaient pu toucher au moins un cinquième des sommes dont ils s'étaient chargés. Ainsi, pour cette année 1308-1309, les amendes, prononcées par les juges municipaux, se seraient élevées pour le moins à la somme de 300 livres.

En supposant que ce chiffre, qui nous paraît énorme, ait été normal, avec les amendes et les revenus ordinaires, la

commune aurait à peine pu payer les dépenses permanentes
et obligatoires, telles que rentes et pensions, qui se montaient au moins à mille livres et, sans aucun doute, à beaucoup plus. Ainsi, pour faire face aux dépenses ordinaires de
la commune qui, sans être obligatoires, n'en revenaient pas
moins chaque année, telles que l'entretien de la voie publique,
des fortifications et des édifices municipaux, la commune
devait avoir recours à des ressources extraordinaires. Cette
obligation était d'autant plus inévitable, que souvent, pour
ainsi dire tous les ans, la commune devait rembourser une
partie des sommes qu'on lui avait prêtées à court terme ;
elle devait de cette manière au moins 2,000 livres en
1309.

Nous savons qu'on leva une taille pour chacun des exercices
1306-07, 1307-08, 1311-12, 1312-13 et deux pour chacun
des exercices 1308-1309, 1313-14. Ces tailles étaient
très importantes, puisqu'en juin 1309 les collecteurs devaient
au dépensier, pour les deux tailles levées dans cet exercice,
plus de quinze cent cinquante livres et, en juin 1314, on
devait pour la première taille, levée dans l'exercice, pour
cinq guets sur sept, près de quatre cents livres et pour
la seconde huit cent vingt livres, ce qui, pour les deux
tailles, en tenant compte des sommes manquant pour
deux guets, ne fait guère moins de quinze cents livres.
On peut sans témérité admettre que, dans le cours de
l'exercice, les collecteurs avaient su percevoir au moins
le quart des sommes, dont ils étaient chargés ; c'est une
proportion très modérée et certainement trop faible. Dans
ce cas les tailles, imposées en 1308-09 et en 1313-14, se
seraient élevées à la somme de deux mille livres. Pour
la perception, la ville était divisée en sept guets, le marché,
le chatel, la place aux Charons, la rue de Paris, le bourg
Saint-Vincent, Witel, et la rue Bellon ; ces circonscriptions
comprenaient chacune une partie des faubourgs ; on les
nommait guets, parce que chacun de ces quartiers fournissait
les hommes d'une compagnie du guet ou milice municipale.
Quelquefois un collecteur spécial était chargé de percevoir
les sommes dues par les forains, c'est-à-dire par les propriétaires n'habitant pas Senlis.

Un collecteur était chargé de la perception tantôt dans un
seul guet, tantôt dans plusieurs, quelquefois dans quatre ; on
ne saurait donner pour raison de ces différences l'importance

de la taille, puisqu'en 1308-1309 on nomme six collecteurs pour toute la ville, et qu'en 1313-1314 on n'en nomme que deux pour une taille presque aussi élevée. Nous ne savons pas comment se faisait l'assiette de la taille; d'après l'accord de 1321, les clercs, non exempts de la taille, ne devaient pas être imposés à part; mais auparavant il n'en était pas toujours ainsi ; nous voyons qu'un certain Pierre Faisan devait, en 1309, 185 l. 8 s. 6 d. d'une taille aux clercs levée une des années précédentes. Nous ne savons pas quels étaient les répartiteurs de la taille, et par qui et comment ils étaient nommés. Nous sommes dans la même ignorance en ce qui concerne les collecteurs ; nous savons seulement qu'on pouvait leur donner cette charge plusieurs années de suite; Maci de Malassise est chargé en 1306 des guets de la Place aux Charons et du Chatel, en 1307 des guets du Chatel et de la rue Bellon, et en 1308 du guet de Witel. Il y a plusieurs exemples du même fait.

En 1309 et en 1314, on avait dû lever dans la ville deux tailles montant à environ deux mille livres; les années précédentes on n'en avait levé chaque année qu'une seule, dont nous ne pouvons évaluer le montant d'après les sommes en retard, parce que l'intervalle entre la perception de l'impôt et la constatation du retard est trop grand. Toutefois il est permis de penser que, dans les années où l'on ne leva qu'une seule taille, elle s'éleva au moins à mille livres. Cette somme est modique, car il ne faut pas oublier que c'est avec le seul produit des tailles que la commune devait payer toutes les dépenses ordinaires autres que les rentes et les pensions, et toutes les dépenses extraordinaires. Du reste nous avons une preuve certaine de l'excès des amendes et des tailles, dans la difficulté que les collecteurs éprouvaient à les percevoir.

En juin 1309, Guillaume Lorence devait encore 10 livres sur un rôle qu'il s'était chargé de percevoir dix ans auparavant, lorsque Pierre de Montagny était maire de la ville. Jaques de Fontaines et Pierre Paolin, devaient à cette même époque, juin 1309, l'un 11 livres et l'autre 32, pour des amendes qui leur avaient été adjugées en 1305. Simon le Tionlais devait encore 12 livres sur un rôle de 117 livres qu'il avait pris en 1306 ; enfin Raoul du Plessier devait 114 livres sur les amendes de l'année 1307 et, pour cette même année 1307, Jean le Parmentier devait aussi 54 livres 11 sols, sur lesquelles il fit encore en 1312 un versement de 7 livres.

Enfin, à la fin de l'exercice 1308-1309, on devait encore à la ville 240 livres sur les amendes prononcées dans le cours de l'exercice.

Sur les tailles, les versements en retard ne sont pas moins importants ; en juin 1309, il était encore dû sur l'exercice 1306-1307, 241 livres ; sur l'exercice 1307-1308, 265 livres ; sur l'exercice courant, 1308-1309, 1,550 livres. En juin 1314, on devait encore, sur l'exercice 1311-1312, 225 livres (1) ; sur l'exercice 1312-1313, 395 livres ; sur la première taille de l'exercice courant, 396 livres au moins (2) ; sur la seconde taille, environ 820 livres. Ces retards montrent clairement que les habitants étaient extrêmement obérés et prouvent la position critique de la ville. Il ne faut pas oublier que les habitants assemblés pouvaient seuls consentir la levée d'une taille municipale. Or, pour que des hommes, surchargés d'impôts et ayant presque tous à payer des versements en retard, se décidassent à autoriser chaque année une ou deux tailles, il fallait que la commune fût tellement accablée de dettes, qu'elle ne trouvât plus que très difficilement à emprunter et qu'il fût impossible de rejeter sur les générations futures une partie des charges écrasantes, sous lesquelles ils succombaient. On empruntait tant que l'on pouvait ; pour faire face aux nécessités les plus pressantes, on contractait à gros intérêts des emprunts remboursables à court terme et, pour consolider cette dette flottante, on émettait des rentes viagères ; mais, comme on ne trouvait pas assez d'acheteurs de rentes, il fallait chaque année lever de lourdes contributions extraordinaires. La commune était, pour ainsi dire, en état de faillite, et l'on conçoit aisément, que les habitants aient ardemment désiré sortir de cette situation intolérable.

Qui en était responsable ? Les bourgeois ou la royauté ? Il est assez difficile de le dire. Beaumanoir accuse les bourgeois ; comme il a été bailli de Senlis et qu'en plusieurs points son accusation est confirmée par l'enquête, nous transcrirons le passage où il énonce ses griefs contre les riches bourgeois :

(1) Il nous manque les sommes dues par les collecteurs des guets de la Rue Bellon, de Witel et du bourg Saint-Vincent.

(2) Il manque aussi les chiffres pour les guets du bourg Saint-Vincent et de Witel.

« *Noz veons en plusors viles, que li povre ne li moien n'ont nules administrations de le vile, ancois les ont li rice toutes, porce qu'il sunt douté du commun por lor avoir ou por lor lignage. S'il avient que li un sont un an majeur ou juré ou receteur, en l'autre anée le sont de lor frères ou de lor neveus ou de lor prochain parens, si que, en dix ans ou en douze, li rices ont les administrations des bonnes villes et après, quant li commun veut avoir conte, il se queuvrent qu'il ont conté li uns à l'autre ; mais en tel cas ne lor doit-il pas estre soufert, car li conte des cozes communes ne doivent pas estre recheu par cix mesmes qui ont à conter* (1). » La liste des maires de Senlis, telle que l'a dressée Afforty, prouve suffisamment que les riches bourgeois se perpétuaient dans les charges municipales. Pour le montrer, nous allons donner les noms des maires de Senlis de 1295 à 1315 : Oudart de la Porte, 1295 (2). — Raoul du Marché, 1297. — Renier de Creilg, 1298. — Pierre de Montagny, 1299. — Pierre Roussel, 1300. — Lambert Boutart, 1302. — Renier de Creilg, 1305. — Lambert Boutart, 1306. — Henri du Cange, 1307. — Robert du Murat, 1308. — Etienne du Cange, 1309. — Robert le Parmentier, 1310. — Oudart le Drapier, 1311. — Lambert Boutart, 1312. — Henri du Cange, 1313. — Gervaise de Crépy, 1314. — Roger le Basannier, 1315. — On voit que les mêmes noms reviennent plusieurs fois. Ces riches bourgeois savaient mettre à profit, dans leur intérêt personnel, leur passage à la mairie. Ainsi Etienne du Cange, maire en 1309-10, se fait donner décharge de 51 livres, qu'il devait pour sa part des deux tailles levées l'année précédente. Lambert Boutart, qui fut maire en 1302-03, 1306-07 et 1312-13, se fit adjuger, en 1308-09, la coutume du panier de poisson de mer à un prix injurieux pour la ville; il ne la paya que 120 livres parisis, tandis qu'à l'adjudication suivante, en 1311-12, elle fut vendue 165 livres, soit une différence de 45 livres, plus du tiers. Comment expliquer un tel écart, sinon par des complaisances coupables envers un notable, ancien maire, qui devait revenir à la mairie quelques années plus tard; car, sur ce métier seul, il y a entre les prix des deux adjudications une différence importante; pour tous les

(1) Beaumanoir, édition Beugnot, II, 266.

(2) Cette date indique l'entrée en fonction à fin juin.

autre, les variations sont sans conséquence (1). Cette faveur valut à Lambert Boutart un bénéfice illicite de 45 livres par an, soit 135 livres pour trois ans.

Les dépensiers ou receveurs ne géraient pas mieux les finances de la ville que les maires ne faisaient la mairie. Ils avaient l'habitude de porter en dépense les sommes qu'ils n'avaient pas payées, et de ne pas inscrire en recettes les sommes qu'ils avaient reçues. Ainsi, en juin 1309, le dépensier, sortant de charge, fut reconnu devoir à la ville 8 livres qu'il avait reçues sans les avoir portées en recette, et 652 livres qu'il avait dit avoir dépensées sans les avoir réellement payées. Dans cette somme étaient compris des arrérages de rentes viagères échus depuis trois années ; de pareilles négligences ne devaient pas encourager les capitalistes à acheter des rentes sur l'hôtel de ville de Senlis. Le dépensier sortant en juin 1311 avait reçu 22 livres de plus qu'il n'avait porté en recette. En juin 1313, Jaques le Fruitier, qui était dépensier depuis deux ans déjà, devait 257 livres portées en dépense, sans avoir été payées ; néanmoins il fut continué dépensier pour l'année suivante.

C'était une comptabilité bien imparfaite, et dans ces écritures si embrouillées, où il fallait vérifier toutes les mentions du compte, en rapprochant les quittances et les autres pièces justificatives, il devait être facile de cacher beaucoup d'irrégularités à des vérificateurs complaisants, sinon complices. Pour payer ce dont il restait redevable, le comptable transférait à la commune les sommes qui lui étaient dues par les receveurs des divers revenus de la ville, les collecteurs des tailles et des amendes. Le dépensier sortant, en 1309, devait à la commune 2,577 livres ; en échange, il donna 2,596 livres de créances qui presque toutes étaient, sur les collecteurs des tailles, imposées soit les années précédentes, soit dans l'exercice courant. On a vu plus haut combien étaient élevés les versements en retard. La fréquence des tailles, leur taux élevé et la malheureuse situation de la ville expliquent en partie ces retards ; mais là encore il y avait de grandes malversations. Les collecteurs, responsables du recouvrement de l'impôt sur leurs personnes et sur leurs biens, étaient à la merci du maire et de ses compagnons qui avaient des moyens suffisants pour les contraindre à payer les sommes dont ils

(1) Voir plus haut p. 45.

étaient chargés. On a vu que les collecteurs pouvaient, non seulement faire saisir les meubles des contribuables récalcitrants, mais aussi faire découvrir leurs maisons. Avec de tels moyens de coercition, s'ils eussent voulu agir, ils n'auraient certes pas laissé d'aussi fortes sommes en retard ; mais il leur fallait ménager les riches bourgeois, amis ou parents du maire. Ainsi Renier de Creilg, qui fut maire en 1305-06, avait prêté sans intérêts 132 livres à la ville, avant juin 1309. Il en profita pour ne pas payer ses tailles de 1307, 1308 et 1309 ; à cette époque son compte se balança, et la ville ne lui dut plus rien ; il n'en continua pas moins à ne rien payer; et, en juin 1313, il devait 116 livres à la commune pour les tailles des trois dernières années ; les collecteurs en étaient chargés et responsables; mais comme c'était un ancien maire et un homme influent, ils ne l'avaient pas poursuivi et forcé à payer ce qu'il leur devait.

On voit que les accusations de Beaumanoir ne sont pas sans fondement. Les exemples que nous avons pu relever ne sont pas nombreux, parce que la partie des minutes de l'enquête que nous possédons ne contient que des fragments d'un relevé de comptes excessivement sec et sommaire. Néanmoins ils nous semblent suffisants pour permettre de dire que les riches bourgeois administraient la ville dans leur propre intérêt et qu'ils sont en grande partie responsables de la ruine de la commune.

Cependant il ne faut pas oublier que les amendes, dont le bailli et le parlement, jaloux de la justice municipale, accablèrent la commune, étaient fort élevées. Sous le règne de saint Louis, nous voyons le parlement prononcer contre la ville une amende de 400 livres, c'est-à-dire plus du deux tiers des revenus de la commune, tels que nous les donne l'état de 1266. En 1311, nous trouvons une amende de 500 livres, c'est-à-dire près des trois quarts des revenus ordinaires de la ville, qui ne s'élevaient alors qu'à 700 livres environ. Ces amendes exorbitantes devaient, dans la pensée de ceux qui les prononçaient, amener les bourgeois à renoncer à leur justice et à demander la suppression de leur commune ; c'était un moyen sûr de faire comprendre à ces malheureux que la justice municipale, dont les arrêts étaient si souvent réformés, était la seule cause des maux dont ils souffraient.

Ce devait être assez aisé d'exciter le bas peuple contre les riches bourgeois, car la situation était difficile et les impôts

étaient accablants ; dans ces conditions, la haine du pauvre
contre le riche devait naître naturellement. En outre, les motifs
ne manquaient pas ; les juges municipaux, le maire ou ses
compagnons, devaient se rendre, pour leurs procès, les mêmes
services et les mêmes complaisances, que nous les avons vus
se rendre pour les tailles. Qui aurait pu les en empêcher? Les
familles riches, dont les membres se succédaient à l'hôtel de
ville, étaient toutes puissantes, et les juges faisaient taire tout
murmure en prononçant de fortes amendes contre les mécontents. Ainsi nous avons vu un certain Jacques Lorfèvre condamné à payer 20 livres pour la *vilenie* faite à Guiart le
Féron, compagnon du maire. Dans le rôle des assises du
maire pour les premières années du xive siècle, nous trouvons
cette mention curieuse : « *Amendavit Pierre de Baillengni*
» *pour ce que il dit en jugement, présent le maire, que il*
» *n'ajoustoit point de foi en nos arrès et que l'arramine, qui*
» *estoit faite entre li et Renaut le Chapelier, n'avoit pas esté*
» *tele faite, comme li clers la recordoit et que plus avoit mis*
» *en l'aramine pour le dit Renaut que pour li.* » Les plaideurs malheureux n'avaient pas même vingt-quatre heures
pour maudire leurs juges ; on les condamnait à l'amende pour
le moindre reproche. Ils avaient, il est vrai, la facilité d'en
appeler devant le bailli et même en parlement, et de voir
réformer les arrêts du maire; mais c'était, quelle que fût
l'issue de l'appel, un moyen dangereux; vaincus, ils devaient
payer seuls les frais et l'amende ; victorieux, ils supportaient
leur part de la taille à lever pour solder les énormes amendes
que les juges d'appel prononçaient contre la commune pour
tout jugement du maire réformé ou cassé.

Aussi, quand les commissaires du parlement firent venir
devant eux les bourgeois l'un après l'autre, et leur demandèrent s'ils trouvaient la commune utile ou non ; tous, à
l'exception de quelques-uns, qui avaient eu naguères le gouvernement de la ville, déclarèrent que la commune était non
seulement inutile, mais dangereuse. En effet, ils ne savaient
pas que la commune avait délivré leurs pères des charges
principales du servage et des redevances innombrables
qui les ruinaient au profit des seigneurs; ils étaient
libres et croyaient l'avoir toujours été ; la commune n'était
d'aucune utilité pour eux. La justice royale n'était plus
exercée, comme en 1173, par des prévôts fermiers, mais
par des juges dignes de ce nom, préférables, pour les petites

gens, aux juges municipaux qui donnaient le plus souvent raison aux riches bourgeois, leurs parents ou amis. Enfin les riches administraient la ville dans leur propre intérêt, au détriment du bas peuple qu'ils accablaient d'impôts pour dégrever les leurs. Ce sont là les motifs qui déterminèrent le commun à demander la suppression de la commune. Le parlement reconnut que leurs griefs étaient bien fondés et fit droit à leurs demandes. Par arrêt du 16 février 1320 (n. s.), la commune de Senlis fut supprimée; elle avait duré 147 ans.

DEUXIÈME PARTIE

COMMUNAUTÉ

———

CHAPITRE Ier

LIQUIDATION DE LA COMMUNE ET FORMATION DU NOUVEAU RÉGIME MUNICIPAL

Les bourgeois, malgré l'arrêt de février 1320, retinrent
certains droits ou privilèges que la commune avait autrefois
accordés à ses membres, quand elle avait racheté les taxes
levées dans la ville au profit du roi ou des seigneurs. Comme
ces faveurs étaient le résultat de sacrifices énormes, que la
commune avait naguère imposés aux habitants pour les
affranchir des taxes vexatoires qui les ruinaient, il était de
toute justice que les membres de la commune, et après eux
leurs descendants, continuassent à jouir de ces privilèges que
leurs ancêtres avaient si chèrement payés.

Il n'est pas question de ces faveurs dans les chartes, qui,
peu de temps après la suppression de la commune, rendirent
aux habitants une partie de leurs privilèges et des biens de
la ville. Cependant il n'est pas possible de douter que les
bourgeois en aient joui dès cette époque ; ce silence même
indique, qu'ils n'en avaient jamais été privés et qu'on n'avait
pas eu à leur rendre ce dont ils n'avaient pas perdu la possession. C'est du reste l'opinion, que nous voyons soutenir en
1423 par un habitant plaidant, pour être maintenu exempt
du droit de minage et disant : « Que jadis, en la ville de
» Senlis, avait eu mairie et commune en laquelle plusieurs
» gens de bien, bourgeois et autres étaient reçus pour jouir

» dudit privilège d'icelle commune et par ce juroient garder
» les droits, franchises et libertés d'icelle commune, et que
» les dis communiers, quand ils avoient rendu la mairie au
» roy, ils avoient retenu ce droit de estre et demourer francs
» du dit minage et avoient joy du privilège et franchise
» d'icelui minage, eux et leurs successeurs qui estoient des-
» cendus d'eux tant par leur ligne masculine comme fémi-
» nine, et que ainsy en avoient usé communément en la ditte
» ville de Senlis (1). » Cette tradition, dans la bouche d'un
membre d'une des plus anciennes et des plus considérables
familles bourgeoises de la ville, a une grande autorité et
confirme l'hypothèse que nous avons émise plus haut. On la
retrouve encore au commencement du xviiᵉ siècle sous la
plume de Mallet : « En 1173, le roi Louis VII par lettres,
étant encore à présent en bonne forme, donna et octroya aux
bourgeois, manants et habitants de Senlis qu'ils pussent faire
et avoir commune entre eux avec plusieurs libertés, franchises, justice et autres droits y déclarés, laquelle commune
dure encore pour ceux qui descendent des anciennes familles
de ce temps-là (2). » On comprend difficilement comment
Mallet, ancien conseiller au baillage et siège présidial de Senlis, ancien échevin, ayant eu à sa disposition les archives de
la ville et de la confrérie des bourgeois et les ayant consul-
tées, a pu croire que la charte de commune de 1173 avait
encore un effet plein et entier pour tous les descendants des
anciens bourgeois ; car la commune n'avait plus la même
organisation, et les magistrats municipaux n'avaient plus
d'attributions judiciaires. Mais les descendants des anciens
communiers jouissaient encore des privilèges personnels, dont
avaient joui leurs ancêtres, et c'est, sans doute, ce que voulait dire Mallet, en disant que la commune durait encore
pour eux.

Ils étaient exempts du droit de minage et, lorsqu'ils achetaient du blé, ils avaient pour eux le boisselet que le vendeur
devait donner au minager. A la foire Saint-Lazare, à la
Notre-Dame de septembre, la grande foire du pays, ils avaient
le droit de choisir leur étal avant tous autres. Eux seuls pouvaient être admis à la maladrerie, et il fallait leur consente-

(1) P. Just. n° 46.

(2) Mémoires de Mallet, édités par Bernier, dans les documents inédits
sur Senlis. Paris, Senlis, 1835, in-8, p. 5.

ment pour qu'un étranger à leur corporation puisse être reçu dans cet établissement hospitalier (1). Il semble que ce soient les seuls privilèges qui aient été exclusivement réservés aux anciens membres de la commune et à leurs descendants. Un accord de 1676 entre Notre-Dame et la ville établit que tous les habitants sans distinction d'origine avaient conservé pour les lods et ventes les avantages édictés au profit des bourgeois taillables de la commune en 1239, sauf les nobles et les clercs qui, en 1676, ne payaient pas la taille et par conséquent ne pouvaient pas jouir du bénéfice de l'acte de 1239 (2). Il en était de même pour le tonlieu, le travers et pour tous les droits d'usage si étendus que possédait la ville de Senlis aux xiv° et xv° siècles (3).

Les bourgeois, qui avaient conservé ces privilèges, étaient dits *communiers*. Ils devaient descendre, soit en ligne masculine, soit en ligne féminine, de membres de la commune supprimée en 1320 et étaient obligés, en cas de contestation, d'établir sommairement leur généalogie et de prouver leur origine. Ils n'avaient pas besoin d'habiter la ville ; ainsi, en 1581, les de Marle, seigneurs de Versigny, furent reconnus communiers (4). Ces communiers ont quelque analogie avec les bourgeois héréditaires, qui existent en Angleterre depuis l'acte de 1835 (5). Ces bourgeois privilégiés s'organisèrent par la suite en une confrérie, ayant des chefs, qui étaient chargés de défendre les droits de la communauté contre tous ceux, qui tentaient de porter atteinte aux privilèges réservés à ses membres. Cette corporation avait une chapelle dans l'église de Saint-Lazare, où chaque année se faisait l'assemblée générale ordinaire. C'est là qu'étaient déposées leurs archives ; en 1589, lors du siège subit de la ville par les ligueurs, la plus grande partie de leurs titres furent perdus ; ceux que l'on put sauver furent transportés à l'hôtel de ville (6).

---

(1) Accord devant l'official pour la réception d'une religieuse de l'Hôtel-Dieu de Senlis à Saint-Lazare. P. Just. n° 52.

(2) Afforty, IV, 403.

(3) Archives de Senlis. Etats des Attournés. CC. 49 et 50 et P. J. n° 51.

(4) Afforty IV, 519.

(5) Maurice Block. Les communes et la liberté. Paris, 1876, in-8, p. 16.

(6) Lettres patentes d'Henri IV, confirmant les privilèges des communiers de Senlis, P. J. n° 72.

Les communiers avaient formé, longtemps encore après 1320, la majorité des habitants et la ville prenait fait et cause pour eux et se chargeait de défendre leurs privilèges. Dans les états qu'ils présentaient à la ville, les magistrats municipaux énuméraient ces privilèges parmi ceux qu'ils avaient à maintenir (1). Mais dans la seconde moitié du xvᵉ siècle, quand, par suite des longues guerres qui désolèrent ce pays de 1405 à 1441, les descendants des membres de l'ancienne commune eurent été décimés et dispersés, la ville abandonna aux communiers seuls la défense de leurs droits et ne prit plus fait et cause pour eux (2).

Il semble que sur tous les autres points l'arrêt de suppression ait été complètement exécuté et qu'on n'ait laissé subsister que les privilèges que nous avons énumérés plus haut. Les magistratures municipales furent supprimées ; la ville fut gouvernée par un prévot urbain, nommé par le roi et perdit même tous ses biens qui furent confisqués au profit du domaine royal. Les habitants, qui ne prévoyaient pas cet inique traitement, lorsqu'ils avaient demandé la suppression du régime communal dans le but de soustraire la ville au mauvais gouvernement de l'aristocratie bourgeoise, ne cessèrent de revendiquer leurs anciens privilèges et de réclamer la restitution de leurs biens. Le roi, après avoir longtemps refusé d'écouter leurs prières, leur rendit en mars 1323 (n. s.) le droit de faire arrêter leurs débiteurs et la faculté de faire sonner la cloche du beffroi matin et soir et en cas d'incendie et d'effroi. Mais pour l'arrêt des débiteurs et pour la surveillance du beffroi, il conserva au prévot urbain les attributions que le maire avait avant la suppression de la commune. (3).

Les habitans eurent beaucoup plus de peine à se faire restituer une partie des biens que possédait autrefois la commune. Les fils de Philippe-le-Bel étaient aussi besoigneux que leurs pères et n'étaient nullement disposés à rendre ce dont ils avaient réussi à s'emparer. Cependant les bourgeois de Senlis faisaient valoir d'excellents arguments pour obtenir la révocation de cette injuste confiscation. Dans la supplique qu'ils adressaient au roi, ils faisaient à bon droit remarquer que la commune avait été supprimée sur leur

(1) Archives de Senlis, CC. 53, fᵒ 5.
(2) *Ibidem*, BB. IV, 130.
(3) *Recueil des Ordonnances*, t. XII, 477.

demande pour le plus grand avantage de la ville, et qu'ils n'avaient commis aucun méfait assez grave pour entraîner une condamnation et surtout une confiscation. Ils disaient en outre qu'ils avaient à supporter de grands frais pour maintenir l'état de la ville et revendiquaient leurs biens. (1) En effet le roi avait confisqué tous les revenus de la ville, mais avait laissé aux habitants toutes les charges ordinaires et extraordinaires ; la liquidation des dettes de la commune rendait très lourd ce fardeau. Les charges étaient telles que plusieurs bourgeois, ne pouvant ou ne voulant payer leur part, se laissèrent mettre en prison, d'où ils ne sortirent qu'en abandonnant leurs biens à la ville (2).

La situation devint à ce point intolérable que le 15 juin 1324 le roi dut assigner au bailli de Senlis une partie des revenus acquis par la commune pour payer les arrérages des rentes viagères dues par la ville. Il délégua les produits du grand tonlieu, s'élevant à environ 100 £. p., déduction faite des redevances dues à l'évêque, le vinage, valant 80 £. en plus des rentes dues à la Victoire; des prés, achetés de Saint-Nicolas d'Acy, un moulin et une halle; le tout produisait plus de 200 £. p. de revenu net annuel. Le roi retenait à son profit les revenus cédés en 1173 par Louis VII à la commune, c'est-à-dire le travers, le minage, le menu tonlieu, etc., mais la ville cessait de payer l'énorme redevance, qu'elle avait consentie en 1173 et 1202. Il gardait aussi la foire Saint-Rieul et les Changes, qui étaient des acquêts de la commune; mais c'était peu de chose, à peine 9 livres parisis de revenu annuel (3).

Le roi prétendit en outre obliger la ville à acquitter les redevances autrefois stipulées en faveur des seigneurs et des établissements qui avaient abandonné à la commune une partie de leurs revenus ; il voulut même forcer les habitants à suivre les procès, qu'ils avaient engagés avant la suppression de la commune et à en supporter les conséquences. Dans les premières années, les habitants durent s'exécuter, et nous avons vu plus haut qu'ils se plaignaient beaucoup de l'excès des charges qui pesaient sur eux. Par suite de l'acte

(1) Supplique des habitants de Senlis au roi. P. Just. n°. 24.
(2) Compte pour l'année 1324-25, dont nous avons retrouvé des fragments servant de couverture à un compte du xv° siècle.
(3) P. Just. n° 25.

du 15 juin 1324, ils continuèrent à acquitter, ou mieux faire. acquitter par les fermiers les rentes dues à l'évêque, à la Victoire, à Saint-Vincent, pour les redevances dont les revenus étaient délégués pour le payement des rentes viagères. Lorsque ces rentes furent éteintes, ces revenus firent retour au roi qui dut en acquitter les charges; nous ne savons quand cette opération eut lieu, mais dans les comptes de la fin du xiv° siècle, nous ne trouvons plus trace de ces redevances ; depuis longtemps, la liquidation dès dettes de la ville devait être terminée. Quant aux revenus, que le roi conserva en sa main, les bourgeois se refusèrent à en supporter plus longtemps les charges et ils plaidèrent plutôt que de subir cette exaction. En 1327, le roi fut condamné à payer au seigneur du Plessis-Choisel une rente de 4 livrés, dont il jouissoit sur la commune (1). Ils cessèrent de poursuivre les procès naguères entamés par la commune, et, en 1327, les attournés et le procureur de la communauté des habitants de Senlis, appelés devant le bailli pour un procès que la commune avait eu à soutenir contre Saint-Nicolas, déclarèrent « que ce n'était pas l'intention de la ditte ville ne de eus de » deffendre ne de proceder en riens es dittes causes contre » les dis religieux, ne à eux appartenoit desormais, mais au » roy nostre seigneur appartenoit, qui avoit prins par devers » lui la ditte commune à tous les prouffits et émoluments » d'icelle et ainssinc la charge et la deffense de toutes les » causes appartenoit à lui et à ses gens, ne plus s'en enten- » doient à faire si comme ils disoient. » (2).

L'arrêt de suppression de la commune portait que la ville serait désormais gouvernée par un prévôt nommé par le roi. Cet officier devait être placé sous l'autorité supérieure du bailli. On ne le rencontre pas dans les actes de cette époque, qui sont, il est vrai, fort peu nombreux ; ce silence tient sans doute à ce que le bailli ne laissait à son inférieur que l'apparence de l'autorité. Dans la charte donnée à Conches en 1323 (3), on voit que le prévôt est chargé de remplir le rôle naguère

(1) Arrêt du Parlement du 2 mai 1327, condamnant le roy à payer à Jean Choisel, seigneur du Plessis, une rente de quatre livres dont celui-ci jouissait sur la ville, quand Senlis avait une commune. Boutaric, *Actes du Parlement de Paris*, n° 7975.

(2) P. Just. n° 26.

(3) *Ordonnances*, t. XII, 477.

.exercé par le maire en ce qui concerne l'arrêt des débiteurs, tandis que le bailli a seul le pouvoir de permettre la levée de l'ancien droit de pavage, après s'être assuré que les chaussées de la ville avaient besoin de réparations. Il est probable que le bailli surveillait par lui-même la liquidation de la commune et l'établissement d'un nouveau régime, car les intérêts engagés dans ces opérations étaient trop considérables pour qu'il les confiât à un fonctionnaire subalterne nouvellement arrivé dans la ville. Mais le bailli ne pouvait connaître par lui-même les besoins d'une ville importante et s'occuper de toutes les questions que soulevait la liquidation des dettes de la commune. Nous voyons donc dans l'acte de 1323, cité plus haut, que pour le pavage il devait prendre les avis de deux notables bourgeois sur l'opportunité de la levée du droit et les charger de surveiller la perception de la taxe et de régler l'emploi des fonds, à charge de lui en rendre compte. Si pour une opération relativement très simple, comme la surveillance et l'entretien des chaussées, le bailli devait avoir recours aux avis de notables habitants, à plus forte raison devait-il réclamer le concours des hommes compétents pour l'aider dans l'administration de la ville.

Dans le fragment de compte pour l'année 1324-1325, dont nous avons déjà parlé plus haut (1), on rencontre des administrateurs, désignés sous le nom de compagnons; c'est le nom donné dans les tablettes de cire aux pairs de la commune ou compagnons du maire; par analogie, on l'aura donné aux compagnons du bailli, c'est-à-dire aux notables chargés par lui d'administrer la ville. Nous trouvons dans ce compte plusieurs mentions de l'intervention des compagnons; nous citerons seulement les principales : « Item à Pierre le Margueiller, V s., qui lui furent paiez pour visiter les cloches » du berfroy et par l'accort des compagnons. » — « Item. » XL s. p. paiez à Robert de Creilg pour restitution de dommages qu'il a euz et soustenus en prison, là où il a esté » pour cause de la ville du commandement le receveur et li » ont esté paiez par l'acort Désiré Robert et de tous les com» paignons. » — « Item V s. p. à Henri de Malassiz, qui » ala à Compiègne porter une lettre close à sire Jehan de » Marchières pour les atournés. » — « Item à 11 bourgeois

(1) Page 58.

» de Compiègne III pos de vin de XVIII d. présentés par
» Potier, quand ils vinrent parler aux compaignons. » De
tout ceci il résulte que les compagnons avaient une assez
grande autorité. Cependant ils ne pouvaient tout décider, et
à côté d'eux nous rencontrons le bailli et l'assemblée générale des habitants. « Item à Henri Boutart, qui ala à Paris du
» commandement au baillif et monseigneur Jehan Paste et
» par l'assentement de la bonne gent de la ville, pour raporter
» comment l'imposition faite seur les marchandises de la
» ville pour l'aide du Roy pour sa guerre de Gascoigne estoit
» cueillie, quant on se acorda à ceux de Paris pour faire
» autel comme eux, XL s. p. » En 1327, nous voyons que
ces administrateurs de la ville sont nommés *attournés*, du
même nom que les administrateurs de Compiègne. En 1330,
ils sont appelés les « pairs de la bonne gente, communalté et
» habitants de la ditte ville de Senlis (1). »

Nous avons dit que ce nom avait été donné aux notables chargés par le bailli de l'aider dans l'administration de
la ville par analogie avec les anciens pairs ou compagnons
du maire; en effet, nous rencontrons ces deux désignations
appliquées aux assistants du bailli. Quant au nom d'attournés,
il vient sans doute de Compiègne et de Soissons, où il avait
la même signification. Nous ne pensons pas que cette simi-
litude de noms signifie que les compagnons du bailli avaient
les mêmes fonctions que les anciens compagnons du maire ou
pairs de la commune et étaient pour ainsi dire les seuls
survivants de l'ancien régime municipal. On peut dire, il est
vrai, que le bailli, pour obtenir des avis éclairés dans la liquidation de l'ancienne commune, ne pouvait mieux s'adresser
qu'aux administrateurs, qui étaient en fonctions lors de la
suppression en février 1320 (n. s.). Cela est possible ; mais il
ne faut pas oublier que la commune avait été supprimée parce
que les petites gens se plaignaient de la mauvaise administration de l'aristocratie bourgeoise qui détenait les charges
municipales, et qu'il aurait paru plus qu'étrange à ces malheureux d'inaugurer un régime meilleur en en confiant la
direction à ces mêmes hommes, qui venaient d'être déclarés
incapables par un arrêt du parlement, rendu après une enquête
extraordinaire. En outre les fonctions des attournés n'étaient
pas du tout les mêmes, que celles des anciens pairs de la

(1) Afforty, V. 278.

commune; les attournés n'avaient aucun pouvoir judiciaire et pour l'administration même de la ville ils n'avaient qu'une autorité déléguée, essentiellement précaire, au moins dans les premiers temps. Nous croyons donc qu'il ne faut voir dans cette synonymie qu'une simple analogie, et qu'il n'est pas permis de considérer les attournés comme les successeurs directs et immédiats des anciens pairs de la commune.

Nous avons vu que les compagnons paraissaient dès 1325 avoir une certaine autorité et semblaient avoir le pouvoir de prendre certaines décisions, sans en référer au bailli. (1) Il serait curieux de savoir si ces administrateurs tenaient leurs pouvoirs directement du bailli, ou s'ils étaient désignés au choix de cet officier par l'assemblée générale des habitants, que nous avons déjà vue intervenir dans l'administration des affaires de la ville à propos de la perception d'une aide imposée par le roi. Nous n'avons aucun renseignement positif sur ce point pour les premières années du nouveau régime municipal; mais nous avons conservé le procès-verbal de l'élection des attournés faite en 1339 par une assemblée générale des habitants (2).

Presque tous les habitants de la ville, clercs et laïques, étaient présents à cette assemblée, tenue en juillet 1339 devant le bailli de Senlis, Guillaume Gormon. Ils élurent pour attournés, chargés de réformer la ville et de la mettre en bon état, six notables, savoir : Jacque du Murat, Jean Messier, Pierre de la Porte, Oudart le Courtois, Guiart Choron et Jean le Gaigneur, dont les pouvoirs devaient expirer l'année suivante à la Saint-Jean-Baptiste. Les attournés furent autorisés par l'assemblée à examiner les comptes de la ville, tant en recettes comme en dépenses, depuis le temps où elle avait été mise en la main du roi, c'est-à-dire depuis qu'un prévôt avait été installé pour la gouverner. Les habitants consentaient à ce que tout ce qui serait fait et accordé par ces administrateurs vaille pleine fin de compte aux receveurs et qu'ils puissent donner des quittances définitives. Il semblerait d'après cela que la ville était assez mal administrée depuis un certain temps et que la vérification des comptes des receveurs était très en retard.

Les attournés n'avaient pas seulement mission d'apurer les

(1) Plus haut. p. 61.
(2) P. Just. n° 27.

comptes des années précédentes ; ils recevaient aussi le
mandat d'administrer la ville pendant l'année que duraient
leurs pouvoirs. Ils étaient autorisés à faire ou faire faire
toutes les dépenses, tous les frais, tous les voyages nécessaires à la bonne administration de la ville; nous avons vu
que déjà quinze années avant, en 1324-25, ils avaient ces
mêmes pouvoirs. Ils pouvaient rembourser les dettes de la
ville, quel que soit le temps où elles avaient été contractées,
que ce fût avant ou après la suppression de la commune;
ce qui prouve que même en 1339, c'est-à-dire près de
vingt ans après l'arrêt de suppression, la liquidation des
dettes de la commune n'était pas encore complètement terminée. Ils pouvaient conclure des accords avec les débiteurs
ou les créanciers de la ville et avaient même le droit, qui
nous semble excessif, d'engager, sans le consentement de la
communauté, des procès, quelque importants qu'ils fussent,
et ils pouvaient établir des procureurs au nom de la ville.

Ainsi les attournés avaient les pouvoirs les plus étendus,
car ils étaient autorisés à « *faire toutes choses, qui appar-*
» *tiennent ou pueent appartenir au commun des dis habitans*
» *et à la communauté dessus ditte, ainsi et en telle manière,*
» *comme se tous les habitans y estoient présens, chascun en se*
» *propre personne à faire les dittes besongnes.* » Ce mandat
si général ne souffrait qu'une exception ; lorsque les attournés
voulaient se faire rendre compte par le receveur de la ville
des recettes et des dépenses, qu'il avait faites pendant leur
administration, ils devaient faire prévenir les habitants à
domicile par les sergents et le faire annoncer publiquement
« enmi la Porte », c'est-à-dire à la Porte au Pain, le lieu le
plus central de la ville, devant la maison commune. Ceux
d'entre les habitants, qui le voulaient, pouvaient venir assister
à la reddition des comptes du receveur ; mais qu'ils y vinssent
ou non, les attournés avaient le droit de prendre une décision définitive, qui obligeait la communauté.

Cette obligation de convoquer les habitants aux vérifications
des comptes est la source des profonds changements, qui se
produisirent dans l'administration municipale de 1339 à 1383,
date où commence le premier registre aux assemblées qui
nous soit parvenu. Les habitants assistèrent aux redditions de
comptes et réclamèrent des explications, non seulement sur
la comptabilité, mais aussi sur les recettes et sur l'objet des
dépenses, si bien que dans cette occasion ils exercèrent un

véritable contrôle sur l'administration municipale. Car les
attournés, qui tenaient des habitants leurs pouvoirs, ne pouvaient refuser de leur donner les explications qu'ils demandaient, et l'assemblée avait évidemment le droit d'approuver
ou de blâmer leurs actes. Peu à peu les assemblées devinrent
plus fréquentes, et le plus souvent les attournés n'osèrent rien
faire d'important, engager aucune dépense, entamer aucun
procès sans consulter les habitants. Cependant il n'y avait pas
de règle, et il n'y en eut jamais, qui les obligeât à prendre
l'avis des habitants dans tel ou tel cas ; tantôt, mais bien rarement, ils prenaient seuls une décision importante, tantôt ils
convoquaient, soit une assemblée de notables, soit une assemblée générale.

A la requête des habitants, le bailli, dans le but de con-
courir de son côté au maintien du bon ordre et à la bonne
administration de la ville, donna aux attournés, de par le roi,
pouvoir et autorité de faire tout ce pour quoi ils venaient
d'être ordonnés. Cette approbation du bailli donnait seule
force légale aux décisions de l'assemblée et prouve que les
habitants ne tenaient pas, comme avant 1320, leurs privilèges de self-government d'une charte royale, mais de la tolérance des officiers locaux. Cependant il ne faudrait pas
prendre trop à la lettre les expressions de cet acte si curieux
et si important et croire, comme sembleraient l'indiquer les
termes mêmes du document, qu'avant 1339 il n'y avait pas
d'attournés, et que le bailli et son prévôt administraient la
ville sans le concours des habitants. Nous avons vu (1) au contraire que dès 1324 la ville était gouvernée par des attournés.
Il est probable que tous les ans, à la Saint-Jean-Baptiste, le
bailli avait convoqué les habitants pour élire les attournés,
chargés de gouverner la ville pendant l'année sous sa haute
surveillance et que le document que nous venons d'analyser
était une commission, dont la formule avait été établie peu
après 1320 ; le clerc du bailli, qui dressait cet acte chaque
année, se bornait à changer les noms, et les termes étaient
toujours les mêmes. Le hasard seul a fait que nous n'avons
que la commission des attournés de l'année municipale 1339-
1340.

Les libertés locales allèrent toujours en se développant
pendant le XIVᵉ siècle ; les habitants continuèrent à s'admi-

(1) Plus haut p. 61.

nistrer eux-mêmes et peu à peu ils en vinrent à considérer comme inviolables les franchises, qu'ils tenaient de la tolérance des baillis royaux.

Mais ce n'est qu'à la fin du xiv° siècle et au commencement du xv° que nous pouvons commencer à étudier sérieusement cette nouvelle administration ; car c'est seulement en 1383 que commence la série des registres aux assemblées, et c'est aussi vers cette même époque que nous rencontrons de nombreux documents, qui ajoutent d'importants renseignements à ceux contenus dans ces registres. Nous étudierons cette nouvelle administration, en suivant autant que possible l'ordre, que nous avons adopté pour l'étude du régime communal ; mais les différences sont telles, que nous serons forcés de nous en écarter souvent.

CHAPITRE II

DE L'ADMINISTRATION MUNICIPALE

La ville était gouvernée par les habitants, réunis en assemblée générale ou particulière et par des officiers, nommés dans ces assemblées. Les principaux de ces officiers étaient les attournés qui exécutaient les décisions des assemblées et administraient la ville. Il semble même que leurs pouvoirs étaient si étendus qu'ils n'étaient réellement obligés de convoquer les assemblées que pour le renouvellement des officiers municipaux et la nomination des habitants chargés de répartir et de percevoir les tailles. C'est sur eux que reposait l'administration municipale ; aussi, bien qu'il puisse à première vue paraître plus logique d'étudier d'abord le fonctionnement des assemblées, desquelles ces officiers tenaient leurs pouvoirs, nous commencerons notre étude de l'administration municipale par les attournés et les autres officiers municipaux. Cet ordre est, du reste, celui qu'ont suivi les rédacteurs de nos diverses lois municipales.

Nous avons vu que, dans les premiers temps qui suivirent la suppression de la commune, la ville de Senlis fut gouvernée par des pairs ou attournés, élus par les habitants réunis en assemblée générale sous la présidence du bailli. Plus tard ces officiers furent appelés gouverneurs, et à la fin du xvi⁰ siècle le nom d'échevins prévalut. C'était une charge très importante, qui donnait beaucoup de considération à ceux qui en étaient revêtus. Lorsqu'ils étaient en fonctions, on les appelait Messeigneurs (1) ; lorsqu'ils étaient sortis de charge, ils avaient dans les assemblées générales une place d'honneur et ils étaient, toute leur vie, exempts de toutes charges onéreuses, comme d'être répartiteurs, collecteurs de

---

(1) Archives de Senlis, CC. 61, f⁰ 18, où le dépensier écrit en toutes lettres le mot Messeigneurs.

tailles, etc. C'était une ancienne coutume, qui fut confirmée en 1532 et en 1544 par des assemblées générales (1).

L'élection des attournés se faisait en assemblée générale tous les ans, le dimanche qui suivait la Saint-Jean-Baptiste, fête qui tombe le 24 juin. Plus tard, à la fin du xvᵉ siècle, on revint à l'usage suivi sous le régime communal et les magistrats furent nommés le premier dimanche après le 29 juin, jour de la fête des saints Pierre et Paul. Les attournés étaient donc nommés, tantôt à la fin de juin, tantôt au commencement de juillet. Cependant les pouvoirs des nouveaux attournés commençaient toujours à la Saint-Jean ; les anciens, bien que leurs fonctions fussent légalement finies depuis le 24 juin, continuaient à expédier les affaires jusqu'au jour de l'élection de leurs successeurs.

Nous avons vu qu'en 1339 les attournés étaient au nombre de six ; à la fin du xivᵉ siècle il n'y en avait plus que quatre. On avait probablement reconnu, après la liquidation des dettes de la commune, que ce nombre était suffisant. Mais, lorsque les affaires de la ville l'exigeaient, les habitants étaient libres d'augmenter le nombre de leurs magistrats, sans demander l'autorisation du roi ou de ses agents. En 1465, on adjoint quatre nouveaux attournés aux quatre anciens, qui étaient surchargés de besogne (2). Par contre, en 1451, par raison d'économie, on ne nomme que deux attournés (3), et en 1455, il n'y en eut que trois (4). Toutefois ce ne sont là que des exceptions ; le nombre habituel était quatre ; mais il est intéressant de savoir que, suivant les besoins de la ville, les habitants étaient libres de l'augmenter ou de le diminuer, sans qu'aucune autorisation du pouvoir central fût nécessaire.

Les pouvoirs des attournés ne duraient qu'un an, mais les habitants pouvaient les renouveler indéfiniment.

A la fin du xivᵉ siècle, l'usage était de nommer de nouveaux

(1) Archives de Senlis, BB. VI, 19.

(2) *Ibidem*, BB. IV. 27 vᵒ.

(3) « A laquelle assemblée a esté remonstrée, comment il est de coustume de renouveler chacun an nouveaulx attournez, lesquels tous ensemble ont conclu et délibéré ensemble que de quatre attournez, qui communement et d'ancienneté estoient, ne seront plus que deux et pour ce ont esleu à demourer attournez, Polet Canterel et Jacques Roussel. » (*Ibidem*, BB. III, 87).

(4) *Ibidem*, BB. III, 97.

attournés tous les ans et pendant les premières années du siècle suivant les réélections sont très rares. Cependant ces renouvellements fréquents avaient des inconvénients, qui pendant les longues guerres de la première moitié du quinzième siècle se firent gravement sentir ; vers 1420, l'usage du renouvellement partiel s'introduisit. Dès 1438, on disait que c'était la coutume de nommer deux attournés chaque année, et de renouveler les pouvoirs des deux autres, pour que les anciens montrassent aux nouveaux l'état de la ville (1). Ce système présentait de grands avantages ; comme les officiers municipaux étaient rarement plus de deux ans en fonctions, presque tous les habitants honorables pouvaient espérer obtenir la première magistrature de la cité ; il y avait dans la ville beaucoup de notables, qui dans cette charge avaient acquis une précieuse expérience des affaires. Cependant ces mutations fréquentes n'avaient pas d'inconvénients ; car les anciens apprenaient aux nouveaux l'état des affaires et les traditions pouvaient se maintenir dans l'administration municipale.

Mais cette règle si sage ne fut jamais bien rigoureusement observée et les exceptions furent nombreuses. Du reste le caractère de cette administration, c'est la mobilité des institutions, qui se modifient suivant les circonstances, sans qu'il soit besoin de longues et gênantes formalités. Ainsi, en 1466 (2), les quatre attournés sont renouvelés après un an d'exercice ; en 1483, on nomme aussi quatre nouveaux gouverneurs ; en 1484, on les réélit tous les quatre « *attendu qu'ils n'ont pas fait de fautes et qu'ils n'ont servi qu'un an*. » Et en 1445 deux d'entre eux demeurent encore un an. (3) A la fin du XVe siècle, c'était même devenu une habitude de nommer les attournés tous ensemble et de renouveler leur mandat une fois seulement. En 1491, le lieutenant général du bailli, Hugues Boileaue, qui prenait souvent la parole dans les assemblées, pour exposer l'objet de la réunion, et usurpait constamment les prérogatives des attournés, représenta, que de tout temps on avait changé les gouverneurs à la Saint-Jean. Mais les habitants, considérant que la ville avait d'importantes affaires à régler, dont les gouverneurs, sortant de

(1) Archives de Senlis, BB. III, 13.
(2) *Ibidem*, BB. IV, 33.
(3) *Ibidem*, BB. IV, 151 et 156.

charge, étaient très bien instruits, décidèrent que leurs pouvoirs seraient prorogés pour un an et n'en voulurent pas nommer d'autres (1). En 1496, le même cas se représente et le procès-verbal contient des réserves, afin que ces dérogations ne puissent par la suite faire perdre le privilège de changer tous les ans les magistrats, quand il y a lieu (2). Et même l'année suivante, trois de ces attournés sont encore réélus pour un an, malgré qu'ils aient supplié les habitants de ne pas le faire (3). Enfin, on revint à l'ancien système du renouvellement partiel et, de 1500 à 1520, on nomme tous les ans deux nouveaux gouverneurs, l'un marchand, l'autre praticien, qui administraient la ville avec les deux anciens. Cependant la règle subit encore de fréquentes exceptions, par exemple en 1522, 1527, 1529, 1531, à ce point même qu'en 1540 un des gouverneurs, le fils du lieutenant particulier au baillage, représenta à l'assemblée, au nom des gouverneurs ses collègues, que « *par l'ancienne coutume de deux ans en deux ans étaient élus quatre personnes pour estre gouverneurs et attournés* » (4). Cependant, en 1533, on avait décidé que pour remettre l'ordre ancien, on n'élirait que deux nouveaux attournés et on continuerait deux anciens pour un an (5) et, dès 1547, la coutume du renouvellement partiel était de nouveau pratiquée et se maintenait jusqu'à la fin du xvie siècle. Il est vrai qu'au moyen âge il ne faut pas attacher une grande importance à ces expressions « de toute ancienneté », « par l'ancienne coutume » et autres analogues; il faut avoir soin d'en contrôler la valeur.

Les habitants choisissaient comme attournés qui ils voulaient, il n'y avait pas de catégories d'éligibles. Cependant en 1545, à la suite de l'élection de Nicole Guérin, avocat, natif de Pont-Sainte-Maxence et de Philippe Chanderon, marchand, natif de Silly-en-Multien, le greffier ajoute au

(1) Archives de Senlis, BB. IV, f° 183.

(2) « Non obstant la coutume d'en povoir changer deux et en mettre aultres deulx en leur lieu, les dits gouverneurs, qui ont servi le dit an, seront contynués et demourront gouverneurs pour servir le dit an de présent durant, sans préjudice au privillège des diz habitants et coustume qu'ils ont de en changer et muer, quand le cas s'offre. » (*Ibidem*, BB. V, 16).

(3) *Ibidem*, BB. V, 334.

(4) *Ibidem*, f° 293.

(5) *Ibidem*, BB. V, 19.

procès-verbal cette mention qui est assez intéressante pour que nous la reproduisions en entier : « *Faut notter et entendre, que en l'élection desdits Guérin et Chaudcron, nouveaulx gouverneurs, a esté entièrement desrogé à une ancienne et louable coustume, de longtemps gardée et observée en la ditte ville, qui estoit que nul habitant d'icelle, de quelque estat, qualité ou condition qu'il feust, n'estoit esleu et ne povoit estre gouverneur en laditte ville, si n'estoit natif de laditte ville et de maison ancienne et notable, ainsi qu'il est observé en la ville de Paris. Touteffois le dit Maupin, lieutenant général, parisien, de son autorité ou par estre subtile, supprima ceste loy et furent esleus les dessus dits, non natifs d'iceste ville ; de laquelle élection le dit Coulon, procureur du roy, se porta pour appellant* » (1). Il faut croire que l'appel interjeté par le procureur du roi ne fut pas suivi d'effet ; car les deux gouverneurs accomplirent entièrement leurs deux années de magistrature.

Les habitants élus gouverneurs par l'assemblée étaient tenus d'accepter cette charge ; on disait que chacun devait servir la ville à son tour (2). En 1477, on refusa d'accepter la démission d'un lieutenant du bailli, nouvellement élu attourné, prétendant que les fonctions qu'il remplissait près du bailli étaient une excuse suffisante. En octobre 1547, un édit, donné à Fontainebleau, sous prétexte que les officiers de justice étaient trop occupés et n'avaient pas autant d'expérience des affaires que les marchands, fit défense aux habitants de toutes les villes du royaume de nommer aux charges municipales, quelles qu'elles fussent, les officiers des cours souveraines et des juridictions ordinaires, ainsi que les avocats et les procureurs (3). En 1549, on nomma, conformément au nouvel édit,

(1) Archives de Senlis, BB. VI, 23.

(2) *Ibidem*, BB. III, 64 v°. Mais quand on avait servi deux ans de suite et qu'on avait quelques raisons pour ne pas continuer, on était considéré comme ayant rempli son devoir. Ainsi en 1428 un des attournés, Pierre Beu, avait été deux ans dans cette charge; on reconnut qu'on ne pouvait le contraindre à faire une troisième année; mais, comme il y avait plusieurs comptes à rendre, et d'autres besognes difficiles à terminer et qu'il était plus capable de bien faire que d'autres, on le pria de rester et pour le récompenser on lui donna pour cette année une indemnité double de celle accordée d'habitude aux attournés. P. Just. n° 49.

(3) Archives de Senlis, BB. VI, 48.

deux marchands comme gouverneurs et attournés et on continua ce système jusqu'en 1564. Mais cette année les avocats et les procureurs prétendirent que les marchands ne connaissaient pas les lois et laissaient perdre par leur incapacité et leur négligence les procès de la ville, et, malgré la résistance de quelques commerçants, ils firent nommer deux de leurs confrères gouverneurs de la ville pour deux ans. Néanmoins ils continuèrent à refuser les autres charges plus onéreuses qu'honorifiques et s'appuyèrent sur l'édit de 1547 pour ne pas se laisser nommer répartiteurs ou collecteurs de tailles (1). Cette infraction aux prescriptions de l'édit de Fontainebleau resta impunie et depuis 1564 on nomma pour gouverneurs une année deux marchands et l'autre deux praticiens.

Lorsqu'un attourné mourait en charge, ses collègues convoquaient à bref délai une assemblée générale pour lui donner un successeur, dont les pouvoirs expiraient également le 24 juin suivant, à moins que l'attourné, qu'il remplaçait, n'ait eu encore un an à faire ; dans ce cas il était réélu pour un an (2).

Les quatre attournés formaient une sorte de collège échevinal, qui devait nécessairement avoir un chef, un président. Cependant au XIVᵉ et au XVᵉ siècle, il n'en est jamais fait mention dans les procès-verbaux des assemblées et dans tous les autres documents qui nous sont restés. Ce n'est qu'en 1508 que nous le rencontrons pour la première fois ; une assemblée décide qu'on fera deux clés des archives, dont l'une sera confiée au plus ancien gouverneur, président, et l'autre au greffier (3). C'est la seule mention que nous ayons trouvée. Quel était ce plus ancien gouverneur ? C'est évidemment le doyen d'âge. En effet, cela ne peut pas désigner le gouverneur ayant le plus d'années d'exercice, puisqu'en 1508 on respectait l'usage de nommer chaque année deux attournés nouveaux et de réélire les deux anciens pour un an. Cette présidence, du reste, devait être purement nominale et ne conférer, à celui qui avait ce peu enviable privilège, aucun avantage notable sur ses collègues. On ne saurait autrement expliquer qu'il n'en soit fait mention qu'une seule fois dans nos registres.

(1) Archives de Senlis, BB. VI, 317 et seq.

(2) *Ibidem*, BB. II, 91 rᵒ.

(3) *Ibidem*, BB. V, 68.

Avant d'entrer en fonctions, les attournés prêtaient en justice, le plus souvent entre les mains du lieutenant du bailli, le serment de bien et dûment remplir la charge dont ils venaient d'être honorés. Comme les officiers royaux avaient, en leur qualité de principaux habitants, le droit et le devoir d'assister aux assemblées générales, ce serment se prêtait presque toujours dans la salle même de l'hôtel de ville, aussitôt après l'élection ; lorsqu'un des élus était absent, le sergent de la ville allait le sommer de se trouver à la plus prochaine audience du bailliage pour y prêter le serment accoutumé.

Ce serment n'était pas un vain mot, une formule sans sanction. Les attournés étaient responsables sur leurs corps et sur leurs biens de la gestion des services dont la royauté chargeait les bonnes villes et les communautés d'habitants. En 1383 les attournés, ayant rappelé de Flandres les hommes d'armes que la ville entretenait à l'armée du roi, accusés du crime de lèse-majesté, furent mis en prison et leurs biens furent confisqués. Cependant ils n'avaient fait qu'exécuter la décision d'une assemblée générale ; du reste, pour obtenir le pardon de leurs magistrats, les habitants durent payer une lourde amende et lever une taille pour se procurer l'argent nécessaire (1). En avril 1385 les attournés étaient mis en prison pour un motif des plus futiles. Une assemblée avait refusé d'exempter du paiement des tailles Guillaume Queraille, receveur des aides à Senlis ; pour se venger, l'année suivante ce receveur fit mettre en prison les attournés pour une somme de cinquante-sept livres huit sols, qui lui était due sur le paiement d'une taille de mille francs, imposée par le roi sur la ville de Senlis (2). Aussi les attournés insistaient avec la plus grande énergie près des assemblées pour leur faire voter les subsides nécessaires au service du roi. C'était très difficile d'arracher aux habitants leur consentement, car l'impôt municipal consistait surtout dans la taille, un impôt direct sur le revenu, c'est-à-dire l'impôt qui semble le plus lourd aux populations, qui en ressentent immédiatement et directement les conséquences. Ainsi en 1408, l'un des attournés, nommé Jean de Beaufort, homme de grand mérite, qui

---

(1) Archives Nationales, JJ. 122, f⁰ 102, publiée par Douët d'Arc dans *Choix de pièces inédites de Charles VI.*, et P. Just. n⁰ 28.

(2) P. Just. n⁰ 29.

fut plus tard avocat du roi au bailliage de Senlis et, lors du siège de 1418, fut l'un des six otages livrés par la ville au conné-table d'Armagnac, insista longtemps et énergiquement pour obtenir de l'argent pour réparer les fortifications. Comme les habitants se refusaient à voter la levée d'une taille, Jean de Beaufort donna sa démission et ses confrères l'imitèrent. En présence de tous les habitants, assistant à l'assemblée, ils se démirent de leurs charges et, déclarant qu'ils ne s'en mêle-raient plus des affaires communes, ils mirent les clés de la ville sur le bureau (1). Ce droit de démission semble au premier abord inconciliable avec l'obligation d'accepter les charges municipales ; mais, en réfléchissant, on voit facile-ment qu'il ne pouvait pas en être autrement. Des hommes responsables sur leurs corps et sur leurs biens du paiement des tailles royales, de l'entretien des milices urbaines en-voyées à l'armée, et des réparations des fortifications, devaient pouvoir se retirer, quand les assemblées refusaient d'accorder ce qui était nécessaire aux besoins de la ville. Du reste des mesures de rigueur furent rarement appliquées par le pouvoir central contre ces magistrats municipaux et de 1383 à 1610 nous n'avons rencontré à Senlis que les deux exemples, que nous venons de citer.

Les attournés recevaient une légère rétribution, car au moyen âge, dans tout le Nord, les charges municipales n'é-taient pas gratuites. Au xve siècle les gages habituels étaient de quatre livres seize sols parisis ; ce n'était pas un traite-ment, c'était à peine une indemnité ; elle était bien due aux hommes qu'on enlevait à leurs affaires pour les contraindre à s'occuper de celles de la communauté. Toutefois il faut dire que cette indemnité pouvait être augmentée, lorsque les attournés avaient été plus occupés qu'à l'ordinaire. Il en fut souvent ainsi et notamment en 1430 et 1431 (2).

En sortant de charge, les attournés rendaient compte par écrit, aux habitants assemblés, de l'état dans lequel ils lais-saient la ville et remettaient ce document à leurs successeurs (3). On trouve dans les plus complets l'énumération des biens de la ville, l'état des procès engagés, l'inventaire des armes

(1) P. Just. no 39.
(2) Archives de Senlis, BB. II, 160 vo et CC. 48, fo 4.
(3) *Ibidem*, BB. I, 28-53.

et des approvisionnements, l'état des pensions et des gages des officiers municipaux, la déclaration des rentes appartenant à la ville et des revenus muables, enfin l'état des dettes dues par la ville et le compte du clergé pour les fortifications (1).

L'assemblée générale des habitants élisait en même temps que les attournés un dépensier chargé de recevoir les sommes appartenant à la ville et de payer d'après les mandements des attournés les sommes dues par elle. Les pouvoirs de cet officier expiraient comme ceux des attournés à la Saint-Jean; mais il continuait pendant un certain temps à payer les mandats tirés sur lui, jusqu'à ce qu'il n'ait plus d'argent en caisse. Il devait aussi servir la ville pendant deux ans et on pouvait l'y contraindre s'il refusait ; mais après deux ans on ne pouvait proroger ses pouvoirs malgré lui (2). Les habitants étaient maîtres de ne pas nommer de dépensier, s'ils le jugeaient bon. Ainsi en 1455, année où l'on fait des économies sur tous les services municipaux, le procureur est chargé des fonctions de dépensier (3).

L'indemnité accordée chaque année au dépensier n'était pas fixe, comme l'était celle des attournés ; elle était plus ou moins élevée, suivant que cet officier avait eu plus ou moins à faire. Tantôt les habitants assemblés en fixaient eux-mêmes le chiffre ; tantôt ils remettaient ce soin aux auditeurs chargés de vérifier les comptes de l'année (4). Dans cette indemnité étaient compris les salaires que le dépensier avait payés à ses auxiliaires, dans le cas où il en aurait dû prendre, comme s'il avait été chargé de percevoir une taille ou si, ne sachant pas lire ou écrire suffisamment, il avait dû s'attacher un scribe (5).

Pour éviter des doubles frais, quelquefois on ne nommait pas de collecteurs spéciaux, chargés de percevoir les tailles, et on laissait ce soin aux dépensiers. Mais ce cas se produisait assez rarement et ce ne fut pendant longtemps que

(1) Un des plus curieux et des plus complets est l'état pour l'année 1435-1436, confondu par l'auteur de l'inventaire actuel avec les comptes des dépensiers et coté CC, 49. Voir P. J. nᵒ 51.

(2) Archives de Senlis, BB. V, 122.

(3) *Ibidem*, BB. III, 97.

(4) *Ibidem*, CC. 51, 3.

(5) *Ibidem*. Compte du dépensier pour 1450, fᵒ 15.

l'exception. A la fin du xv° siècle, quand la taille royale fut devenue permanente d'une manière définitive et revint chaque année, les frais de perception devinrent une des grosses dépenses du budget de la ville et on voulut y remédier. En 1479, pour éviter les grands frais que les tailles causaient annuellement, parce que les collecteurs apportaient de la négligence dans la perception et que les cotes irrécouvrables devenaient de plus en plus nombreuses, une assemblée décida de nommer un dépènsier qui recevra toutes les sommes provenant des tailles, tant royales que municipales, et toutes autres appartenant à la ville ; il devait en être responsable, à l'exception des « *mauvaises paies* » dont il aurait remis la liste aux attournés trois mois au plus après la publication du rôle, et ses gages annuels furent fixés à 60 livres. Avant de rendre la nomination définitive, on laissa un intervalle de huit jours, pour laisser, à ceux qui voudraient mettre un rabais, la facilité de faire de nouvelles offres ; mais pendant ce temps plus de deux cents habitants protestèrent contre cette décision et elle n'eut pas de suite (1). En 1498 le lieutenant général Hugues Boileaue renouvela cette même proposition ; mais l'assemblée refusa de l'accepter. Cependant en 1504 on nomma un dépensier, aux gages annuels de cinquante livres parisis, chargé de recevoir les tailles tant pour le roi que pour la ville ; ces fonctions devaient durer quatre ans (2). Mais en 1517 on revint à l'ancien système, qui cependant était beaucoup moins régulier et beaucoup plus coûteux (3).

L'expérience ne fut pas renouvelée et en 1543 le roi créa à Senlis un receveur en titre d'office. Les gouverneurs interjetèrent appel de cette institution (4) ; et en 1550 la ville obtint des lettres royaux le supprimant, à charge d'en rembourser le prix au titulaire et de payer les dépens du procès (5). La royauté eut plusieurs fois recours à cet expédient et en 1609 une assemblée consentit à l'installation du titulaire de l'office de receveur des deniers communs, dons et octrois de Senlis, en réservant à la ville la faculté d'en rembourser la

(1) Archives de Senlis, BB. IV, 111.
(2) *Ibidem*, BB. V, 48.
(3) *Ibidem*, BB. V, 153.
(4) *Ibidem*, BB. V, 362.
(5) *Ibidem*, BB. VI, 58.

finance, quand bon lui semblerait (1). Ce remboursement n'eut pas lieu et les habitants perdirent la libre nomination du receveur municipal.

Au xvᵉ siècle on voit souvent dans les assemblées paraître des hommes honorables, appelés conseillers de la ville (2). C'étaient des avocats choisis en assemblée générale et chargés de diriger les affaires contentieuses de la ville. Leur nombre n'était pas limité; ils étaient tantôt deux, tantôt trois; quelquefois même il n'y en avait qu'un seul, suivant que la situation de la communauté était plus ou moins difficile. La durée des pouvoirs des avocats de la ville n'était pas fixée et, comme on les changeait rarement, ils gardaient leurs fonctions jusqu'à leur mort ou jusqu'à ce qu'il leur plût de donner leur démission.

Les avocats conseillers de la ville n'avaient pas seulement le soin des procès que la ville avait à soutenir, les assemblées leur renvoyaient souvent des affaires difficiles en les chargeant de les terminer d'accord avec les attournés. Ces derniers magistrats, qui souvent n'avaient pas l'habitude de la parole, priaient quelquefois les conseillers d'exposer aux assemblées l'objet de la convocation et l'état des affaires, de telle façon que ces avocats avaient une très grande influence. Cependant après 1450 on les rencontre plus rarement et il semble dès le commencement du xviᵉ siècle que l'usage, qui voulait qu'il y eût toujours parmi les attournés deux praticiens, ait fait complètement disparaître ces officiers.

Les avocats conseillers de la ville étaient assistés d'un procureur de la ville, également nommé en assemblée générale. La durée de ses pouvoirs n'était pas fixée et en général le procureur exerçait cette charge jusqu'à la fin de ses jours (3); cependant nous voyons en 1489 destituer un nommé Louis Leclerc (4). Le procureur assistait les conseillers dans la direction des procès et faisait tous les actes de procédure ; comme les conseillers, il prêtait son concours dans les affaires difficiles ; dans les assemblées générales il était l'organe des gens du commun, dont il allait recueillir les opinions dans la

---

(1) Archives de Senlis, BB. VI, 537.

(2) Bourquelot. Notice sur le Cartulaire de Provins. *Bibliothèque de l'École des Chartes*, XVII, 235.

(3) Archives de Senlis, BB. V, 169 et BB. VI, 386.

(4) *Ibidem*, BB. IV, 145.

foule. Pendant longtemps la pension du procureur ne dépassa pas quatre livres parisis par an ; mais en 1415, pour qu'il fût plus astreint à faire son devoir des besognes de la ville, l'assemblée décida qu'on lui donnerait huit livres (1). Quand le procureur devenait trop vieux et qu'il était empêché par l'âge de s'occuper activement des affaires, on lui donnait pour substitut un jeune praticien, qui sous la direction de son ancien apprenait à gérer les affaires. Ce substitut prenait une part de la pension du procureur (2).

Les attournés avaient un clerc qui était appelé le clerc de la ville. C'était lui qui faisait toutes les écritures ; il rédigeait les procès-verbaux des assemblées et les transcrivait sur des registres spéciaux ; il libellait les mandements adressés par les attournés au dépensier et exécutait toutes les autres besognes des magistrats, pour lesquelles le secours d'un clerc était nécessaire. Les clercs de la ville ne tenaient pas très exactement les registres au courant ; en décembre 1537, le lieutenant particulier enjoint au greffier, sorti de charge à la fin de juin, d'enregistrer avant Noël au cartulaire de la ville les procès-verbaux des assemblées générales et particulières et les autres actes à conserver, à peine de 100 sous d'amende (3). En 1553, l'ancien greffier, sorti de charge depuis deux ans, avait encore entre ses mains le cartulaire de la ville pour y inscrire les conclusions et ordonnances faites en hôtel de ville, en assemblée, pendant les quatre années de son greffe (4).

Cependant ce clerc était plus qu'un simple greffier tenant la plume et avait une certaine importance. C'était presque toujours un homme de loi rompu aux affaires ; souvent le procureur de la ville devenait greffier de l'hôtel de ville. Pendant longtemps ce fonctionnaire fut pour ainsi dire inamovible, et cette stabilité devait lui donner une grande influence, puisque les principaux officiers municipaux n'étaient élus que pour un temps très limité et étaient bien moins que lui au courant des affaires. Pierre de Creil, qui était déjà clerc de la ville en 1383, le fut jusqu'à sa mort, en 1419 (5). Ce n'est pas le seul

(1) Archives de Senlis, BB. II, 60.
(2) *Ibidem*, BB. II, 13 et IV, 70.
(3) *Ibidem*, BB. V, 321.
(4) *Ibidem*, BB. VI, 169.
(5) *Ibidem*, BB. I, 149 et II, 91 r°.

exemple; Jean Duchange garda ces fonctions depuis 1420 jusqu'à sa mort, en 1464 (1). Son successeur, Robert de la Place, donna sa démission, parce que son étude de procureur l'occupait trop, et fut remplacé par le procureur de la ville, Jean Dupont, qui quitta cette situation pour celle de greffier (2). Quelques années plus tard, ce Dupont, à qui sa charge de procureur prenait beaucoup de temps, négligeait les affaires de la ville; on voulut le destituer; mais il réclama énergiquement, prétendant qu'il s'était bien conduit, qu'on n'avait rien à lui reprocher et que ce n'était pas la coutume de changer le clerc de la ville. Les habitants, au contraire, soutinrent qu'ils pouvaient changer le clerc de la ville, quand bon leur semblait; à la sortie de l'assemblée ils se réunirent devant l'hôtel de ville et manifestèrent une telle émotion que les attournés se rendirent près du bailli pour protester contre l'obstination de Jean Dupont; le bailli vint lui-même à l'hôtel de ville, et là Jean Dupont donna sa démission; il fut remplacé par Sicart Sanguin (3). Ce qui prouve que les habitants voulaient surtout ne pas laisser plus longtemps en place un greffier trop influent, c'est qu'ils reconnurent qu'ils n'avaient rien à reprocher à Jean Dupont en le nommant attourné deux ans plus tard, vu qu'il avait été autrefois clerc de la ville et qu'il était homme « *ydoine et suffisant à ce faire.* » (4) En 1508, Sicart Sanguin, malade et devenu vieux, ne pouvait plus remplir ses fonctions et les gouverneurs avaient été quelquefois obligés d'écrire eux-mêmes leurs mandements; Sicart fit agréer un commis par le lieutenant du bailli; mais les gouverneurs protestèrent contre cette entreprise sur les droits de la ville, et les habitants, jaloux de leurs privilèges, ne permirent à Sicart de se faire suppléer par un commis, qu'après que le lieutenant eut reconnu qu'il n'avait pas le droit de nommer le greffier (5). En 1516, ce commis, nommé Pierre de Thermes, remplaça définitivement Sicart Sanguin, récemment décédé (6). Mais après la mort de de Thermes, arrivée en 1525, l'assemblée générale décida que le greffier ne serait plus

(1) Archives de Senlis, BB. IV, 15.

(2) *Ibidem*, BB. IV, 38.

(3) *Ibidem*, BB. IV, 60.

(4) *Ibidem*, BB. IV, 72.

(5) *Ibidem*, BB. V, 68.

(6) *Ibidem*, 147.

nommé que pour deux ans et qu'il ne pourrait être continué que par une décision d'une assemblée générale; il ne devait plus rien percevoir pour les mandements qu'il écrirait pour les attournés et devait se contenter de la modique pension que la ville lui faisait (1). On avait sans doute reconnu de grands inconvénients dans l'influence prépondérante que cette stabilité permettait au greffier de s'attribuer à l'hôtel de ville. Mais à l'expiration de ses deux ans le nouveau greffier ne voulut pas céder la place. On avait d'abord pris les voix des principaux habitants, officiers du roi et notables bourgeois, qui, assis près de la table autour de laquelle siégeaient le lieutenant président et les attournés, avaient nommé l'un après l'autre l'élu de leur choix. Quant aux autres habitants, qui étaient en grand nombre dans le fond de la salle, le sergent de la ville était allé conférer avec eux et recueillir leurs opinions. Le lieutenant avait proclamé l'élu, quand l'ancien greffier évincé déclara en appeler au Parlement (2). La Cour cassa l'élection et ordonna au bailli de faire procéder à nouveau au choix d'un greffier. On réunit une nouvelle assemblée où se trouvèrent plus de trois cents habitants, qui jurèrent d'élire le greffier en leur âme et conscience. Après que l'assemblée eut de nouveau déclaré, qu'elle voulait que le greffier fût changé tous les deux ans et ne prît pas de salaire pour les mandements que les gouverneurs lui feraient faire pour la ville, le bailli se retira dans une salle voisine de la grand'salle, où les habitants vinrent l'un après l'autre dire devant des notaires, qui enregistraient leur vote, qui ils nommaient pour greffier. L'ancien greffier appelant n'eut que 73 voix et Guillaume Desprez fut confirmé par 197 (3). Dès lors les greffiers ne furent plus nommés à vie, mais furent changés tous les .deux ans, comme les autres officiers municipaux.

La ville avait encore un certain nombre de petits officiers, le sergent des attournés ou sergent de la ville, le sergent des fiens, le guetteur du beffroy et celui de la bancloche. Le sergent des attournés était élu en assemblée générale; ses pouvoirs n'avaient pas une durée déterminée et cessaient à la volonté des habitants. Il était chargé de convoquer les habitants aux assemblées par cri public et par ajournement fait

(1) Archives de Senlis, BB. V, 223.
(2) *Ibidem*, BB. V, 244.
(3) *Ibidem*, BB. V, 255.

de porte en porte; il devait y maintenir l'ordre. Il accompagnait les collecteurs des tailles à domicile et exécutait les mauvaises payes; il était en outre sergent du guet et convoquait à domicile les hommes de garde. Il avait une pension relativement élevée, 8 livres parisis par an. Ce sergent n'était pas un vulgaire agent de police ; c'était quelque chose de plus, comme un de nos huissiers. C'était généralement un praticien. Ainsi Jean Duchange, avant d'être clerc de la ville, avait été sergent des attournés. Il pouvait faire tous exploits, ajournements, exécutions par-devant le prévôt de la ville etc, absolument comme les sergents de la prévôté institués par le bailli (1). C'était un souvenir de l'ancienne juridiction municipale supprimée en 1320.

Les attournés ou gouverneurs avaient aussi le droit de nommer les crieurs ou priseurs jurés qui procédaient dans la ville aux ventes mobilières (2). En 1555, le roi créa deux offices de priseurs jurés dans la ville, en leur permettant de prendre 3 deniers pour livre. Les crieurs élus, qui ne percevaient que 10 sols parisis par jour, protestèrent vivement, représentèrent que les nouveaux officiers, pour élever leur salaire, hausseraient les prix et décidèrent les habitants à prendre fait et cause pour eux (3).

Il y avait encore à Senlis un sergent des fiens, élu par l'assemblée générale. Cet officier était chargé de veiller à la propreté des rues, comme nos agents de police qui exercent cette surveillance. Ces droits devaient être assez étendus, car les habitants paraissent attacher quelque importance au choix de cet officier. « Il ont voulu que un bon preudomme soit esleu, » qui sera sergent des fiens d'icelle ville à huit livres parisis » de gaiges par an et ont voulu que les attournés le quièrent. » — Juin 1415 (4). » Cette fois l'assemblée charge par exception les attournés de choisir cet officier. La ville avait encore d'autres officiers inférieurs, tels que les guetteurs, l'armurier, etc.; nous les retrouverons chacun en son lieu.

Les habitants, réunis en assemblée générale, nommaient les magistrats municipaux et décidaient eux-mêmes les prin-

(1) Archives de Senlis, BB. V, 47.

(2) *Ibidem*, BB. V, 284.

(3) *Ibidem*, BB. VI, 186.

(4) *Ibidem*. BB. II, 60 v°.

cipales affaires intéressant la ville. Ces assemblées étaient
réellement générales, car tous les habitants avaient le droit
d'y venir. De 1383 à 1594 nous ne voyons prendre aucune
précaution contre les abus que pourrait amener l'intrusion
d'étrangers dans les assemblées; mais, le 11 décembre 1514,
une assemblée générale prend cette décision : « Oultre a esté
conclud et délibéré que d'ores en avant aux assemblées générales, qui se feront au dit hostel de ville, les deux crieurs de
la ditte ville seront tenus d'eulx y trouver dès le commencement pour garder l'uys de l'ostel de la ditte ville, affin d'empescher que aucunes personnes n'y entrent, s'ils ne sont habitans de la dite ville et qui aient acoustumé d'eulx trouver et
assister aux dites assemblées (1). » Ainsi tous les habitants
de la ville pouvaient venir aux assemblées générales, car
l'exclusion, qui semble prononcée contre ceux qui avaient
l'habitude de s'abstenir, n'a jamais été appliquée bien rigoureusement; comme nous le verrons plus loin, le nombre des
habitants varie pour chaque assemblée avec de très grandes
différences. Cependant, pendant plus de deux siècles, on ne
voit jamais, malgré les pénalités édictées contre les absents,
plus de 400 à 500 habitants présents aux assemblées, même à
celles convoquées dans les circonstances critiques où la curio-
sité et l'intérêt devaient attirer le plus de monde. Ce nombre
n'est pas en rapport avec la population. En 1474, la ville,
qui, déjà dépeuplée par la misère causée par le siège de
1418 et les guerres continuelles de 1405 à 1441, avait perdu
en moins d'un an plus d'un tiers de sa population par la
peste qui y sévissait, contenait encore 597 feux, parmi
lesquels un grand nombre de femmes veuves (2). On peut
admettre que ces 600 feux représentaient une population de
3,000 âmes, ce qui, d'après notre suffrage actuel, donnerait
plus de 700 électeurs. Toutefois au xvᵉ siècle il était rare
qu'il y eût plus de 3 à 400 habitants aux assemblées; ce
n'est que vers 1520 qu'on voit ce nombre atteindre quelquefois 4 à 500. Mais à cette époque la population de la
ville s'était considérablement accrue ; en 1544, nous voyons
une assemblée générale déclarer que la ville ne pourra pas
fournir plus de 500 hommes par jour pour travailler à la
corvée aux fortifications, « eu égard à la povreté et petit

---

(1) Arch. Senl., BB. V, 127.
(1) Inventaire des feux pour répartir les francs archers. P. Just. nᵒ 65.

nombre des habitans d'icelle ville, qui ne se montent que à 1700 ou à 1800 personnes, dont les deux pars pour le moins ne portent plus de 20 sols tournois de taille, comme il appert par le roole de la taille d'icelle ville (1). » — Il est donc certain que tous les habitants de la ville dans le sens que nous donnons habituellement à ce mot, par exemple dans les opérations de recensement, ne venaient pas aux assemblées, et que le terme *habitants* avait une acception spéciale qu'il faut déterminer.

Nous avons vu plus haut (p. 5) que les fils des jurés et les hommes établis dans la ville sans esprit de retour étaient obligés d'entrer dans la commune. De même les habitants, nés dans la ville ou établis à demeure, furent obligés de venir aux assemblées, et il nous semble que les conditions exigées pour être reçu habitant durent être les mêmes que celles autrefois requises des bourgeois de la commune. Pour prouver l'intention de s'établir dans la ville sans espérance de départ, il fallait ou y acheter une maison ou y habiter un an et un jour. Mallet, ancien échevin, instruit des usages de la ville, nous dit dans ses Mémoires (2) qu'en 1589 on répondit aux ligueurs, réclamant l'expulsion du sieur de Balagny, que ce seigneur avait acheté une maison dans la ville et y avait été reçu comme habitant, et que par conséquent on ne pouvait l'expulser comme étranger. En 1676 on déclare que les étrangers et forains, qui ne seront point actuellement habitants par an et jour, ne jouiront pas des privilèges reconnus autrefois aux bourgeois de la commune par l'accord de 1239 avec le chapitre de Notre-Dame sur les lods et ventes (3). Fallait-il réunir ces deux conditions ou une seule? Nous ne le savons pas. Toutefois Beaumanoir déclare, dans un texte que nous avons déjà cité, que les maladreries sont établies dans les villes pour recevoir les hommes et les femmes qui sont nés dans la ville ou qui s'y sont mariés, ou qui s'y sont établis, sans espérance de partir, comme ceux qui y ont une maison leur appartenant par héritage ou qui en ont acheté une, ou en ont pris une à cens ou à loyer et « non

---

(1) Arch. Senlis, BB. VI, 8.
(2) *Mémoires de Mallet*, éd. Bernier, p. 91.
(3) Afforty, IV, 404.

pas por les estranges trespassans (1). Ce texte peut s'appliquer aux conditions demandées pour la réception des bourgeois, puisque seuls les membres de la commune pouvaient être admis à Saint-Lazare. C'est pourquoi nous croyons qu'on devait considérer comme habitants tous ceux qui étaient nés dans la ville ou qui y étaient établis depuis an et jour dans une maison à eux appartenant ou prise à cens ou à loyer. Nous avons un texte qui confirme cette supposition ; le 30 juin 1613, sur la requête du procureur du roi, une assemblée générale décida que tous les habitants, chefs d'hôtel, de quelque qualité et condition qu'ils fussent, seraient tenus de venir aux assemblées (2). En 1414, le roi, sur la plainte des magistrats municipaux de Noyon, ordonna que tous les habitants de cette ville, chefs d'hôtel, soit bourgeois de la ville ou autres, seraient obligés de venir à l'hôtel de ville pour conseiller le maire et les jurés toutes les fois qu'ils en seraient requis par les sergents (3). Par chef d'hôtel il faut entendre le chef de famille ayant une demeure à lui appartenant ou prise à cens ou à loyer. Nous pouvons donc conclure que tous les chefs de famille, nés dans la ville ou établis à demeure sans espérance de partir, pouvaient et devaient assister aux assemblées générales.

Cette faculté était plutôt un devoir qu'un droit. En effet on rencontre dans les registres plusieurs décisions obligeant les habitants à venir aux assemblées sous peine d'amende. En 1430, en 1466, en 1468, en 1473, en 1574, en 1613, des assemblées décident que les habitants absents sans cause légitime devront payer une amende plus ou moins élevée ; en 1613 les absents devaient être condamnés à 60 sols d'amende la première fois et à une somme plus forte en cas de récidive (4). Les habitants étaient tenus de venir à la requête de leurs magistrats leur donner conseil sur les affaires dè la ville, comme les seigneurs et les prélats, vassaux du roi, et les bourgeois des bonnes villes devaient venir donner conseil au roi dans les états généraux ou particuliers, qu'il lui plaisait de convoquer.

(1) Beaumanoir, *Coutumes de Beauvaisis*, édition Beugnot, t. II, p. 326.

(2) Afforty, t. XII, p. 7613.

(3) *Recueil des Ordonnances*, t. X, p. 208.

(4) Afforty, XII, 7613.

Malgré les fortes pénalités édictées contre les absents, souvent des assemblées étaient obligées de se séparer sans rien décider, parce qu'il n'y avait pas assez d'habitants présents ou qu'il manquait trop de notables et de gens de conseil (1). Il ne paraît pas qu'il y ait eu de règle fixant le minimum d'habitants nécessaire pour la validité de l'assemblée. Des assemblées, qui comptent trente et cinquante habitants présents, s'ajournent sans rien faire (2), et d'autres, où il n'y a que 13 et 14 personnes, prennent des décisions importantes (3). On peut donc dire que la décision était laissée à l'arbitraire des magistrats et des habitants présents à la séance.

Les membres du clergé faisaient partie du corps de la ville (4) et assistaient souvent aux assemblées. Dans les circonstances critiques ils venaient presque tous, et l'évêque même ainsi que les abbés et prieurs des couvents de la ville prenaient part aux délibérations (5). D'autres fois ils se faisaient représenter par deux ou trois chanoines (6). En 1393 on avait décidé qu'on convoquerait spécialement les membres du clergé à toutes les assemblées où l'on aurait à délibérer sur les fortifications, dont le clergé en corps payait une partie des dépenses (7).

Il faut du reste remarquer que les membres du clergé assistaient généralement aux séances où il était question de mesures se rapportant à la défense de la ville, à laquelle ils devaient contribuer et de leur personne et de leur bourse comme les habitants laïques, et qu'ils s'abstenaient de venir aux autres réunions, où ils n'avaient que faire, puisqu'ils ne

---

(1) Arch. Senlis, BB. I, 24. 26. 56. II, 118. 127, etc.

(2) *Ibidem*, BB. I, 24. III, 7.

(3) *Ibidem*, BB. I, 21. III, 54.

(4) P. Just., n° 53.

(5) Arch. Senlis, BB. IV, 45 *et passim* dans tous les registres.

(6) *Ibidem*, BB. IV, 45 et 50.

(7) P. Just., n° 35. Voici un exemple de ces convocations spéciales : « Aujourd'hui (21 may 1438) Jehan Le Clerc, sergent de la ville a rapporté que hier il se transporta par devers messire Adam Foucques, vicaire de Monseigneur l'évesque, auquel il fist commandement de par le Roy nostre sire, que il fist savoir à tous ceulx du clergié de la ditte ville, que ils feussent le lendemain en l'ostel de la ville, pour estre à l'assemblee que icelle ville voulait faire. » Arch. Senlis, BB. III, 10, et P. Just. n° 48.

contribuaient pas aux dépenses municipales autres que les dépenses militaires.

Le nombre et l'époque des séances n'étaient pas réglés par la loi ni par la coutume. Toutefois il était d'usage de réunir les habitants en assemblée générale pour l'élection des magistrats le premier dimanche après la Saint-Jean-Baptiste. Dans tous les autres cas les attournés étaient libres de le faire quand ils le jugeaient bon (1). Le pouvoir central n'y mettait aucun obstacle et ses agents ne cherchaient pas à entraver le libre jeu des institutions municipales. Nous ne voyons qu'une seule fois le lieutenant du bailli faire défense de convoquer les habitants sans la permission du capitaine (2); mais on était en temps de guerre et le duc de Bourgogne se présentait quelques jours après aux portes de la ville; il était donc admissible que le capitaine de la ville se réservât d'autoriser ces réunions, comme le ferait aujourd'hui un commandant de l'état de siège.

Les assemblées étaient faites au commandement des attournés, qui avaient le droit de faire sonner la cloche du beffroy pour les convocations. Nous avons trouvé une assemblée faite au commandement des attournés « *à la requeste de Jehan Oudot, Pierre Truyart, Jehan Baron, Arnoult Delapere et Regnault Cornu, requérants ladicte assemblée.estre faitte et en icelle estre appellés les officiers du roy ordinaires et les esleus, pour ce qu'ils avoient en icelle à dire et desclarer et monstrer par escript aucunes choses, qui touchoient et povoient toucher le bien et honneur du roy et le proffit de laditte ville : icelle assemblée faitte à son de cloche et par cry par les carreffours le merquedi 21ᵉ jour de décembre l'an 1446.* » (3). Les attournés étaient donc tenus de convoquer une assemblée, lorsque quelques habitants le réclamaient.

Le bailli et son lieutenant ne tenaient pas grand compte du

---

(1) « Item la ville puet faire sonner les deux cloces, quant il lui plest, et fere assemblées en l'ostel de la ville, touteffois que la ville en a mestier, et fere sonner la petite cloce, pour fere assembler icelle ville et la grosse cloce fere sonner, quant il y a effroy en icelle ville ou pour feu estant en icelle. » Etat de la ville pour 1450, Arch. Senlis, CC. 53 f. 5.

(2) Assemblée du 22 février, 1414. Arch. Senlis, BB. II, 42.

(3) Arch Senlis, BB. III, 61.

privilège des attournés et souvent ordonnaient de convoquer des assemblées ; beaucoup de procès-verbaux contiennent la mention au commandement du bailli ou de son
lieutenant. Il est impossible de se méprendre sur le sens de
cette expression; car le clerc de la ville, ayant par erreur dans
le procès-verbal de la séance du 15 avril 1453 mis au
commandement des attournés, raye au commandement et
écrit au-dessus en la présence (1). Il n'y avait aucune règle,
les officiers du roi convoquaient eux-mêmes les assemblées
quand bon leur semblait. C'était presque toujours en temps
de guerre, quand il fallait prendre une décision sur le parti à
suivre, sur les réparations à faire à la forteresse, sur toutes
les affaires intéressant la sûreté de la ville. Toutefois de 1437 à
1442, pendant cinq années de guerres continuelles, il n'y a
qu'une seule assemblée, qui n'ait pas été faite au commandement des attournés. Ces convocations par le bailli ne peuvent pas être qualifiées d'usurpations ; car le régime de
liberté sous lequel vécurent les habitants, pendant près de
deux siècles, de 1320 à 1515, n'était dû qu'à la bienveillante
tolérance des baillis et à l'esprit libéral, qui animait alors le
gouvernement royal. Les habitants n'avait pas de droits consacrés par des chartes solennelles ; leur liberté n'était fondée
que sur des usages. Ces convocations étaient plus ou moins
fréquentes suivant le caractère du bailli ou du capitaine ou
de son lieutenant. De 1419 à 1429 le bâtard de Thian fit
réunir à son commandement beaucoup d'assemblées ; de
1452 à 1459, Jean le Charon, lieutenant-général du bailli,
agit de même, mais ce ne sont là que des exceptions ; quand
les officiers du roi étaient des hommes d'un caractère moins
autoritaire, les attournés convoquaient les assemblées. — De
1460 à l'an 1500 ce fut une règle presque constamment suivie;
aussi les habitants, persuadés que cette longue possession
était un titre respectable, décidèrent en décembre 1508 de
défendre les droits des gouverneurs et ce qu'ils appelaient les
privilèges de la ville (2). Malgré cette décision la règle que
défendaient les habitants fut encore violée quelquefois ; mais
à partir de 1530 on peut dire qu'elle fut constamment respectée ; les quelques exceptions que l'on rencontre ne font
que la confirmer.

(1) Arch. Senlis, BB. III, 92.
(2) *Ibidem*, BB. V. 16.

Les assemblées étaient annoncées par la petite cloche du beffroi et par cri public dans les carrefours. Le sergent de la ville ou un des crieurs jurés convoquait tous les habitants à venir le lendemain à telle heure en l'hôtel de ville pour décider telle ou telle affaire. Quand l'objet de la convocation était grave et que l'on voulait avoir beaucoup de monde, le sergent de ville allait de porte en porte ajourner les habitants (1). On avait l'habitude de signifier les assemblées aux gens du roi, afin qu'ils en fussent dûment avertis et pussent y venir. Le lundi 25 novembre 1530 une assemblée était réunie pour procéder à l'élection d'un greffier, lorsque deux habitants firent observer que les formes solennelles requises pour de telles élections n'avaient pas été observées, parce qu'on n'avait pas fait annoncer la veille l'élection du greffier par un crieur juré à la Porte au Pain et dans les carrefours, que ces assemblées se faisaient d'habitude un jour de fête et que les gens du roi n'étaient pas présents comme de coutume et demandèrent au lieutenant général du bailli de remettre à un autre jour cette nomination. Les gouverneurs et d'autres habitants s'opposèrent à cette prorogation en disant qu'on avait sonné la cloche par trois fois et fait une annonce à la Porte au Pain et que cela suffisait. Néanmoins, le lieutenant ajourna les habitants au dimanche suivant. Les gouverneurs appelèrent de cette décision ; mais il ne paraît pas que cet appel ait été suivi d'effet (2) ; toutefois cette affaire servit de leçon et depuis lors les assemblées, et au moins celles où les officiers devaient être nommés, étaient toujours signifiées la veille aux gens du roi par le sergent de ville (3).

Les assemblées se faisaient toujours à l'hôtel de ville ; deux fois seulement nous en voyons tenir dans d'autres endroits, l'une au vestiaire de Notre-Dame, l'autre en la grande salle de l'hôtel du Chat. A la fin du xve siècle, pendant la reconstruction de l'hôtel de ville, elles se firent au château royal. Dans la maison de ville elles avaient toujours lieu dans la *salle haute*, c'est-à-dire la grande salle du premier étage, dans laquelle se trouvaient l'étendard et les papiers

(1) Arch. Senlis, BB. I, 17 et *passim* dans tous les registres.
(2) *Ibidem*, BB. V, 278
(3) *Ibidem*, BB. V, f. 295, 297, etc.

de la ville, renfermés dans quatre grands coffres établis dans
les coins de la pièce. Au bout de la salle était placé le bureau,
couvert de toile verte ; sur ce meuble on trouvait le cahier
de la ville, attaché par une chaîne de fer, les registres aux
assemblées, l'inventaire des archives et le missel sur lequel
les officiers de la ville prêtaient serment lors de leur entrée
en fonctions. Autour de cette table de grande dimension
étaient rangées « *huit formes à soy seoir* », sur lesquelles
prenaient place les attournés et les officiers du roi qui, là
comme partout ailleurs, avaient toujours le premier rang (1).
Les notables se tenaient près du bureau, et les gens du
commun dans le fond de la salle. Pendant tout le xv° siècle,
on ne voit pas de plaintes portées contre les hommes du
peuple, et les réunions ne semblent pas avoir été tumultueuses. Mais au xvi° siècle, les artisans, excités par les
luttes religieuses et civiles, ne respectent plus les notables
et usurpent la place habituellement réservée aux principaux
habitants de la cité. Ainsi, en 1548, le procureur du roi, considérant que « *le vulgaire et commun populaire s'efforçoient
prendre place à leur appétit et précéder les bourgeois et
marchands de la ville, même ceux qui avoient eu par
devant la charge et gouvernement de la ville* », requière
que le grand banc soit réservé « *aux marchans, bourgeois
de Senlis, ayant esté par ci-devant gouverneurs et que sur
icellui ilz feussent tenuz y prendre place, selon l'ordre de
leur réception* (2). »

Dès 1383, date où commencent nos registres de délibérations, nous voyons que les assemblées étaient présidées par
le lieutenant général du bailli. C'est à lui qu'appartenait la
police de la séance et qu'incombait le soin de diriger les délibérations ; c'est lui qui recueillait les opinions et proclamait
les décisions. En l'absence du lieutenant général, la présidence revenait au gouverneur le plus âgé. Cependant, au
xvi° siècle, le lieutenant particulier tenta de s'attribuer les
prérogatives de son supérieur. En 1508, une assemblée décida
que le privilège de recueillir les opinions dans les assemblées générales appartenait aux gouverneurs et non au lieute-

(1) Etat de la ville pour 1435-36, P. Just. n° 51.
(2) Arch. Senlis, BB. VI, 52.
(3) *Ibidem*, BB. V, 78.

nant particulier (3). Et cet officier dut peu après protester qu'il n'avait pas voulu porter atteinte aux droits de la ville, mais qu'il avait seulement désiré garder les prérogatives honorifiques du bailli, du lieutenant général et de lui, lieutenant particulier (1). Mais vingt ans plus tard on voit le lieutenant particulier présider des assemblées et en 1544 le procès-verbal d'une assemblée porte qu'un des gouverneurs occupe le fauteuil de la présidence en l'absence du lieutenant général et du lieutenant particulier. Des arrêts du parlement avaient décidé la question en faveur du lieutenant; les cours souveraines soutenaient toujours les officiers royaux dans leurs luttes contre les autorités locales indépendantes (2). Plus tard les gouverneurs ne présideront plus les assemblées en l'absence des lieutenants, et en 1609, cet honneur sera disputé par le prévot de la ville et le plus ancien conseiller au présidial (3).

L'objet de la réunion était exposé par un des attournés ou gouverneurs ; mais souvent ces officiers n'avaient pas l'habitude de la parole et ils laissaient cette mission à un des avocats, conseillers de la ville. L'officier royal, présidant l'assemblée, et le procureur du roi prenaient assez souvent la parole et intervenaient directement dans la discussion des affaires municipales. Hugues Boileau, qui vers la fin du xve siècle exerça longtemps les fonctions de lieutenant général du bailli de Senlis, avait l'habitude de ces interventions. Il est vrai que les habitants ne se croyaient pas obligés de suivre son avis. Le premier juillet 1498, une assemblée générale était réunie pour nommer les successeurs de deux gouverneurs, qui avaient servi deux ans ; la majorité des habitants déclara par l'organe du procureur de la ville qu'elle voulait réélire les anciens gouverneurs. Hugues Boileau remontra en vain que ce n'était pas la coutume ; il ne réunit que 16 à 20 adhésions et les autres habitants, au nombre de plus de deux cents, persistèrent dans leur première décision ; les gouverneurs furent maintenus pour un an. Quoi qu'il en soit, cette intervention des officiers du roi devait exercer très souvent une grande influence sur les décisions des assem-

(1) Arch. Senlis, BB. V, 86.
(2) *Ibidem*, BB. VI, 5. 6 et 71.
(3) *Ibidem*, BB. VI, 541.

blées et rendait presque illusoire la liberté qu'on semblait laisser aux habitants. Ordinairement on passait immédiatement au vote après l'exposition de l'affaire soumise à l'assemblée, sans qu'il y eût l'apparence d'une discussion sérieuse. Cependant il arrivait quelquefois qu'un habitant demandait la parole : voici un passage curieux du procès-verbal de l'assemblée du 26 décembre 1446, qui montre comment les choses se passaient : « Après lesquelles choses Jehan Oudot, dessus nommé, requist en ladite assemblée avoir audience et qu'il avoit à remonstrer aucune chose pour le bien et proffict de la dite ville, laquelle lui fut octroyée, et lui fu dit par le dit procureur du Roy, que se il se mist sur une chayère ou forme qui là estoit, afin que l'en l'entendesist mieulx ; et lors le dit Oudot, comme homme tout esperdu, ne scot que dire et demanda distribucion de conseil, ce qui lui fust octroyé(1).» Ce n'est là qu'une exception ; presque toujours, du moins autant qu'on peut en juger par les mentions très sèches des procès-verbaux, la décision succédait à l'exposé de l'affaire.

Le plus souvent il n'y avait pas de vote régulier ; on procédait par acclamation et le scribe constatait l'accord des assistants par cette mention « lesquels dessus nommés ou la plus grand et la plus saine partie d'iceulx se accordèrent, etc. » C'est le cas le plus fréquent ; mais quand tous les habitants exprimaient tous à la fois leur opinion à haute voix, il était assez difficile de discerner la volonté de l'assemblée. Si la question était importante, le président prenait l'opinion des notables, qui se tenaient près du bureau, et, comme il eût été trop long d'interroger l'un après l'autre tous les habitants présents, lorsque les principaux bourgeois avaient exprimé leur avis, le procureur de la ville ou le sergent des attournés allait de groupe en groupe conférer avec les gens du commun et déclarait à l'assemblée quel était leur sentiment. Quelquefois même les habitants, qui au xvᵉ siècle montraient en toute occasion une grande déférence pour les notables, demandaient, avant de procéder au vote par acclamation, que ceux-ci exprimassent d'abord leur avis. Cette façon d'agir était très élémentaire et n'exprimait pas avec certitude la volonté des habitants. Aussi au xv1ᵉ siècle quand dans une affaire importante le vote sommaire laissait quelque

(1) Arch. Senlis, BB. III, 61.

doute, le président demandait à chacun des habitants son avis. Il se retirait à part dans une petite salle et, assisté de deux notaires, il recevait l'opinion de tous les assistants, qui venaient la lui déclarer l'un après l'autre. Même pour les questions de personne, le vote n'était pas secret, et lorsque l'élection d'un des officiers était contestée, il était procédé de cette façon solennelle (1). Comme nous l'avons dit, en donnant son opinion sur les affaires de la ville, l'habitant remplissait un devoir et il ne pouvait se soustraire à la responsabilité de son avis en le tenant caché. Au xvie siècle on prit même l'habitude, avant de commencer les élections des officiers, de faire prêter serment à tous les habitants présents de ne nommer que des gens de bien et de n'agir que suivant leur conscience (2).

Les procès-verbaux des assemblées étaient rédigés par le clerc de la ville à la relation des attournés; mais, comme nous avons vu plus haut, les minutes n'étaient point transcrites immédiatement sur les registres, appelés cahiers ou cartulaires de la ville. Ces procès-verbaux faisaient foi pour l'avenir et tous les habitants avaient le droit de les consulter pour prendre une connaissance exacte des décisions prises par les assemblées (3).

Si ces assemblées générales avaient l'immense avantage d'intéresser directement tous les habitants aux affaires de la ville, elles avaient de graves inconvénients; souvent, malgré les pénalités édictées contre les absents, il ne venait pas assez de monde aux assemblées, qui étaient forcées de s'ajourner; quelquefois au contraire, quand les réunions étaient trop nombreuses, elles devenaient facilement tumultueuses et les habitants étaient obligés de se séparer sans avoir rien fait. Au xve siècle on ne se plaint que des trop nombreuses abstentions. En juillet 1446 une assemblée, considérant que « pour ce que l'on sonnoit souventes fois la cloche pour faire les assemblées de la ville, pour remonstrer les affaires que elle avoit souventes fois à faire, ils ne venoient aucuns, obstant leurs affaires, qui estoit ou grant grief, préjudice et dommage de ladite ville, qui pouroit estre

(1) Arch. Senlis, BB. V, 169. 255, etc.

(2) *Ibidem*, BB. V, 320.

(3) *Ibidem*, BB. II, 136 rº.

la destruction d'icelle, que seroit de chacun mestier prins
une personne, avecques aucuns du conseil et bourgeois de
la ditte ville, lesquels seroient tenus de venir au mandement
des attournés en l'ostel de la ville, pour remonstrer les
affaires qui survenroient et conclure ensemble, sur ce qui
seroit à faire. » Ils nommèrent dix-huit bourgeois, qui accep-
tèrent ces fonctions (1). Il ne paraît pas que la sanction
royale ait été demandée pour cette violation des anciens
usages et cette création d'une sorte de conseil municipal; il
est vrai que les officiers royaux étaient présents lorsque cette
décision fut prise et, qu'en ne demandant pas l'annulation au
Parlement, ils l'approuvèrent implicitement; mais entre ces
deux procédés, il y a une distinction importante, qui se fait
encore aujourd'hui.

Cette innovation ne réussit pas; beaucoup d'habitants vinrent aux séances du conseil et il semble qu'ils y assistaient d'autant plus volontiers qu'ils n'y étaient pas forcés.
Ce conseil fit même réunir des assemblées générales pour
statuer sur des questions importantes (2); il sentait sans
doute qu'il n'avait pas toute la confiance des habitants. Les
pouvoirs des membres ne furent pas renouvelés à la fin de
l'année municipale et on revint à l'ancien système. Trente
ans après, en août 1475, on fit une nouvelle tentative et on
nomma un nouveau conseil des mestiers; on prit deux membres parmi les drapiers et chaussetiers, deux parmi les bouchers, deux parmi les tanneurs, cordonniers et autres gens de
cuir, deux parmi les tisserands et foulons, deux parmi les
merciers, chapeliers et gantiers, deux parmi les charrons et
les maréchaux, deux parmi les tonneliers, deux parmi les
maçons et les charpentiers, deux parmi les barbiers, deux
parmi les vignerons et manouvriers, deux parmi les marchands de toiles, deux parmi les couturiers, deux parmi les
taverniers, deux parmi les boulangers et pâtissiers et deux
enfin parmi les praticiens. Bien que les habitants eussent
donné pouvoir à ces conseillers de traiter avec les attournés
toutes les affaires de la ville, ils s'étaient réservé de venir
aux séances du conseil, toutes les fois qu'il leur plairait (3).

(1) P. Just. n° 59.
(2) Arch. Senlis, BB. III, 59.
(3) P. Just. n° 66.

Cette réserve rendit vaine cette délibération et dès le 14 septembre suivant on voit réunie une assemblée générale (1).

Au xvi° siècle, on voit à plusieurs reprises les membres du bureau se plaindre de la mauvaise composition des assemblées et demander des modifications à l'organisation communale. Ainsi, en 1552, on dit qu'aux assemblées générales et particulières il venait peu d'habitants notables et que par suite de ces abstentions il n'y avait guère que des gens du peuple, qui ne pouvaient donner de sages avis et qui se comportaient mal. Pour remédier à ces inconvénients, on décida de ne plus appeler aux assemblées que les quarteniers, cinquanteniers et dizainiers, et on organisa tout un système de consultations à plusieurs degrés (2). Cette machine était trop compliquée pour pouvoir fonctionner, et en 1566, nous voyons les mêmes plaintes se renouveler dans une assemblée générale où se trouvaient la plupart des habitans de la ville. On dit que souvent la ville avait de grandes affaires, pour lesquelles il fallait demander l'avis de gens de conseil et prendre sur le champ une décision. Il y avait d'autres affaires qu'il fallait soumettre aux assemblées générales ; mais les notables habitants y venaient en trop petit nombre et on devait remettre la solution aux gouverneurs, assistés de gens de conseil ; comme il fallait payer ces conseillers, cela revenait fort cher à la ville. Aussi les gouverneurs, considérant que les assemblées générales ne servaient à rien, proposèrent à l'assemblée de nommer trois avocats, trois procureurs, trois bourgeois et trois marchands artisans pour délibérer avec eux sur les affaires de la ville et les conseiller, sans toutefois toucher aux grandes affaires, qui pourraient survenir et qu'il serait utile de faire décider en assemblée générale comme l'élection des gouverneurs, le vote des impôts et la nomination des assesseurs et des collecteurs. Le procureur du roi et les autres gens de loi, présents à l'assemblée, approuvèrent cette proposition ; mais les marchands et les artisans, qui étaient présents en grand nombre, protestèrent vivement en disant qu'il n'y avait pas besoin d'avoir d'autres magistrats que les quatre gouverneurs. Ils l'emportèrent et il fut résolu que lorsque les gouverneurs auraient à décider quelque

(1) Arch. Senlis, BB. IV, 74.
(2) P. Just. n° 69.

affaire importante, ils pourraient appeler avec eux quelques hommes de conseil en les payant aux frais de la ville ; ils devaient seulement soumettre ce qu'ils avaient fait à la première assemblée (1).

Ces plaintes, renouvelées à plusieurs reprises de 1446 à 1566, sembleraient prouver que les notables habitants avaient en horreur ce régime si démocratique et s'abstenaient fréquemment de paraître aux assemblées. Il est vrai qu'il ne faut pas ajouter trop d'importance à ces griefs, mis en avant pour obtenir une réforme destinée à assurer la prépondérance de l'aristocratie bourgeoise dans le gouvernement de la cité ; mais, si l'on se souvient que nous avons signalé plus haut qu'à plusieurs reprises on avait édicté des pénalités assez fortes contre les habitants qui s'abstiendraient de venir aux assemblées sans excuse légitime, parce qu'il arrivait souvent que des assemblées étaient forcées de s'ajourner sans rien faire, soit qu'elles fussent trop peu nombreuses, soit qu'elles comptassent trop peu de notables, on pensera que dans ces récriminations il peut y avoir beaucoup de vrai. Du reste il ne serait pas étonnant que l'antagonisme entre les riches et les gens des classes moyenne et pauvre eût subsisté après la suppression du régime communal et que les notables, mécontents de cette révolution, provoquée par les petites gens, se fussent abstenus de paraître dans ces réunions nombreuses, où ils n'avaient pas plus de droits que le dernier des artisans ou des vignerons.

Les attournés ou gouverneurs avaient pouvoir de faire exécuter les décisions des assemblées et de décider tout ce qui ne leur semblait pas mériter d'être soumis aux délibérations des habitants réunis en assemblée générale. Comme les objets, dont la compétence était attribuée aux assemblées générales, n'étaient pas limités et que les gouverneurs n'étaient rigoureusement tenus de convoquer les habitants que pour la nomination des officiers municipaux, des répartiteurs et des collecteurs des tailles et la vérification des comptes des receveurs municipaux, dépensiers ou autres, ils avaient un pouvoir à peu près arbitraire. Cependant ils en usaient rarement seuls et pour les décisions même les plus simples ils réunissaient presque toujours un certain nombre de notables pour

(1) P. Just. n° 70.

les conseiller. Ces notables étaient choisis par eux, sans qu'il y ait une liste arrêtée ; ils convoquaient ceux qu'ils voulaient et pour chaque réunion les noms varient. Ils n'étaient pas toujours maîtres de ne pas convoquer une assemblée particulière ; car souvent des assemblées générales remettaient les décisions aux gouverneurs, en leur enjoignant d'appeler avec eux quinze à vingt notables. Ces assemblées particulières n'étaient pas convoquées solennellement à son de cloche comme les assemblées générales ; quelques jours avant la réunion, les gouverneurs remettaient une liste au sergent de ville, qui allait ajourner ceux, dont les noms s'y trouvaient, à venir tel jour à telle heure donner conseil aux gouverneurs.

Suivant que les attournés avaient plus ou moins confiance dans les assemblées générales, ils convoquaient plus ou moins souvent les notables seuls pour prendre des décisions que d'autres auraient soumis à tous les habitants assemblés. C'est dans une assemblée de notables que fut prise en 1424 la résolution qui exemptait temporairement les prêtres et les gens d'église de faire le guet de nuit en personne comme les autres habitants ; il est probable que les attournés craignaient que la majorité des habitants ne repoussât la demande du clergé. Il y avait certaines affaires, que les notables n'osaient pas résoudre seuls ; ainsi, en 1479, ils décident de convoquer une assemblée générale pour y faire nommer les répartiteurs de la taille « afin d'eschever les murmures du commun peuple. » (1). Mais ces scrupules se rencontrent rarement et, à part certaines exceptions que nous avons signalées plus haut, les gouverneurs se permettent de décider avec les notables presque toutes les affaires communes, suivant qu'il leur plaît ou non de convoquer des assemblées générales.

En 1516, un lieutenant général du bailli tenta de supprimer cet usage et de ne plus laisser subsister que les assemblées générales. Le sept avril de cette année, tous les habitants furent convoqués par l'ordre du lieutenant ; dans cette assemblée l'un des gouverneurs exposa que la ville ayant un procès au parlement contre les habitants de Thiers et de Neufmoulin, une assemblée générale, tenue quelques jours auparavant, avait décidé que les gouverneurs

(1) P. Just., n° 67.

prendraient sur là question les avis de gens de conseil, qu'en exécution de cette décision, ils avaient convoqué un certain nombre de notables pour ce jour à huit heures du matin, et que cette assemblée générale n'était pas réunie de leur bon gré. Alors le prévot urbain prit la parole pour rappeler qu'il était chef de la ville, sous l'autorité du roi et du bailli, et demander communication des chartes, qui établissaient ses droits. Ensuite le lieutenant général fit défense aux gouverneurs de ne plus faire d'assemblées particulières à l'hôtel de ville, à peine de vingt livres parisis d'amende chacun et leur ordonna de ne plus réunir que des assemblées générales. Les gouverneurs déclarèrent en appeler et se retirèrent ; mais les habitants ordonnèrent au procureur de la ville de les sommer de revenir ; deux des quatre obéirent et vinrent dire que le procureur du roi, à qui ils en avaient appelé, était à dîner et n'avait pu venir avec eux. Alors l'assemblée s'ajourna au dimanche suivant ; mais nous n'avons pas le procès-verbal de cette réunion. (1).

La défense du lieutenant-général ne fut pas observée ; en 1518, une assemblée générale remit des décisions à une assemblée particulière (2). Toutefois ces réunions furent moins fréquentes qu'auparavant ; et ce n'est qu'après 1566, après le rejet de la proposition de la nomination de douze conseillers, que ces assemblées remplacent presque complètement les assemblées générales, qui ne sont plus guère réunies que pour la nomination des officiers en juillet et l'élection des répartiteurs et des collecteurs à la fin de l'année (3). Au commencement du xviiᵉ siècle, de 1600 à 1610, toutes les affaires importantes sont décidées dans des assemblées de notables, qui sont appelées par le scribe, tantôt conseil de la ville, tantôt assemblées particulières. Ainsi la décision de l'assemblée de 1566 fut tenue pour nulle et non avenue et le régime démocratique, que les petits marchands et les artisans voulaient maintenir, fut supprimé en fait par la coalition des principaux habitants et des officiers du roi. Les assemblées générales ne furent plus que l'exception et les assemblées de notables devinrent la règle.

(1) P. Just., nᵒ 68.
(2) Arch. Senlis, BB. V, 156.
(3) *Ibidem*, BB. VI, 348 et suiv.

CHAPITRE III

Comme elles le font encore aujourd'hui, les administrations municipales exerçaient autrefois certaines fonctions, qui ne les intéressaient pas directement, mais qui leur étaient imposées par le pouvoir central. C'est ainsi qu'elles nommaient des députés aux Etats du royaume, particuliers ou généraux, qu'elles percevaient la taille royale et qu'elles envoyaient à leurs frais à l'armée un certain nombre d'archers et de chariots. Ces obligations avaient une origine féodale ; dans les premiers temps de la royauté capétienne, au xi° et au xii° siècle, les communes, affranchies de l'autorité de leurs seigneurs particuliers, devenaient les vassales immédiates du roi ou des grands vassaux, et devaient à leur suzerain les mêmes services que les autres seigneurs laïques, dont elles avaient à peu près la même autorité : droit de guerre privée, droit de justice, droit de taille, etc.

De même que les seigneurs laïques et ecclésiastiques étaient obligés par le *droit de cour* à donner conseil à leur suzerain lorsqu'il le réclamait, les communes et, d'une manière plus générale, les bonnes villes, dépendant immédiatement de la couronne, devaient envoyer près du roi des députés toutes les fois qu'il le demandait ; c'était un devoir et non un droit, et ce principe subsista jusqu'à la Révolution de 1789. La commune de Senlis avait élu des députés aux Etats de 1302 et de 1308 (1) et, quand elle fut supprimée, les rapports de la ville avec le roi ne furent pas changés ; elle continua de députer directement des habitants aux Etats, convoqués par le roi, jusqu'en 1484, où l'élection à deux degrés fut introduite ; depuis ce temps la ville nomma toujours des délégués aux as-

_____

(1) Les députés de Senlis aux Etats de Tours étaient de riches bourgeois, Etienne Ducange et Lambert Boutart. Archives nationales, J. 415, A. 47.

semblées du bailliage, dans lesquelles on choisissait les représentants du tiers-état de la circonscription.

Les députés de la ville étaient toujours choisis dans une assemblée générale; et dans les moments de troubles, dans les occasions importantes, les habitants y venaient en grand nombre pour participer à l'élection; cependant en 1424 il n'y avait que 16 habitants présents à la réunion où Floúrent Boucaut et Jacques Vivien furent choisis pour représenter Senlis aux Etats des bonnes villes convoqués par le régent anglais pour le premier octobre (1), et en novembre 1420 on avait dû remettre une séance convoquée pour un semblable objet, parce que les notables, plus soucieux sans doute de leurs affaires particulières que de la chose publique, s'étaient dispensés de venir à l'hôtel de ville (2). Les députés étaient payés par la ville, et en temps de guerre elle devait s'engager à supporter les conséquences du voyage, parfois fort dangereux (3). Souvent même avant leur départ on leur remettait une somme d'argent destinée à payer les frais de route et de séjour (4) et à leur retour, après une session généralement peu longue, on liquidait leur indemnité d'une façon définitive, suivant qu'ils avaient pris plus ou moins de peine et qu'ils avaient bien ou mal défendu les intérêts particuliers de leurs commettants.

Peu de temps après que les députés étaient rentrés dans leur ville, ils venaient dans une assemblée générale rendre compte de leur mandat et réclamer le payement de leur salaire. Ces relations devaient avoir un grand attrait pour les habitants de Senlis, car à ces assemblées ils venaient toujours en grand nombre (5); par malheur les députés, sans doute pour faire plus d'effet et obtenir une plus forte somme, faisaient de trop longs discours, et le scribe paresseux se dispensait de les analyser sur son registre; en 1468, bien qu'il eût réservé plusieurs pages blanches pour transcrire les notes prises à la séance, il rapporte simplement que le 21 avril

(1) Arch. de Senlis, BB. II, 142.

(2) *Ibidem*, BB. II, 118.

(3) P. Just. nº 54.

(4) Le 17 septembre 1439 une assemblée décide de faire un emprunt forcé sur les personnes riches de la ville afin de pouvoir donner quelque argent aux députés envoyés à Orléans. *Ibidem*.

(5) Arch. Senlis, BB. III, 21. et IV. 146, et P. Just. nº 63.

Hugues Boileaue, député de Senlis aux Etats de Tours, « dit bien au long la manière qui a esté faitte aus dis trois estas, les causes pourquoy l'assemblée a esté faitte, les conclusions qui ont esté présentées et par quy et comment, qui sont longue chose à entendre, pourquoy il n'en a riens esté mis icy (1). » Il en fut de même en 1484 ; Guillaume le Fuzelier, un des dix notables envoyés par la ville à l'assemblée du bailliage, avait été choisi par cette réunion comme député du tiers-état ; à son retour le 21 mars, un dimanche, en présence de plus de 200 personnes, il vint faire son rapport à ses concitoyens. Après leur avoir rappelé comment il avait été élu par les villes du bailliage de Senlis, il leur raconta la séance d'ouverture présidée par le roi et leur dit que la session avait été bien longue, qu'elle avait duré trois mois et qu'il y avait beaucoup dépensé. Pour se rendre plus favorables ses auditeurs, qui devaient fixer un instant après le chiffre de ses honoraires, l'orateur leur dit qu'il s'était occupé tout particulièrement des affaires de la ville et qu'il avait obtenu au profit de Senlis une crue de 16 deniers sur le sel par minot vendu au grenier et droit de huitième sur le vin vendu au détail ; il avait fait expédier les lettres patentes de ces divers octrois et offrait de les remettre à la ville, dès qu'il serait payé. A l'appui de sa relation, il rapportait un curieux témoignage de satisfaction, délivré en ces termes par le bailli de Senlis : « Très chiers et espéciaulx amis, je me recommande à vous. Maistre Guillaume le Fuzelier, que avez envoié pour les trois estas du baillage de Senliz, s'en retourne par delà et eusse bien vollu que messeigneurs les gens d'église se y feussent trouvez comme luy pour l'honneur et prouffit du dit balliage. Vous averez regard à son véage et vacation, car je vous assure qu'il a fort servy et fait le prouffit en tout ce qu'il a pu pour le dit balliage et à Dieu, qui vous ayt en sa sainte garde. Escript à Tours ce lundi matin 15° jour de mars. Le tout vostre, *Marigny*. » Cette lettre était adressée aux habitants de Senliz, Beauvais, Compiègne et Clermont. Quand il eut ainsi prouvé qu'il avait eu grand soin des intérêts particuliers de sa circonscription, le député de Senlis requit qu'on fixât son salaire ; mais on ne prit pas de décision séance tenante, et on se borna à lui répondre qu'il serait content. Apparemment que cette réponse lui parut un peu

(1) P. Just. n° 63.

trop vague, car avant la fin de la réunion il annonça qu'il
avait aussi rapporté la copie des remontrances faites au roi,
mais qu'il ne la communiquerait qu'après parfait payement
de son salaire et de ses déboursés (1). C'était sans doute une
ancienne coutume qui voulait que chaque député rapportât
chez lui une copie des remontrances, car nous avons vu
qu'Hugues Boileaue avait en 1468 rappelé les conclusions
arrêtées à Tours, et nous avons encore dans les archives de
Senlis un long rouleau contenant les remontrances faites au
régent Charles par la célèbre assemblée de 1355. L'usage des
élections à plusieurs degrés, introduit en 1484, fit cesser cette
dépendance étroite qui unissait les députés à leurs électeurs;
ils ne firent plus de rapports aux assemblées et ils se mon-
trèrent moins ardents à réclamer leur salaire.

Si les communes étaient obligées de donner conseil au roi
quand il le réclamait, elles devaient aussi l'aider en cas de
besoin, soit en lui fournissant des soldats, soit en lui donnant de l'argent. De même que les seigneurs levaient dans
leur terre sur leurs hommes la taille pour le suzerain et en
retenaient souvent une part pour eux, les villes répartissaient
l'impôt entre les bourgeois et se chargeaient de la perception.
En droit, le suzerain ne pouvait pas lever une aide sur les
hommes de son vassal sans le consentement de ce dernier;
les contribuables n'avaient pas voix au chapitre, comme on
l'a dit souvent, et l'on se passait de leur consentement; ils
étaient engagés par la décision de leur seigneur immédiat.
Comme les communes étaient affranchies de l'autorité de
leurs anciens seigneurs particuliers et comme dans la hié-
rarchie féodale elles relevaient directement du roi ou des
grands feudataires, dont elles devenaient pour ainsi dire les
vassales immédiates, quand le roi voulait lever un impôt sur
leurs hommes, c'est-à-dire sur leurs bourgeois, il fallait
l'approbation de la commune, approbation qui ne pouvait
être donnée que par tous les membres de l'association; c'est
ce qui a donné naissance à cette idée erronée qu'au moyen
âge nul ne payait l'impôt sans son consentement et que le
peuple votait lui-même la taille. Ce n'était vrai que dans les
villes de commune qui étaient, pour ainsi dire, des seigneuries en nom collectif où les bourgeois exerçaient eux-
mêmes les droits seigneuriaux. Quand la royauté eut

(1) Arch. Senlis. BB. IV, 146.

réussi à supprimer la plupart des communes, elle n'en continua pas moins à demander aux villes, gouvernées en prévôté ou en communauté, leur consentement à l'impôt, de même qu'elle ne cessa pas de convoquer leurs députés aux Etats-Généraux ou particuliers, où ses vassaux, nobles et ecclésiastiques, soumis au droit de cour, venaient lui donner conseil.

Souvent les rois demandaient à leurs vassaux de leur accorder une taille à cueillir sur leurs hommes dans les assemblées, qu'ils convoquaient pour avoir leur avis sur les affaires de la monarchie ; mais après les célèbres États-Généraux de 1356, qui avaient montré les dangers de ce système, on ne convoqua plus de grandes réunions et même on prit l'habitude de demander en particulier à chacun des intéressés son opinion ; cela se faisait ordinairement par l'envoi du mandement, marquant la somme à payer par la ville. Toutefois, quand le roi prévoyait des difficultés, il envoyait présenter sa requête par des hommes importants et honorables, dont la parole éloquente devait convaincre les bourgeois des besoins pressants du trésor royal. Charles VII, de 1430 à 1450, usa fréquemment de ces commissions extraordinaires, qu'il confiait d'habitude à des maîtres des comptes ou à des membres de son conseil (1). Quelquefois même, les hommes les plus considérables acceptaient cette mission ; en octobre 1429, le comte de Vendôme et Guillaume Jouvenel, un des fils du célèbre Juvénal des Ursins, vinrent eux-mêmes demander de l'argent aux habitants de Senlis (2).

Le droit de consentir l'impôt, reconnu aux villes et aux seigneurs, était illusoire, lorsque chacun des intéressés était interrogé en particulier ; isolés, ils ne se sentaient pas la force nécessaire pour oser résister au roi. Les bourgeois assemblés se contentaient le plus souvent de nommer des répartiteurs et des collecteurs chargés de lever la taille. Cependant, il arrivait parfois qu'ils avaient à faire des observations. Alors ils envoyaient au roi des députés pour lui représenter que la ville était trop imposée et solliciter une diminution ; car la répartition entre les diverses élections du royaume était loin d'être parfaite. Le conseil du roi n'avait que des renseignements insuffisants pour l'établir aussi exactement qu'il aurait dû, et il ne semble pas que les enquêtes ordonnées sur

(1) Archives de Senlis. BB. III. 31 et CC. I, p. 6, 13 et 14.
(2) P. Just. nº 50.

les plaintes des habitants fussent faites avec assez de soin pour pouvoir remédier à ces inégalités. Le plus souvent on en était réduit à prendre le nombre des feux pour base de l'assiette de l'impôt ; or la densité de la population, que cette évaluation indiquait d'une façon approximative, n'est pas une preuve absolue de la richesse d'un pays ; ce n'est qu'un des éléments d'appréciation ; mais au moyen âge, c'était à peu près le seul dont on tint compte.

Le 17 septembre 1416, la ville de Senlis envoya à Paris des députés remontrer au Conseil du roi que le diocèse de Senlis, qui était un des plus petits du royaume, était cependant l'un des plus imposés à la taille ; ces observations réussirent, et le Conseil décida « que certaine informacion se feist de la puissance du diocèse (1). » Ce travail consistait dans le recensement de tous les chefs d'hôtel, anciens et nouveaux, et même des femmes veuves (2). C'était tout à fait primitif, et, même au xvᵉ siècle, on comprenait parfois que cette opération ne pouvait pas donner de bons résultats.

Le 23 octobre 1444, une assemblée générale sollicita de la bienveillance royale un sursis d'un an pour l'évaluation du revenu de chacun des habitants de la ville, que dressaient en ce moment même des commissaires royaux. Voici comment ils procédaient : un sergent allait de porte en porte faire commandement à chaque habitant de passer dans les quarante jours déclaration de tous ses héritages et possessions quelconques, tant en fief comme en villenage, de quelque manière qu'ils lui fussent venus, soit comme acquêts, soit autrement, sous peine de voir confisquer et réunir au domaine du roi les biens non déclarés. Les commissaires recevaient ces déclarations et en formaient une sorte de terrier (3) ; les évaluations étaient peu fréquentes, et c'est ce qui explique l'émotion que manifestèrent les habitants en cette occasion.

La royauté elle-même était obligée de reconnaître combien la répartition ainsi faite était vicieuse, et elle accordait souvent les dégrevements que réclamaient les populations. Quand elle faisait trop de difficultés, une lutte s'engageait, dont rarement les habitants sortaient vainqueurs ; il fallait payer la somme primitivement demandée. Cependant il arrivait par-

(1) Archives de Senlis, BB. II, 68.
(2) *Ibidem*, CC. 64, 12.
(3) *Ibidem*, BB. III, 46.

fois que les contribuables refusaient de s'exécuter. En juillet 1442, les élus présentèrent un mandement du roi, par lequel la ville était imposée à la somme de 530 écus d'or pour la rançon du duc d'Orléans. Il faut croire que le vieux prisonnier d'Azincourt n'était pas très populaire à Senlis ; car, pendant deux jours de suite, le 24 et le 25, les habitants ne vinrent pas à l'Hôtel-de-Ville, bien qu'ils eussent été convoqués à son de cloche et que l'objet de la réunion eût été annoncé dans tous les carrefours (1). Enfin trois jours après une nombreuse assemblée se réunit ; mais les officiers du roi, de justice et de finance, gens pour la plupart des plus riches de la ville et supportant à eux tous plus du quart des tailles, se prétendirent exempts de cette taille et déclarèrent qu'ils ne la paieraient pas ; les autres habitants ne voulurent pas leur reconnaître ce privilège et saisirent cette occasion de discorde pour ne pas nommer de répartiteurs. L'affaire dura très longtemps ; la taille fut votée seulement en mars 1443, après qu'elle eut été diminuée de moitié et que les officiers du roi eurent renoncé à leurs prétentions. Le pouvoir central avait sans doute pris en considération l'excessive misère, dont souffrait alors ce malheureux pays et dont les habitants se plaignaient vivement en cette occurrence ; par malheur l'excuse n'était que trop fondée (2). Mais cette résistance n'est qu'une exception et elle ne fait que confirmer la règle, qu'on peut ainsi formuler : en demandant à chaque intéressé en particulier son consentement à l'impôt, la royauté ne rencontrait jamais d'obstacles sérieux et arrivait toujours à obtenir ce qu'elle désirait.

Du reste elle ne se montrait pas toujours aussi indulgente, qu'elle le fut en 1442 : lorsque les tailles n'étaient pas payées au terme fixé, elle rendait les magistrats municipaux responsables du retard. En 1385, le receveur des aides fit mettre en prison les attournés pour une misérable somme que la ville lui devait (3). En 1450, le dépensier était en retard pour le paiement du second terme de la taille ; les élus le firent con-

---

(1) Arch. Senlis, BB. III, 34.

(2) Voir sur ce point notre *Histoire de Senlis pendant la seconde partie de la guerre de Cent-Ans.* Paris, 1879, in-8, p. 85 et suiv. — Extrait des *Mémoires de la Société de l'Histoire de Paris et de l'Ile de France*, pour l'année 1879.

(3) P. Just. n° 29.

duire à Paris, où il fut détenu à la Conciergerie pendant un jour entier; on le relâcha pour qu'il pût sous la surveillance d'un sergent aller par la ville recueillir les sommes nécessaires pour parfaire le paiement(1). On voit donc que la royauté avait en main les moyens de forcer les bourgeois à payer les tailles qu'elle leur demandait et que dès le commencement du xv⁰ siècle la nécessité du consentement de l'impôt n'avait plus de valeur; le plus souvent elle ne donñait lieu qu'à une formalité vaine et illusoire.

Ce principe fut complètement oublié quand la taille devint permanente. On sait que le 26 mai 1445, Charles VII signa à Louppy-le-Château, une ordonnance, répartissant dans toute la France quinze cents lances composées d'hommes d'armes choisis avec le plus grand soin (2). L'élection de Senlis fut désignée pour recevoir dix lances, comprenant chacune de cinq à six hommes, et les commissaires, ordonnés pour les loger, voulurent en mettre deux à l'Ile-Adam, deux autres à Crépy-en-Valois, et les six dernières à Senlis. Bien que ces gens d'armes fussent des hommes d'élite et qu'ils fussent surtout chargés de protéger le pays contre les pillards et les voleurs, l'assemblée générale du 8 juillet, après une discussion, à laquelle prirent part les gens d'église et les principaux habitants, décida que l'on en prendrait à Senlis le moins possible; elle trouvait que quatre lances pour la ville suffisaient largement et que l'on pourrait bien mettre les deux autres soit à Creil, soit à Pont.

Il était de principe au moyen âge que les garnisons en temps de paix, aussi bien que les troupes en campagne, vécussent aux dépens du pays sur lequel elles se trouvaient. L'élection de Senlis fut chargée d'entretenir les dix lances, qui étaient logées sur son territoire. Les commissaires répartirent cette charge entre toutes les paroisses de l'élection et la ville de Senlis fut imposée à 400 l. t., pour trois mois, dont le clergé devait payer sa part. C'est ce qui explique la présence de nombreux ecclésiastiques à l'assemblée du huit juillet 1445; on les avait convoqués parce qu'il s'agissait d'affaires militaires, qui les concernaient comme tous les autres habitants. Cette somme de 400 l. t. par trimestre était une

(1) Archives Senlis, CC. 55, 4.

(2) Boutaric, *Institutions militaires*, p. 309. Paris, 1863, in-8.

charge des plus lourdes pour la malheureuse ville ruinée par trente années de guerres continuelles et elle demanda une diminution. Dans cette même assemblée du huit juillet on nomma des députés chargés d'aller représenter au roi que l'évêché de Senlis était beaucoup plus imposé que l'évêché de Meaux et le doyenné de Compiègne ; l'évêque de Senlis, Jean Raphanel ou Raphaël, voulut y aller en personne et on désigna pour l'accompagner un homme d'église et l'avocat Sicart de le Canel. Mais leur mission ne donna pas de résultats immédiats et l'agitation alla toujours croissant. Les ecclésiastiques, loin de calmer les passions populaires, les excitaient et ils étaient d'autant plus furieux qu'ils étaient moins habitués à payer la taille que les bourgeois.

Un chanoine de Saint-Rieul, nommé Michel Regnouart, se distingua parmi tous les mécontents. Un jour de juillet, à quatre heures de l'après-midi, il vint au carrefour de la Porte au Pain, qui était alors comme aujourd'hui l'endroit le plus fréquenté de la ville ; les gens de Senlis, nous dit le réquisitoire du procureur du roi, avaient l'habitude de s'y rassembler pour causer de leurs affaires. Ce jour-là, il s'y trouvait beaucoup de monde et le chanoine Regnouart saisit l'occasion, pour déclamer véhémentement contre les élus. Il ne craignit pas de dire qu'ils étaient des faussaires et qu'ils avaient imposé au moins 400 francs de plus, que le roi n'avait ordonné, « en mettant dans les commissions données par les commissaires huit livres pour quatre et ainsy de plus au moins. » Il prenait Dieu à témoin, qu'il était convaincu de ces malversations et il jurait qu'il leur en ferait rendre compte. Il parla de cette façon pendant plus d'une demi-heure. Comme il arrive toujours dans ces circonstances, des badauds l'entourèrent bientôt. On y voyait surtout de pauvres gens, que la misère devait mal conseiller. Cependant ce prêtre furieux ne réussit pas à les soulever contre les officiers du roi et ses discours ne provoquèrent pas l'émeute qu'il cherchait à exciter ; les habitants de Senlis avaient plus de bon sens et de sang-froid que leurs trop irritables pasteurs. Toutefois, l'affaire ne devait pas finir si paisiblement. Les élus, informés de la conduite du séditieux chanoine, firent une enquête et donnèrent l'ordre d'arrêter le coupable ; mais il était sur ses gardes et pendant quelques jours il eut soin de ne pas sortir des endroits consacrés au culte, où le droit d'asile, encore respecté, le protégeait.

Mais le samedi 24 juillet 1445, il eut la sottise de sortir et de se laisser prendre ; un sergent l'arrêta et lui fit commandement de se rendre aux prisons du roi. Il refusa et, comme le sergent essayait de l'y conduire de force, il se défendit vigoureusement. Plusieurs prêtres accoururent à ses cris et se mirent en devoir de le secourir ; de ce nombre étaient messire Jean de Bailleul, l'aîné, chanoine de Senlis, messire Yves Ladmirault, le jeune, chapelain de l'église de Saint-Rieul de Senlis, messire Pierre Charnel, religieux de Saint-Maurice et plusieurs autres ecclésiastiques. Ils firent tant qu'ils délivrèrent leur confrère, et Michel Regnouart courait se réfugier dans une église, quand sur son chemin il rencontra les élus qui l'arrêtèrent et le conduisirent en prison malgré ses protestations.

On aurait pu croire que tout allait se terminer là et qu'il n'en serait plus question ; mais tout au contraire l'affaire prit les plus grandes proportions. Quelques instants après l'évêque, le doyen et les chanoines de Saint-Rieul, l'abbé de Saint-Vincent, le prieur de Saint-Maurice, le curé de Sainte-Geneviève, celui de Saint-Rieul et celui de Saint-Pierre, le chanoine Jacques de Layeville et plusieurs autres prêtres se réunirent en assemblée et décidèrent de cesser le service divin et de tout faire pour obtenir la liberté du prisonnier. Ils envoyèrent à l'église de Saint-Aignan défendre de continuer à chanter les vêpres du samedi, et vinrent ensuite tous ensemble à la Porte au Pain, où ils trouvèrent le prévôt de la ville, auquel l'évêque fit commandement verbal de relâcher le prisonnier dans les trois heures sous peine d'excommunication et de quarante marcs d'argent d'amende ; de là, ils se transportèrent chez l'un des élus, auquel le prélat adressa les mêmes injonctions.

Ils revinrent ensuite à la Porte-au-Pain, où sans doute la foule, attirée par ces scènes plus qu'étranges, devait être considérable. De leur côté les élus et les officiers du roi, prévenus de ce scandale, se rassemblèrent et vinrent trouver le clergé. Ils firent en vain les plus grands efforts pour calmer l'évêque et ses prêtres « Ils estoient, dit le procureur du roi, tellement esmeus et échauffés, que ilz maltraictoient raison de justice et plusieurs d'euz répondirent aux dits officiers du roy mal gracieusement et irréveremment et arrogamment. » Alors les élus voulurent faire prisonniers Jean de Bailleul, Yvon Ladmirault, et Pierre Charnel, qui avaient arraché Michel Regnouart des mains du sergent qui l'avait arrêté la première fois. Mais ils se défendirent de leur mieux en jurant leurs grands dieux, qu'ils ne se rendraient pas. Tous les nombreux ecclésiastiques présents à cette scène, l'évêque en tête, vinrent au secours de leurs collègues et s'opposèrent par la force à ce qu'on les emmenât. Les bourgeois prirent parti pour les gens du roi, qui n'étaient pas assez forts pour résister, et une bataille en règle s'engagea entre les laïques et leurs prêtres; mais les gens d'église eurent le dessous et leurs trois confrères furent mis en prison.

Vaincus dans ce combat l'évêque et ses prêtres eurent recours à d'autres armes. Ils ne voulurent pas reprendre leurs fonctions; le lendemain dimanche 25 juillet, les églises furent fermées et les offices ne furent pas célébrés; bien mieux ils refusèrent les sacrements et ils cessèrent même de faire les enterrements. La ville était en interdit; au moyen âge c'était une situation intolérable et l'excommunication avait alors pour tous les conséquences les plus graves. C'est pourquoi le dimanche même le procureur du roi requit le lieutenant général du bailliage de contraindre l'évêque et tous les membres du clergé, rebelles à l'autorité royale, à lever immédiatement les excommunications prononcées et à rouvrir les églises, sous peine de saisie de leur temporel(1). Nous ne savons pas ce qu'il en advint, car les archives du bailliage de Senlis sont aujourd'hui perdues et le doyen de Saint-Rieul, Afforty, n'a copié que cette seule pièce; il est probable que le temps calma les fougueuses passions du prélat et de ses prêtres, et lui permit de comprendre combien en cette occasion leur conduite était imprudente.

Quoi qu'il en soit, cette sédition du clergé de Senlis prouve que les compagnies d'ordonnances ne furent pas partout accueillies avec des démonstrations joyeuses. Les réclamations, que les députés nommés le 8 juillet 1445 portèrent au roi, n'eurent aucun effet et pendant longtemps la ville sollicita un dégrèvement. En 1448 les habitants écrivaient au bailli de Senlis pour le prier de faire connaître au conseil du roi l'état misérable du pays et sa faible population et de

(1) Tous ces renseignements nous sont fournis par cette requête du procureur du roi. — Voir P. Just. n° 57.

comparer le diocèse de Senlis avec les diocèses de Meaux et de Soissons (1).

La ville appuyait ses sollicitations de présents considérables, qu'elle adressait à tous ceux qu'elle croyait pouvoir lui être utiles ; elle cherchait surtout à se rendre favorables les membres du conseil et parmi eux le général des finances, Jean Picart. Enfin ils réussirent à obtenir un mandement ordonnant au bailli de Senlis, Gilles de Saint-Simon, de faire une enquête sur la richesse du diocèse de Senlis et sur celle des élections voisines. Pendant vingt-deux jours entiers, cet officier parcourut en tous sens les élections de Senlis, Compiègne, Meaux, Soissons et Paris, afin de dresser le recensement des habitants qui s'y trouvaient ; il ne se contenta pas de relever le nombre des feux et s'efforça de connaître la richesse relative de chaque pays. Ce fut la ville de Senlis, qui supporta les frais de cette enquête ; elle donna quarante livres au bailli et paya son clerc ; avec les autres dépenses et surtout avec les présents faits à divers, il lui en coûta plus de cent livres (2).

On envoya ce travail au conseil du roi, et Jean Picart fut chargé de le vérifier ; mais il déclina cette mission et se fit suppléer par son collègue Pierre de Breban. En arrivant à Senlis, le premier soin de ce conseiller fut de réclamer des habitants la promesse de payer tous les frais de sa mission ; la ville s'empressa de souscrire cet engagement et lui donna tout de suite 16 écus d'or. Ce beau présent lui fit embrasser avec chaleur la cause de Senlis (3). Il se rendit immédiatement à Meaux et signifia aux magistrats municipaux qu'il mettait sur leur ville et son élection deux lances et demie à la décharge du diocèse de Senlis. Les habitants de Meaux protestèrent énergiquement et s'opposèrent à cette augmentation. Pierre de Breban leur donna une mince satisfaction et ne leur imposa qu'une lance et demie ; mais cette concession ne calma pas les Meldiens, qui firent dresser procès-verbal de leur opposition et intentèrent un procès à la ville et au diocèse de Senlis (4).

La ville de Meaux fit faire une nouvelle enquête pour sou-

---

(1) Arch. Senlis, CC. 51, fo 9.
(2) *Ibidem*, CC. 51, fiis 8 et seq., et 55 f. 134, 57 fo, 9.
(3) *Ibidem*, BB. III, 77.
(4) P. Just. no 60 et Arch. Senlis, BB. III, 79.

tenir ses prétentions et appela les gens de Senlis devant la cour des aides. L'instruction était terminée et l'arrêt allait être rendu, quand les habitants de Meaux firent évoquer la cause au conseil ; la ville de Senlis en fut pour les frais, car elle avait déjà payé les épices aux généraux des finances sur le fait de la justice des aides et suivant son habitude elle avait fait largement les choses (1). Dès lors le procès traîna en longueur ; pendant plus de dix ans on trouve dans les comptes diverses sommes d'argent payées aux procureurs chargés de suivre ce procès ; mais nous ne savons pas si l'arrêt fut rendu ou si une transaction intervint. Toutefois il est probable que les habitants de Meaux succombèrent, car jamais l'élection de Senlis ne contribua à l'entretien des lances, dont elle avait été dégrevée.

La ville réussit aussi en 1449 à faire mettre sur l'élection de Soissons deux lances et demie (2), si bien que le diocèse de Senlis n'eut plus que six lances à entretenir. Les habitants de Soissons tentèrent de résister ; mais il faut croire qu'ils renoncèrent à la lutte presque aussitôt, car nous n'avons qu'une seule mention de ce procès (3). En 1450 la ville eut aussi à soutenir pour le même sujet une action qui lui était intentée par l'élection de Beauvais, qui réclamait les villages situés sur la rive droite de l'Oise, distraits de son territoire et adjoints à l'élection de Senlis. La ville envoya à Tours un député plaider sa cause auprès du roi et de son conseil et elle eut raison.

En 1451 le conseil du roi reconnut que l'élection de Senlis avait beaucoup souffert par suite de la mauvaise répartition des gens d'armes et promit un nouveau dégrèvement, et en effet en 1452 l'élection n'eut plus que cinq lances à entretenir et en 1459 on lui enleva encore une demi-lance (4). On voit donc qu'en 1445 on avait mis sur ce pays une charge double de celle qu'il aurait dû supporter et cette erreur contribua beaucoup à l'empêcher de réparer les pertes énormes qu'il avait subies depuis le commencement du siècle. Ces faits expliquent suffisamment le mécontentement causé par cette

---

(1) Archives de Senlis, BB. III, 78 et 79. — CC. 52, fo 53, fo 6 et 57, fo 3.

(2) *Ibidem*, CC. 57, 14.

(3) *Ibidem*, fo 9.

(4) *Ibidem*, BB. III, 89 et 90 et P. Just. no 61.

nouvelle institution dans tout le nord de l'Ile de France et nous ne croyons pas qu'on puisse conclure de ces manifestations séditieuses et de ces nombreux procès que dans tout le royaume il en fut de même qu'à Senlis, à Meaux et à Soissons.

Charles VII, en établissant des petites bandes de gens d'armes dans toutes les localités un peu importantes, avait suivi les anciens usages qui mettaient l'entretien des garnisons à la charge des pays qu'elles protégeaient et avait obligé les populations à fournir à ces soldats une certaine quantité de vivres, « pour qu'il n'ait cause de piller, » dit l'ordonnance de Louppy-le-Château. Nous avons vu plus haut qu'en juillet 1445 la ville devait payer pour sa part 400 l. t. par trimestre ; mais peu après on permit aux habitants de livrer des denrées en nature, au moins pour une partie de ce qu'ils devaient payer. Le 18 octobre de cette même année 1445 la ville dut fournir pour trois trimestres quinze muids et un sac de blé, valant 32 s. p. le muid, treize bœufs à 4 l. 16 s. p. chacun, cinquante-deux moutons à 16 s. p. chacun, neuf porcs à 40 s. p. chacun, 26 queues de vin du prix de 11 l. 4 s. p. chaque, cinquante-trois muids et un sac d'avoine à 32 s. p. le muid, trente-six charretées de foin à 4 s. p. chaque, et dix-huit charretées de fourrage à 6 s. p. chaque. Pour les jours maigres, pour lesquels on ne fournissait pas d'aliments, chaque lance devait recevoir 24 s. p. par mois. La ville payait en outre pour le logis de chaque lance, hommes et chevaux, dans les hôtelleries 48 s. p. par mois.

Il se commettait sans doute de nombreuses irrégularités. car en janvier 1446 le roi convoqua à Meaux les députés des bonnes villes et chargea l'évêque de Laon, Jean Jouvenel, et le général des finances, Jean Picard, de faire d'accord avec eux un règlement qui mît fin à toute contestation. Pour donner plus de facilités aux habitants, on leur laissa le choix entre deux modes de paiement ; dans le premier cas on devait donner par mois dix livres tournois à chaque homme d'armes et dix autres livres pour les servants, archers. coutilliers et valets, plus vingt s. t. pour le capitaine par chaque lance, ce qui faisait en tout 21 l. t. par mois et par lance ; au lieu des dix livres restant dus pour l'entretien de la lance, on était obligé de fournir une charge et trois quarts de méteil et six charges d'avoine, chaque charge pesant 250 livres du poids de Paris, trois charretées de bois et deux charretées de fourrages. Dans le second cas on pouvait continuer à fournir aux gens d'armes les vivres en nature, toutefois on devait donner en argent 9 l. par mois et par lance ; mais, quel que soit le mode choisi par les contribuables, les cavaliers devaient payer leur loyer (1).

L'élection de Senlis préféra le système qui admettait le moins de denrées en nature ; en outre la ville fit un marché avec le receveur de la taille des gens d'armes, qui se chargea de fournir tout ce qui était nécessaire (2). Pour le second semestre de 1447 la ville paia pour sa part de l'entretien des dix lances mises à la charge de l'élection de Senlis, une somme de 581 l. 15 s. p. dont 191 l. 15 s. pour les denrées fournies par le receveur des tailles. Ce système dura quelques années, et nous ne savons pas au juste quand on cessa de le pratiquer, car dès 1448 on ne distingue plus les sommes payées directement de celles versées en représentation des denrées à livrer en nature. Mais la cote de Senlis fut considérablement diminuée ; en 1451, la ville pour toute l'année ne payait pas beaucoup plus qu'elle n'avait payé en 1447 pour un semestre ; les élus l'imposaient à six cents livres, tantôt un peu plus, tantôt un peu moins, suivant que les frais accessoires étaient plus ou moins élevés et, après le nouveau dégrèvement accordé en 1459, la taille varia de 450 à 500 livres. On ajoutait à la taille des gens d'armes les sommes nécessaires pour l'entretien des francs archers, dont nous parlerons plus loin (3). En décembre 1462 on mit avec la taille, pour 1463, 30 l. pour les francs archers et 53 l. 15 s. t. « pour aider à fournir certaines affaires qui sont survenues au roy nostre seigneur en ceste présente année. » Vers 1465 on cessa de dire la taille pour l'entretien des gens d'armes ; on disait la taille accoutumée ou la taille du roy ; il y avait vingt ans qu'on la payait et elle était entrée dans les habitudes et on ne se souvenait plus du motif qui l'avait fait établir ou du moins on jugeait inutile de le rappeler.

(1) P. Just. nº 59.

(2) Pour deniers paiés à Jehan Fouques, tavernier, pour dépense faite en son hôtel par le lieutenant Berthelemet Fortier, receveur de la taille des gens d'armes, par nous les attournez, le procureur de la ville et autres en traitant avec le dit Berthelemet de mettre le blé, avoine, foing, buche et atache de chevaux en argent ; paié par le commandement des attournez 48 s. p. Archives de Senlis, CC. 50, 5.

(3) P. Just. nº 61.

En résumé cette taille, créée pour payer les dépenses faites pour les gens d'armes, était la conséquence du principe qui mettait à la charge de chaque pays les frais nécessaires à l'entretien de sa garnison. Avant cette nouvelle institution, les bourgeois se chargeaient seuls en temps de paix de garder leur ville et souvent même en guerre ils refusaient de recevoir les bandes qu'on envoyait pour les défendre (1). On a vu plus haut que les habitants de Senlis avaient d'abord décidé de recevoir le moins de gens d'armes qu'il leur serait possible et ils luttèrent pendant plusieurs années pour faire mettre sur leurs voisins une partie de ceux dont on les avait chargés. Mais bientôt on perdit de vue le principe; on s'habitua à payer une certaine somme, qui, lorsque la répartition des lances eut été revisée, devint à peu près fixe et on ne s'inquiéta plus de savoir à quoi servait cet argent et s'il était employé uniquement au paiement des gens d'armes établis dans l'élection. Bientôt même on réunit en petites compagnies les lances autrefois dispersées dans les petites villes et bourgs par troupes de six et douze hommes et le souvenir de l'ancienne organisation disparut. La taille resta, mais elle ne fut plus connue que sous le nom de « taille du roi » et servit à payer des dépenses de toute nature; on y ajouta même des impôts accessoires sous le nom de crues ou subsides extraordinaires, qui avec le temps devinrent ordinaires. Les habitants des villes et des villages continuèrent à répartir et percevoir eux-mêmes la taille royale et nous avons dans les archives de Senlis de nombreux documents à ce sujet; mais cette période de notre histoire financière est assez connue pour que nous ne sortions pas de notre sujet, afin de mettre en œuvre ces matériaux qui n'ajouteraient rien de nouveau à ce que l'on trouve partout sur cette question.

Les villes n'étaient pas seulement tenues d'aider le roi de leurs conseils et de leur argent, elles devaient encore envoyer des hommes à son armée. M. Boutaric a publié des états indiquant le nombre de sergents dus au roi par les communes et même par des villes encore soumises à des seigneurs (2); mais il ne paraît pas qu'aux XIVe et XVe siècles le contingent des villes ait été fixé d'une manière absolue;

(1) Voir notre *Histoire de Senlis pendant la seconde partie de la guerre de Cent-Ans*, citée plus haut, p. 103, n° 2.

(2) Boutaric, *Institutions militaires*, p. 206. Paris, 1863, in-8.

il semble qu'il variait suivant les circonstances. Le roi demandait un certain nombre d'archers et d'arbalétriers bien équipés et armés et les habitants se permettaient parfois d'en fournir un peu moins. En 1382, au lieu de lever les dix archers, qu'on lui demandait, la ville n'en fournit que six et les officiers royaux s'en contentèrent ; les [exemples de· faits semblables abondent dans nos registres pour tout le règne de Charles VI. D'ailleurs le plus souvent le roi se bornait à demander qu'on envoyât à l'armée le plus d'archers et d'arbalétriers que l'on pourrait. Cet usage fut suivi par les Anglais et, en août 1424, la ville, sur la demande de Bedford, fit partir à Evreux dix arbalétriers qui prirent part à la bataille de Verneuil (1).

Dans certains cas cependant on faisait une sorte de levée en masse. En mai 1414 pour le siège de Soissons et en septembre 1415, pour la campagne qui finit à Azincourt, le roi réclama qu'on prît tous les hommes exercés aux armes, que l'on pourrait trouver. La ville envoya des députés solliciter une réduction du contingent, en raison de sa pauvreté ; mais, en prévision d'un refus, les attournés dressèrent un rôle de tous les archers et arbalétriers, capables de servir à l'armée, qui se trouvaient dans la ville ; ils devaient le remettre au lieutenant du bailli, qui était chargé de forcer à partir à la guerre tous ceux qui y étaient portés (2). Le roi rejeta les réclamations de notre ville et un grand nombre des malheureux habitants de Senlis allèrent se faire massacrer à Azincourt par la noblesse française, qui marcha à l'ennemi en désordre et en passant sur le corps des fantassins (3).

Dans le cas le plus fréquent, celui où la ville ne devait fournir qu'un petit nombre d'archers, dix au maximum, on demandait des hommes de bonne volonté ; quand il ne s'en présentait pas un nombre suffisant on chargeait les attournés d'en engager à prix d'argent. Les archers et arbalétriers devaient s'équiper à leurs frais, mais quand ils n'avaient pas une armure conforme aux règlements, la ville leur prêtait les pièces, qui leur manquaient. En septembre 1410, la ville envoya à l'armée huit arbalétriers, qui s'étaient

(1) Archives de Senlis, BB. II, 140.

(2) P. Just. nos 43 et 44.

(3) Voir notre *Histoire de Senlis pendant la seconde partie de la guerre de Cent-Ans*, ch. II.

présentés dans l'assemblée pour servir la ville et le roi dans cette expédition. Ils avaient été acceptés et, après que le prix eût été convenu, ils avaient juré de bien faire leur devoir et prêté serment entre les mains du bailli. Ils choisirent l'un d'entre eux pour capitaine et promirent de lui obéir. Pendant tout le temps de l'expédition les habitants devaient leur donner à chacun 12 écus d'or par mois ; il est vrai qu'ils devaient payer eux-mêmes leurs valets et se procurer un chariot pour leurs bagages (1).

La ville devait faire accompagner ses archers et arbalétriers par un notable jusqu'au lieu fixé pour le rassemblement des troupes ; il était chargé de les présenter au maître des arbalétriers ou à son lieutenant, de les faire accepter par cet officier et d'en tirer un reçu (2). Les hommes des bonnes villes étaient tenus de servir à l'armée, jusqu'à ce que le roi leur fît donner congé, et de se rendre partout où leurs chefs leur commanderaient de se transporter. En 1382 les attournés, croyant à tort l'expédition de Flandre terminée, écrivirent aux gens de Senlis de quitter l'armée à la fin de novembre en leur annonçant que leurs gages ne leur seraient pas payés, s'ils ne revenaient pas à cette date; naturellement ils furent obéis, mais ils ne tardèrent pas à en être cruellement punis. Le roi les déclara coupables de lèse-majesté et donna au bailli de Senlis l'ordre de les jeter en prison et de confisquer leurs biens. Les habitants demandèrent la grâce de leurs magistrats, et l'obtinrent en février 1383 ; mais ils durent acheter fort cher les lettres de rémission, qu'on leur octroya (3).

Ces troupes, recrutées par les communautés d'habitants et choisies uniquement parmi les gens sans feu ni lieu, qui seuls venaient offrir leurs services, n'avaient pas grande valeur; ces soldats de circonstance, attirés à l'armée par l'appât du gain, n'étaient pas exercés au métier des armes et lâchaient pied au premier choc. Charles VII comprit combien cette institution était vicieuse, et, peu de temps après avoir créé une cavalerie d'élite par la formation des

(1) P. Just. n° 40.

(2) Archives de Senlis, BB. I, 49.

(3) M. Douet-d'Arcq a publié ce curieux document dans son *Choix de pièces inédites sur le règne de Charles VI*, pour la Société de l'Histoire de France.

compagnies d'ordonnance, il voulut s'assurer une solide infanterie. Par une ordonnance du 28 avril 1448 il institua les francs-archers ; ces fantassins devaient être armés et équipés aux frais des communautés et ils étaient exempts de tailles et de toutes autres charges, à l'exception des aides pour la guerre et pour la gabelle du sel ; en échange de ces divers avantages, il devaient s'exercer fréquemment au tir de l'arc et étaient obligés de partir pour l'armée à la première réquisition.

L'ordonnance portait que chaque paroisse fournirait un franc-archer ; mais en cette matière comme dans presque toutes les autres il faut se garder de s'en tenir à la lettre des ordonnances ; cet article ne fut pas exécuté, comme on le croit communément, et cette nouvelle charge fut répartie suivant la population, comme les tailles l'étaient depuis longtemps et comme on avait fait en 1445 pour les gens d'armes des compagnies d'ordonnance. Le diocèse de Senlis fut taxé à quatorze archers et la ville en eut six pour sa part; les habitants de Senlis passèrent un marché avec le bailli, Gilles de Saint-Simon, qui se chargea d'armer et d'équiper les archers pour douze livres parisis chacun, soit en tout soixante-douze livres (1).

Charles VII ne paraît pas s'être beaucoup servi de cette nouvelle infanterie, mais Louis XI en fit un fréquent usage, jusqu'à ce qu'il la supprimât, après avoir appris par une longue expérience qu'on ne pourait pas en tirer un bon parti. En décembre 1464 il ordonna la réunion de tous les francs-archers; le capitaine de la région et les élus transmirent ce commandement à la ville, qui s'empressa de faire refaire et de compléter l'armement et l'équipement des six francs-archers, qu'elle devait fournir; on fit même venir à grands frais de Compiègne un ouvrier spécial pour remettre en état les brigandines, que les archers gardaient chez eux en temps de paix et soignaient fort mal ; on leur donnait aussi des hocquetons et des jaquettes de cuir pour mettre sous leurs brigandines (2). Cette convocation nous fait connaitre un détail curieux concernant le recrutement. Il y avait dans les six archers de Senlis, un vieillard, nommé Jean Rivière, impotent et fort

(1) Archives de Senlis, BB. III, 73 et 74.
(2) Tous les détails de l'équipement et de l'armement des francs-archers se trouvent indiqués aux folios 19, 20 et 21 du registre BB. IV, des Archives de Senlis.

riche qui s'était enrôlé dans cette milice sans doute pour ne pas payer la taille ; il faisait fort mal son service et il n'avait aucun soin de ses habillements de guerre ; on voyait clairement qu'il n'avait pas l'amour du métier militaire. Le 5 janvier 1465, jour de la lecture du mandement royal, les habitants chargèrent le procureur de la ville de représenter aux élus que ce vieillard qui servait le roi comme franc-archer dans le seul but d'échapper à l'impôt, était très riche et pourrait payer une forte taille, et de demander son remplacement par un homme valide et moins aisé ; le capitaine répondit qu'il n'en ferait rien. Mais peu de temps après, quand il fallut partir, deux de nos *francs-taupins,* Robert Fouace et ce même Jean Rivière, sentirent se réveiller leurs sentiments pacifiques et offrirent de l'argent à la ville pour se faire remplacer. L'assemblée générale des habitants remit la solution de cette affaire aux attournés, en leur recommandant de prendre l'avis d'un certain nombre de notables, qu'elle les chargea de désigner. Par une bizarrerie singulière, on refusa de renouveler, à la prière des intéressés eux-mêmes, la demande de remplacement que la ville avait faite peu de jours auparavant contre l'un d'entre eux, le vieux Jean Rivière ; on craignait sans doute que les remplaçants volontaires ne fussent éloignés de se présenter par les préparatifs de la guerre, qui allait bientôt éclater entre le roi et les princes du sang, et que le capitaine ne choisît lui-même parmi les habitants valides deux nouveaux francs-archers, qui de gré ou de force auraient dû partir à la place des anciens. (1)

Il faut croire que le roi avait été satisfait des services que ces fantassins lui avaient rendu dans la guerre du Bien-Public, car en 1467 il tripla le nombre des francs-archers. Ce fut en vain que la ville envoya près de Louis XI des députés pour lui faire connaitre la grande misère du pays ; elle dut fournir dix-huit hommes, dont sept archers et onze voulgiers. Les gens de Senlis étaient à l'affaire de Roye, où les quinze cents *francs-taupins,* qui composaient la garnison de cette ville, tinrent la conduite la plus honteuse et la plus ridicule qu'il fût possible et se rendirent sans coup férir. Le Téméraire les renvoya dans leurs foyers après les avoir fait dépouiller de leurs armes et de leurs vêtements de guerre et il en coûta deux cents écus d'or à la ville de Senlis pour armer et équiper à nouveau

(1) Arch. Senlis, BB. IV, 17 et seq.

les dix-huit hommes, dont elle était chargée (1). Un an plus
tard il fallut qu'elle s'imposât de nouveaux sacrifices; Louis XI,
qui depuis plusieurs années s'occupait avec ardeur de la réor-
ganisation de son infanterie, s'était mis après l'affaire de
Roye à chercher les moyens de supprimer les causes
qui avaient amené ce désastre. Entre autres choses il pres-
crivit de donner à tous les archers d'une même compagnie un
uniforme aux couleurs du capitaine de la région. A Senlis,
cet officier était un certain Louis de Balagny, qui avait pour
lieutenant général un sieur Jean de Ronsac et pour lieutenant
particulier de l'élection un nommé Thomas Fouace. Le 15
août 1473, Louis de Balagny fit un marché avec la ville de
Senlis ; il réduisit de dix-huit à quinze le nombre des francs-
archers dont elle était chargée et en retour la ville lui acheta,
au prix de 60 s. t. l'un, quinze hocquetons galonnés d'argent
à sa livrée. Quelque temps plus tard, à la fin de septembre
de cette même année 1473, les francs-archers furent
rassemblés à Reims et, avant leur départ, on leur donna
comme d'habitude 22 s. p. chacun (2).

En mars 1475, la ville de Senlis, dont la population était
depuis plus d'un an décimée par la peste, réclama une nouvelle diminution de son contingent, qui, disait-elle, était trop
élevé eu égard à sa population, car on ne devait lever qu'un
franc-archer par cinquante feux. Les élus et les lieutenants
du capitaine de la région demandèrent un état exact de la
ville, et deux jours après les attournés leur présentèrent un
recensement, duquel il ressortait qu'il n'y avait à Senlis que
597 feux, dont un grand nombre n'avait pour chefs que des
femmes veuves ; en conséquence, la ville ne dut plus fournir
que douze francs-archers. Quand cette réclamation se pro-
duisit, les élus se trouvaient à Barron en tournée pour faire
avec le lieutenant-général du capitaine la revue des francs-
archers de l'élection (3).

Vers la fin de son règne, Louis XI se dégoûta du service
des francs-archers et finit par les supprimer. C'est à tort que
M. Boutaric a mis en doute ce fait attesté par quelques historiens (4). Le 8 février 1482, on mit une taille extraordi-

(1) Arch. Senlis, BB. IV, 62.
(2) Archives de Senlis, BB. IV, 63.
(3) P. Just. n° 65.
(4) Boutaric, *Institutions militaires*, p. 325.

naire pour solder les gens d'armes levés récemment au lieu et place des francs-archers « que le roi avait cassés » (1). Mais cette suppression ne fut pas définitive et Charles VIII les rétablit; le 17 novembre 1488, la ville de Senlis dépensa 160 l. t. pour l'armement et l'équipement des francs-archers que le roi avait ordonné de lever pour le servir à la guerre (2), et plus de trente ans après, en janvier 1522, on les voit rappeler de nouveau par François Ier. Le roi demandait qu'on lui en envoyât dix ou douze ; les attournés, sur l'ordre d'une assemblée générale, firent publier que tous ceux qui voudraient servir le roi et la ville comme francs-archers, vinssent se faire inscrire à l'hôtel de ville ; il se présenta vingt individus, parmi lesquels on en choisit six, que l'on arma et équipa aux frais de la ville « comme il avait été fait sous le roi Louis XI, » dit le rédacteur du registre aux assemblées (3). En juillet 1523, la ville envoya encore six francs-archers en Picardie (4) ; mais en 1524, cette infanterie nationale fut réorganisée sous le nom de légions provinciales, qui, sans rendre de meilleurs services que les anciennes compagnies des francs-archers, subsistèrent pendant tout le seizième siècle, à côté des vieilles bandes, d'où sont sortis sous François II les régiments modernes (5).

Nous avons vu qu'au XIIIe siècle la ville de Senlis devait fournir au roi pour les transports de son armée un certain nombre de chariots ; il en était encore ainsi aux siècles suivants, mais il semble que la quantité n'en était plus fixée par la coutume, elle variait suivant les besoins. En septembre 1386, Charles VI ordonne au bailli de Senlis d'exiger des gens de son bailliage dix chariots en plus de ceux qu'on lui devait ordinairement (6). Les habitants, pour satisfaire à ce devoir assez onéreux, ne suivaient pas toujours le même système ; tantôt la ville faisait construire des chariots et achetait des chevaux ; tantôt elle réquisitionnait les voitures et les bêtes, dont elle avait besoin ; on les estimait avant le départ, et, en cas de perte, elle s'engageait à en rembourser la valeur au pro-

(1) Archives de Senlis, BB. IV, 132.
(2) *Ibidem*, 170.
(3) *Ibidem*, BB. V, 187.
(4) *Ibidem*, 202.
(5) Boutaric, *Institutions militaires*, p. 335 et suiv.
(6) Archives de Senlis, BB. I, 43.

priétaire dépossédé ; elle engageait en outre des conducteurs pour toute la durée de l'expédition. Le plus souvent elle devait payer les charretiers et toutes les dépenses nécessaires pour l'entretien des conducteurs et de leurs chevaux jusqu'à leur retour de l'armée ; cependant, en 1452, le roi fit tous les frais à partir de Paris, qui était le lieu de rassemblement. Cette obligation était une conséquence du droit de corvée, qui appartenait au roi, et demeura en vigueur jusqu'à la Révolution ; une loi récente vient de la rétablir sous une forme un peu différente de l'ancienne ; l'Etat s'est substitué aux communautés et supporte directement toutes les dépenses.

Un des principaux devoirs des bourgeois était de défendre leur ville contre toutes les attaques, même en temps de guerre ; toutefois ils n'étaient pas livrés à leurs propres forces et, depuis Philippe le Long, il y avait dans chaque ville un peu importante un capitaine nommé par le roi. En 1368, l'officier militaire, installé à Senlis, avait avec lui deux hommes d'armes, et il en coûtait chaque année cinq cents livres, dont la ville payait la moitié et le roi l'autre (1). Le traitement du capitaine était une dépense obligatoire, et la ville ne pouvait s'en affranchir sans l'autorisation royale ; en 1385, les habitants de Senlis sollicitèrent en vain la suppression de cet office, qui était pour eux une très lourde charge. En 1446, la capitainerie fut unie au bailliage, pour n'en plus être séparée, en faveur de Gilles de Saint-Simon, dont les descendants possédèrent à plusieurs reprises ces offices pendant de longues années (2). Le capitaine avait le droit de se choisir un lieutenant, payé par la ville ; cet officier était spécialement chargé de surveiller la nuit la défense des remparts et dans les circonstances difficiles les habitants lui donnaient un aide.

Pendant toute la seconde partie de la guerre de Cent-Ans, nous voyons le capitaine partager avec le bailli et les habitants, réunis en assemblée générale, le soin de la défense de la ville. Il visitait les fortifications, en compagnie des attournés et des maîtres des œuvres, et ordonnait les réparations qui lui semblaient nécessaires ; en cas de guerre ou de siège, il était le chef incontesté des soldats de la garnison, s'il y en avait une, et des milices urbaines, et il avait la haute direc-

(1) Archives de Senlis, EE. I.

(2) *Ibidem*, BB. I, 31.

tion de toutes les opérations militaires. Toutefois le consentement des habitants était nécessaire pour la démolition des maisons, trop rapprochées des fortifications, et pour la destruction des petites forteresses voisines de la ville. En outre, en temps de guerre, c'était eux qui décidaient souverainement quel parti la ville devait suivre et qui arrêtaient les traités ou les capitulations à conclure.

Le capitaine ne pouvait pas introduire de troupes dans la ville, sans l'autorisation d'une assemblée générale, et les habitants de Senlis paraissent avoir eu dans la plus grande horreur les gens d'armes, à quelque parti qu'elles appartinssent ; ils luttaient le plus longtemps possible, avant d'admettre tous ceux qui se présentaient devant leurs murs ; d'habitude, ils ne recevaient que les chefs accompagnés d'une faible escorte et laissaient le gros de la colonne se morfondre au déhors ; ils ne firent même pas exception pour l'armée de Jeanne d'Arc (1). Il faut reconnaître que la terreur inspirée par les gens de guerre de cette lugubre époque était pleinement justifiée ; ils avaient tous bien mérité le nom de « brigands » sous lequel le peuple les désignait. Toutefois, quand le roi ordonnait formellement de recevoir une garnison ou de laisser séjourner une armée, il fallait obéir, à peine de se rendre coupables de lèse-majesté, et, dans ce cas, après de longues négociations dilatoires, les habitants étaient obligés de céder (2).

Leur principal argument consistait à dire au roi, qu'ils étaient assez forts pour se défendre tout seuls, ce qui était vrai. Pendant la plus grande partie de lá guerre de Cent-Ans ils ne réclamèrent le secours des gens de guerre que dans des circonstances tout à fait exceptionnelles ; en 1418 ils soutinrent un long siège contre l'armée du connétable d'Armagnac, aidés seulement de cent hommes d'armes et de cent hommes de

(1) Au seizième siècle c'était encore l'usage ; en juillet 1523 il faillit y avoir une bataille en règle entre les habitants de Senlis et une compagnie d'aventuriers, sous le commandement du capitaine Lorges ; ces brigands voulaient entrer de force dans la ville dont les habitants avaient fermé les portes et gardaient les remparts pour s'opposer à cette tentative ; l'un d'entre eux, le fils d'un tisserand nommé Jean Borrez, fut tué par un coup d'artillerie tiré par un de ces aventuriers. Archives de Senlis, BB. V, 200.

(2) Voir sur ce point notre *Histoire de Senlis pendant la seconde partie de la guerre de Cent-Ans.*

trait. Nous ne savons pas quelle était alors la force de la milice urbaine et nous n'avons pas d'états de sa composition avant les premières années du seizième siècle. En 1512 la ville avec ses faubougs fournissait au guet environ un millier d'hommes et en 1625 la milice urbaine comptait plus de 1,200 fantassins (1). Tous les habitants, prêtres ou simples clercs, religieux ou laïques, devaient contribuer de leur personne à la défense de leur ville, étaient inscrits sur les contrôles du guet et servaient chacun à leur tour. Ce n'est pas que les ecclésiastiques ne fissent entendre parfois des réclamations contre les obligations militaires, qui leur étaient imposées, mais il faut leur rendre cette justice, que pendant le siège de 1418 et en général pendant tout le temps que la ville fut sérieusement menacée par les Armagnacs, c'est-à-dire jusqu'à la prise de Meaux par les Anglais, en 1422, ils firent complètement leur devoir ; mais un peu plus tard ils sollicitèrent des privilèges.

Le 17 janvier 1424, dans une assemblée de notables tenue à l'hôtel de ville, des gens d'église, députés par tout le clergé de Senlis, demandèrent instamment qu'on les exemptât du guet de nuit, à quoi on voulait les contraindre. Ils donnaient pour raison qu'ils ne pouvaient pas célébrer le service divin à l'église et aller au guet. Ces motifs semblèrent raisonnables aux notables, qui exemptèrent des gardes de nuit les membres du clergé, tant que la situation ne deviendrait pas inquiétante ; en échange de cet avantage les ecclésiastiques devaient continuer à faire chaque jour des processions et des prières spéciales pour la conservation de la ville (2). Nous ne savons pas combien de temps subsistèrent ces privilèges ; mais en mars 1465, au moment de la guerre, dite du *Bien Public,* nous voyons décider de mettre à chaque porte quatre hommes, dont un ecclésiastique (3). Ce système ne fut pas suivi longtemps et, sans doute par crainte des propos de corps de garde, les gens d'église faisaient le guet tous ensemble, réunis dans un seul poste. Il faut croire qu'ils en profitaient pour faire assez mal leur service, car peu de temps après l'échec subi par Charles-le-Téméraire devant Beauvais, le 19 juillet 1472 les attournés se plaignaient que les ecclésiastiques ne faisaient point de guet ou que, du moins, ils

(1) Afforty, p. 4043 et 7682.

(2) P. Just. n° 47.

(3) Archives de Senlis, BB. IV, 20.

observaient très mal la consigne ; ils venaient quand bon
leur semblait, et n'allaient point, aussi souvent qu'ils
l'auraient dû, regarder à la porte ce qui se passait au dehors.
L'assemblée décida que les gens d'église seraient soumis au
guet et à l'arrière-guet, comme tous les autres habitants,
qu'ils seraient contraints d'y aller par les sergents et les
officiers municipaux ; et qu'ils n'iraient plus tous ensemble,
mais qu'on les mêlerait à tous les autres habitants (1).
Au xvi° siècle le service militaire personnel cessa d'être exigé
de tous les habitants de la ville, tant laïques que religieux,
et le remplacement fut autorisé pour tous. Quand vinrent
les guerres de religion, les ecclésiastiques, qui depuis longtemps cherchaient à s'affranchir de toutes les charges municipales et y avaient réussi en partie, voulurent se faire
déclarer exempts de l'obligation de fournir des hommes pour
le guet, ce qui dans ces temps troublés devait être assez
onéreux. Les députés du clergé séculier avaient offert, de la
part de tous les ecclésiastiques, d'aller en personne le jour
monter la garde aux postes, mais ils demandaient à être
exempts du guet de la nuit et, pour obtenir cette faveur, ils
faisaient valoir que la plupart d'entre eux étaient obligés au
service des matines et insistaient sur la nécessité d'éviter
les scandales, qui ne manqueraient d'arriver si on les soumet-
tait à ce service. L'assemblée ne tint aucun compte de
leurs réclamations ainsi que de celles présentées par les
divers couvents de la ville ; on fixa le contingent que
l'évêque, les ecclésiastiques séculiers et les établissements
religieux devaient fournir (2).

Les habitants règlaient en assemblée générale l'organisation de la milice urbaine et il ne semble pas qu'elle ait été
maintenue en temps de paix sur le pied de guerre. Ainsi on
voit souvent dans des circonstances très critiques, à l'approche
de l'ennemi, des assemblées organiser le guet à nouveau,
comme si rien n'existait auparavant, nommer des quarteniers
et des cinquanteniers et faire dresser les rôles des hommes
assujettis au service militaire. La ville était divisée en
quartiers, commandés chacun par un officier supérieur appelé

(1) P. Just. n° 64.
(2) P. Just. n° 71.

quartenier et plus tard capitaine (1) ; en 1418 il y avait quatre quartiers : le premier s'étendait de la porte · de Paris à la porte de Creil, le second de la porte de Creil à la porte de Saint-Rieul, le troisième de la porte de Saint-Rieul à la porte de Meaux, et le quatrième de la porte de Meaux à la porte de Paris. Ces divisions n'avaient plus aucun rapport avec les anciens guets qui se trouvent dans les tablettes de cire et qui furent conservés pendant longtemps pour la répartition et la levée des tailles (2). En 1562 ces subdivisions étaient encore les mêmes qu'en 1417 ; on avait fait seulement un quartier spécial de la partie de la ville comprise dans l'ancienne enceinte gallo-romaine et connue sous le nom de la *Cité* (3). Les quarteniers avaient sous leurs ordres des cinquanteniers et des dizeniers et tous ces officiers étaient élus par les habitants en assemblée générale.

Les hommes du guet qui ne se réunissaient pas en temps de paix pour se préparer à la guerre ne devaient pas faire d'excellents soldats. Charles V se préoccupa de remédier à cette fâcheuse situation et voulut créer de petites sociétés particulières dont les membres s'exerceraient fréquemment au maniement des armes. Il essaya de former de bons archers en encourageant partout les hommes valides à s'habituer au tir de l'arc et de l'arbalète ; en peu de temps les populations avaient fait des progrès si rapides que les seigneurs, effrayés des conséquences que pourrait amener l'habileté militaire de leurs hommes, obtinrent de Charles VI un édit interdisant tous ces exercices. Mais, dans la seconde partie de la guerre de Cent-Ans, ils furent remis en vigueur et, à Senlis notamment, la ville les encouragea par tous les moyens en son pouvoir. En 1431, les arbalétriers étaient déjà organisés en Compagnie : en effet la ville fait un don « *aux Compagnons arbalétriers* » pour qu'ils fréquentassent leur tir parce que cet exercice avait une grande importance pour la défense de la ville. En 1440, on leur remet deux années de la rente, qu'ils devaient pour le terrain de leur

----

(1) En 1430 et en 1439 on mit deux quarteniers par quartier, mais ce ne fut qu'une exception. Arch. Senlis, BB. III, 19.

(2) En 1514 on répartit des quarteniers, centeniers, cinquanteniers, vingteniers et dizeniers dans les 7 guets de la ville, mais cette organisation ne fut pas maintenue. Arch. Senlis, BB. V, 112.

(3) Arch. de Senlis, BB. VI, 289.

jeu, et, en 1453, on leur donne 40 s. p. pour les aider à payer
la façon des nouvelles buttes, qu'ils venaient de faire construire dans les champs du Marché près de la porte de Creil.
La ville protégeait également les archers ; en 1457, on fait
un don pour entretenir le jeu d'arc. Ces tirs à l'arc et à
l'arbalète subsistent encore aujourd'hui à Senlis et dans tous
les villages voisins, et les compagnies semblent avoir conservé leur ancienne organisation.

La ville était propriétaire de ses remparts ; mais elle devait
les entretenir et faire à ses frais toutes les réparations que
le capitaine jugeait utiles ; de même le suzerain pouvait obliger un seigneur, son vassal, à mettre son château en bon
état de défense. De temps en temps le bailli appelait avec lui
les attournés et, accompagnés des maîtres des œuvres des
bâtiments royaux dans le bailliage, ils faisaient ensemble la
visite des fortifications et dressaient l'état des réparations
qui leur paraissaient nécessaires ; quand on craignait une
guerre, le roi ordonnait toujours une inspection de cette nature. Quand l'état des réparations était établi, on le soumet-
tait aux habitants, réunis en assemblée générale ; ils devaient
approuver les travaux à exécuter et voter les fonds nécessaires pour payer la dépense ; si par hasard ils manifestaient
quelque opposition, le capitaine les menaçait d'aller se plaindre
au roi ou avait recours à l'autorité judiciaire, au bailli, pour
les contraindre à s'exécuter. S'ils voulaient résister plus longtemps, il fallait plaider ; mais le bailli et le parlement ne les
ménageaient pas et ils ne recouraient à ce moyen qu'à la
dernière extrémité (1). Du reste, les tentatives de résistance
étaient excessivement rares, et souvent les attournés proposaient d'eux-mêmes des réparations que les habitants s'em-
pressaient de voter ; ils étaient les premiers intéressés à ce
que leurs fortifications fussent toujours en bon état et ils ne
manquaient pas d'y veiller.

Sous Louis XI, de 1472 à 1480, on refit presque entièrement les fortifications pour les mettre en état de résister à
l'artillerie, qui depuis 50 ans avait fait de très grands progrès. En août 1475, on évaluait les dépenses qui restaient encore à faire à plus de six mille livres, et les habitants épuisés
demandèrent un secours au roi. Bien qu'il eut à plusieurs reprises déclaré que chacun devait se garder à ses frais et que

(1) Arch. de Senlis, BB. III, 98.

la ville était obligée de refaire seule son enceinte, afin de ne pas être pillée et ruinée, comme l'avaient été certaines cités voisines en 1472 (1), le bailli voulut bien employer ses bons offices près de Louis XI. Mais les habitants échouèrent presque complètement. Ils obtinrent seulement que les habitants des villages, situés à sept ou huit lieues à la ronde, seraient tenus de venir travailler à la corvée avec ceux de Senlis (2). Les frais causés par la mise en état de défense de la ville n'étaient plus laissés à la charge des seuls bourgeois, mais ils étaient répartis sur les habitants de la région. Par contre la royauté intervenait d'une manière plus active dans la direction des travaux ; le procureur du roi fut nommé commissaire pour les fortifications, et, en récompense de ses bons services, Louis XI lui donna la seigneurie de Lamorlaye, située entre Chantilly et Luzarches.

Les habitants, toutefois, étaient encore consultés sur les travaux à faire, ordinaires ou extraordinaires, et ils votaient les fonds nécessaires pour les payer. Mais, en 1544, au moment où Charles-Quint s'avançait vers le Valois, François Ier chargea le chevalier François de Rocques, seigneur de Roberval, de faire construire de nouvelles fortifications. Pour subvenir aux dépenses énormes entraînées par cette reconstruction, on adjoignit à la ville les villages de l'élection, et le roi décida que le clergé y contribuerait. Si le principe n'était pas changé, dans la pratique la royauté, qui était alors plus besoigneuse qu'elle ne le fut jamais, sut s'arranger pour détourner à son profit l'argent que les pauvres gens du Senlisien versaient pour les fortifications. Le directeur des fortifications fixait chaque année la somme qui lui était nécessaire, et l'argent était porté à Paris au trésorier de l'épargne qui devait en envoyer à Senlis suivant les besoins ; mais le plus souvent il restait en route et était employé au service du roi ; en octobre 1565, les habitants envoient à Paris des députés se plaindre que depuis dix ans on avait levé sur eux pour les fortifications de très grosses sommes qui n'y avaient pas été employées, et, en 1571, Charles IX accorde comme une faveur l'abandon de cette pratique déloyale (3). En même temps on

---

(1) Arch. Senlis, IV, 62.
(2) *Ibidem*, BB. IV, 74.
(3) *Ibidem*, BB. VI, 340 et 403.

avait cessé de demander pour les travaux à faire, soit à nouveau, soit en réparations, l'approbation des habitants, auxquels la royauté avait tout enlevé, à l'exception du soin de
payer.

La ville était aussi chargée de pourvoir à l'armement de
ses remparts; elle achetait des canons, de la poudre, des bou-
lets, des arbalètes, des armures et des engins de guerre de
toute espèce. Pour conserver et mettre à couvert tous ces
instruments de défense, elle avait un arsenal, dans le faubourg
de Vittel, où l'on avait installé des moulins à chevaux pour
remplacer en cas de siège les moulins à eau, établis près des
remparts ou en dehors de l'enceinte. Les attournés étaient
responsables de tout ce matériel, et on en trouve des inventaires dans les états de la ville que ces magistrats présentaient aux habitants à leur sortie de charge (1). La ville avait
à l'année un armurier, chargé d'entretenir les armes en bon
état, d'en faire de nouvelles et même de fondre des canons.
Il fabriquait aussi la poudre et les projectiles, ainsi que les
traits pour les arbalètes; de cette manière la ville avait toujours en quantité suffisante, dans ses magasins, les instruments nécessaires à sa défense. Le capitaine avait le droit de
forcer les habitants à s'imposer cette charge, qui était assez
lourde; car ils devaient fournir à cet ouvrier un logement
pour sa famille, un atelier, lui donner une pension annuelle
et, en outre, lui payer à un taux assez élevé tout ce qu'il faisait pour la ville; en 1405 il y eut à ce propos un désaccord
profond entre les notables, qui acceptaient la demande du
capitaine, et les autres habitants, qui la refusaient; mais
malgré leur résistance on passa outre, et un certain Colart
Larchier fut installé à l'arsenal sur l'ordre du capitaine Oudart du Breuil (2).

Les dépenses militaires étaient la charge la plus lourde
que les habitants eussent à supporter. En temps normal elles
se montaient à environ 40 l. p. chaque année et absorbaient
le produit des revenus ordinaires. Mais en temps de guerre
elles étaient ruineuses; en 1431-32, à une époque où Senlis
était de tous les côtés entourée de forteresses ennemies, elles
s'élevèrent à la somme énorme de 520 l. (3)

(1) P. Just. n° 51.
(2) P. Just. n°s 37 et 38.
(3) Archives de Senlis, CC. 56, f° 15.

De même qu'ils devaient contribuer en personne à la défense de la ville et faire eux-mêmes le service du guet, avant qu'il ne fût permis à tous les habitants de se faire remplacer, les ecclésiastiques, vivant de l'autel, exempts de toutes les autres charges pécuniaires, devaient payer leur part des dépenses militaires ; mais ils la payaient en corps et ensuite répartissaient entre eux, comme bon leur semblait, la somme que le clergé versait à la ville. « De tout temps le clergié de Senliz a accoustumé et doit, comme on dit, paier le quart de toutes les réparacions et garde de la forteresse de la ditte ville » (1). C'est ainsi que sont énoncés les droits de la ville dans l'état rendu par les attournés en 1435-36. Il ne faudrait pas attacher trop d'importance à l'expression « *de tout temps*, » car nous voyons que, le 2 août 1383, une assemblée décide qu'on poursuivra aux frais de la ville le clergé qui ne voulait pas contribuer au paiement des gages du capitaine et des réparations de la forteresse (2). La ville obtint du roi des lettres imposant au clergé l'obligation qu'il repoussait, et, le 30 août, un accord intervint par lequel les ecclésiastiques furent tenus quittes en payant le quart des dépenses militaires (3). Cette convention n'était d'abord faite que pour 1383 seulement, mais elle fut maintenue et devint une règle qui fut suivie pendant de longues années. En 1423 par suite des dépenses extraordinaires du siège de 1418, il y eut un règlement spécial, mais ensuite on reprit les anciens usages. L'habitude en était si bien prise, qu'en 1445 le clergé crut à tort qu'il devait paier sa part de la taille des gens d'armes, qu'il vint aux assemblées où fut discutée la première répartition et prit à partie les officiers du roi, ce qui causa les faits scandaleux que nous avons racontés plus haut. En 1460, le clergé, à la suite d'un différend avec les habitants, s'engagea de nouveau à payer le quart de toutes les dépenses militaires, mais, en 1478, il versa le tiers des sommes nécessaires à la reconstruction des fortifications (4), et, en 1523, les habitants réclamèrent en justice le maintien de

---

(1) P. Just. n° 51.

(2) Arch. Senlis, BB. III, f° 3 ᵛ.

(3) *Ibid.*, f° 6 ʳ°.

(4) *Ibidem*, BB. IV, 96.

cette proportion (1). Le clergé profita de ces disputes pour essayer de s'affranchir complètement de cet impôt, et, en 1536, il obtint des lettres du roi l'exemptant de toutes charges militaires pour un an ; bien mieux, en 1547, un arrêt du conseil déclara qu'il ne devait plus contribuer aux fortifications (2). Mais ce succès ne fut pas durable, et peu après le clergé fut contraint de paier le tiers des frais que coûtaient les travaux dirigés par le sieur de Roberval. En 1568, on fit de nouvelles réparations à la forteresse et on obtint des lettres patentes, qui obligeaient le clergé au paiement de son ancienne contribution.

Les affaires, que nous venons d'étudier, ne concernent plus aujourd'hui les municipalités ; le pouvoir central les confie à des agents spéciaux qui relèvent directement de lui. Au moyen âge elles formaient la majeure partie des occupations, dont étaient chargés les magistrats des villes, tandis que les objets, sur lesquels s'exerce aujourd'hui l'activité communale, n'avaient pour ainsi dire pas d'importance. Toutefois, les travaux publics d'utilité locale, alors comme aujourd'hui, étaient décidés par les assemblées municipales et s'exécutaient aux frais des habitants. Ils consistaient surtout dans l'entretien des chaussées et des bâtiments communaux ; car on faisait très peu de travaux neufs. Le plus important de tous les édifices municipaux était l'Hôtel de Ville ; à Senlis il n'appartenait pas uniquement à la ville et la corporation des bouchers était propriétaire de la plus grande partie du rez-de-chaussée, où était placée la halle à la boucherie. Lorsqu'en 1493 on décida de faire complètement reconstruire l'Hôtel de Ville « qui estoit fort caducque et en danger de cheoir, » tant estoit viel et ancien » (3), on dut conclure un accord avec la communauté des bouchers pour la répartition de la dépense à faire (4). Pendant deux ans, de 1495 à 1497, on y

---

(1) A esté advisé que l'on doit poursuivre lesdits de chappitre et le clergé de la dite ville, à contribuer pour un tiers en toutes et chacune des réparations de la dite ville, non obstant l'offre faite par iceulx de chapitre pour laquelle ils ont offert contribuéz aux dittes réparacions pour ung quart, à laquelle offre comme inutile et desraisonnable ne sera acquiescée. Arch. Senlis, BB. V, 253.

(2) Afforty, XXIV, 478.

(3) Archives de Senlis, BB. V, 7.

(4) *Ibid.*, DD. II, 2.

travailla vivement et les habitants, qui dans cet intervalle de temps s'étaient réunis au château royal, tinrent leur première assemblée dans leur nouvel hôtel, le 2 juillet 1497 ; cet édifice sert encore aujourd'hui au même usage, non sans avoir été endommagé par les diverses restaurations qu'il a subies. La ville devait aussi entretenir le beffroy, qui contrairement aux habitudes généralement suivies dans le Nord de la France était placé assez loin de la maison commune et se trouvait entre la Harengerie et l'Etape-aux-Vins ; il y avait une horloge et aussi une cloche que l'on sonnait chaque jour, matin et soir, et en outre pour annoncer les assemblées à l'Hôtel de Ville et l'ouverture des marchés.

En 1323 le roi avait rendu aux habitants le droit de percevoir une taxe pour l'entretien des chaussées, appelée « *barragium* », sans doute parce qu'il y avait des barrières sur les chemins aux endroits où elle devait être payée ; plus tard on l'appela la « *chaussée* », parce qu'elle servait à l'entretien des rues et des routes. Le fermier, chargé de la perception de cette redevance, était en même temps tenu de l'employer à l'usage pour lequel elle avait été établie ; on déduisait le prix des travaux qu'il exécutait sur la rente qu'il s'était engagé à payer (1). Mais la ville ne faisait pas de bénéfices sur cet impôt, et quelquefois il était insuffisant. Les habitants, réunis en assemblée générale ou particulière, décidaient quelles étaient les rues qu'il fallait refaire en entier ou seulement réparer ; en 1504 la toise de pavé coûtait 4 s. p. tout compris, façon et matériaux, pavés et sable. Quand les grands chemins étaient par·trop mauvais dans le voisinage de Senlis, la ville les faisait réparer à ses frais (2). On faisait encore curer les égouts et les fontaines et creuser des abreuvoirs.

Tous ces travaux devaient être adjugés au rabais sur un devis dressé par un homme compétent ; c'était également la règle pour les réparations qu'on faisait si souvent aux fortifications. Cependant en 1510 on décida de ne pas donner certains ouvrages au rabais, parce que ce mode d'entreprise avait donné lieu à de grands abus (3) ; mais là encore ce n'est

(1) P. Just. n° 45.
(2) Arch. Senlis, BB. V, 115 et 325.
(3) Arch. Senlis, BB. V, 84.

qu'une exception qui confirme la règle. Comme les gens d'église contribuaient à l'entretien des fortifications, on les appelait à toutes les assemblées, où des affaires de cette nature étaient décidées, à la conclusion des marchés et à la réception des travaux. Ces opérations se terminaient toujours au cabaret, et les ecclésiastiques prenaient, comme les autres bourgeois, part aux libations faites à l'auberge aux frais de la ville (1). Du reste, c'était l'usage général ; toutes les affaires se faisaient au cabaret. Au xvᵉ siècle c'était une des dépenses les plus considérables de la ville de Senlis.

La police municipale appartenait au bailli et aux autres juges royaux, qui, en 1320, avaient reçu les attributions qu'exerçaient auparavant les magistrats de la commune. Mais ces officiers prenaient souvent l'avis des habitants et, dans les registres contenant les procès-verbaux des assemblées, on trouve beaucoup de délibérations sur des affaires de cette nature (2). Il y avait un agent spécialement chargé de veiller à la propreté des rues : on l'appelait le « sergent des fiens »; il était nommé par les habitants assemblés et recevait de la ville une petite allocation annuelle. Les habitants étaient tenus de nettoyer les rues, chacun devant sa maison, et de porter les immondices et les gravois sur les remparts, le tout sous peine d'amende ; mais tous ne se conformaient pas au règlement et un grand nombre jetaient leurs ordures dans les ruelles voisines de leur maison ; cela causait une infection intolérable, et le 22 octobre 1542 nous voyons une assemblée

(1) « Pour deniers payés à Jehan Paynon, hostellain, pour dépence faite en son hostel par le prieur des Bons Hommes, messire Jacques de Layeville, déan de de S. Frambould, messire Henri Dufour, les attournéz et autres qui avoient esté veoir et recevoir l'ouvrage de maçonnerie que Jehan Wallut, maçon, avoit faite ès arches et dessoulx le pont leveiz de la porte de Paris, comme il appert par mandement des attournez, fait le XXII décembre 1452. » Arch. Senlis, CC. 56, 5.

(2) L'article 72 de l'ordonnance de Moulins portait que dans les villes où la police appartenait aux officiers royaux et non aux communautés, les habitants choisiraient un ou deux hommes dans chaque quartier, qui se réuniraient avec le juge pour faire des règlements de police et les faire exécuter. On divisa la ville en cinq quartiers : L'enclos de la Cité, la Porte au Pain avec les portes de Creil et de Paris, la Porte de Saint-Rieul avec le Marche-aux-Samedis et la place aux Charrons, la Halle et l'Etape-aux-Vins, la rue de Meaux et la poterne et on nomma un juge par quartier ; leurs pouvoirs expiraient à la Saint-Remy. Cela ne dura pas. Archives de Senlis, BB. VI, 353.

décider qu'on tiendra la main aux ordonnances afin de conserver à Senlis la réputation d'être l'une des villes les plus
propres du royaume (1). Quelques années plus tard on ordonne
aux habitants de jeter de l'eau dans les rues pour les nettoyer (2). En effet ce devait être indispensable de verser sur la
voie publique de grandes masses d'eau ; car dans cette ville,
dont la réputation de propreté, s'il faut en croire les habitants, était si bien établie, on jetait dans les rues les immondices et les ordures, parce que la plupart des maisons manquaient de latrines et de fosses d'aisances. Le 28 décembre
1555, une assemblée générale décide que dans chaque maison
on devra faire des latrines aux frais des propriétaires avant la
fête de Pâques de l'année 1556 à peine d'une forte amende (3).
En outre, chaque habitant devait toujours avoir devant sa ·
porte un seau plein d'eau pour combattre les incendies à
craindre pendant les grandes chaleurs ; c'était le principal
moyen alors en usage. La ville, en juillet 1509, avait acheté
quatre nouvelles douzaines de seaux et des échelles, parce
qu'à l'incendie qui peu de temps avant avait éclaté près de la
porte de Saint-Rieul, les deux douzaines qu'elle possédait
déjà avaient été tout à fait insuffisantes.

Les habitants de Senlis avaient aussi le droit de surveiller
l'administration de l'Hôtel-Dieu et de la maladrerie et partageaient avec l'évêque la tutelle des pauvres, qui appartenait
ordinairement aux officiers de justice. Ils intervenaient dans
la nomination des administrateurs de ces deux établissements,
que l'on nommait le maître de l'Hôtel-Dieu et le maître de Saint-
Ladre ; ils présentaient deux candidats à l'évêque qui choisissait. En mai 1500, le roi écrivit aux habitants de Senlis une
lettre qui prouve que leur choix n'était pas toujours libre et
aussi bien dirigé qu'il aurait dû l'être ; il est curieux de voir
Louis XII recommander comme maître de Saint-Ladre un
archer de sa garde (4). Ce système dura jusqu'en mars 1560,

(1) Arch. Senlis, BB. V, 350.

(2) *Ibidem*, VI, 46.

(3) *Ibidem*, 190.

(4) De par le Roy, chiers et bien aimez, vous savez assez qu'il vous
appartient présenter à l'évêque de Senlis, toutes et quantes fois que la
maistrise et gouvernement de la maladrerie du dit Senlis vacque, telle
personne que bon vous semble. Et, pour ce que le dit évesché est en
régalle et que ou mois d'aoust derrenier passé frère Jehan Langle, maître
de la ditte maladerie, avoit passé procuracion pour la résigner en nos

où un arrêt du parlement décida que les maîtres et les administrateurs des établissements charitables des bourgs et des villes du royaume seraient élus tous les deux ans par les habitants réunis en assemblée générale. En 1572, malgré les protestations de l'évêque, le procureur du roi défendit la prérogative des habitants et maintint leurs droits que ce prélat voulait attaquer ; l'évêque dut reconnaître les deux administrateurs que les habitants avaient nommés pour remédier au mauvais gouvernement de l'Hôtel-Dieu (1).

Les plaintes contre la mauvaise gestion des maîtres de l'Hôtel-Dieu sont constantes ; ils administraient si mal le bien des pauvres que parfois l'évêque lui-même provoqua leur destitution. En 1493, ce prélat dit aux attournés que le maître de l'Hôtel-Dieu dilapidait à son profit les revenus de cet établissement et ne soignait pas les malades et les pauvres et il les pria de réunir les habitants pour lui présenter un nouvel administrateur (2). Ce changement ne fit pas grand bien, car en 1508, le lieutenant-général du bailli déclarait en pleine assemblée que depuis 30 ou 40 ans les administrateurs n'avaient pas rendu de comptes, et les pauvres n'étaient pas

mains comme estant en notre collation et disposicion, ainsi que sont les autres beneffices et offices du dit eveschié, tant qu'il sera en régalle, au prouffit d'un nommé Nicolas Lefevre ; laquelle résignation, pour aucunes causes qui nous meuvent, refuzasmes recevoir, sinon qu'elle feust faitte en faveur et au prouffct de notre cher et bien amé Jehan Courtin, dit de Chantelus, archer de notre garde française, car nous confians entièrement de luy, aussi il est personnage pour bien gouverner icelle malladrerie et bien traiter les mallades, pourquoy, et que le dit frères Jehan Lengles est viel et fort maladif à ceste cause, et qu'il n'est plus selon le cours de nature pour longuement vivre, singulièrement désirons, le cas de vacation avenant, que le dit de Chantelus soit pourveu de la ditte malladerie, nous vous prions affectueusement que pour amour de nous vous le veuillez présenter à la ditte maitrise pour en estre pourveu si tost qu'elle vacquera et dès à présent en bailler vos lettres et consentement et par ce porteur les nous envoiez aussi que plus au long vous dira notre amé et féal conseiller le lieutenant du bailly de Senlis, ouquel en escripvons et vous nous ferez en ce faisant un très grant plaisir que voulontiers et bon cœur recongnoisterons en voz affaires. Donné à Lyon le IIIᵉ jour de may, ainsi signé Loys et au dessoulz bas Bourdin et en la subscription est escript : « A nos chiers et bien amez les bourgeois et habitants de Senlis, ayant droit de présenter à la malladerie du dit Senlis. Archives de Senlis, BB. V, 30.

(1) Archives de Senlis, BB. VI, 277 et 418.

(2) *Ibidem*, BB, V, 3.

nourris et pansés, comme ils devraient l'être (1). En 1521, les mêmes plaintes se renouvelèrent et les habitants de Senlis firent un procès à un certain messire Nicole du Pont, prêtre et administrateur de l'Hôtel-Dieu, pour le forcer à remettre en état l'Hôtel-Dieu des Marais, qui était ruiné. Le parlement leur donna raison et l'évêque se décida enfin à révoquer son subordonné le 23 juillet 1523 (2).

Cela n'allait pas mieux à Saint-Ladre. Le 19 décembre 1535 une assemblée décida qu'on forcerait l'administrateur de cet établissement à rendre ses comptes aux échevins afin d'empêcher que les mendiants, qui étaient excessivement nombreux, n'allassent plus par bandes mendier dans les rues, dans les églises et dans les maisons (3). Bien que les établissements religieux, chapitres et couvents, fussent en très grand nombre à Senlis, relativement à l'importance de la ville, et que, très riches pour la plupart, ils dussent d'après leurs statuts faire beaucoup d'aumônes, la misère n'en était pas moins des plus grandes et les mendiants pullulaient dans la ville. Bien souvent dans le cours du seizième siècle les assemblées s'occupèrent des moyens de leur venir en aide. Les marguilliers dressaient un état des pauvres de leur paroisse et on leur donnait des secours aux frais de la ville ; avant de commencer les distributions, on avait soin de solliciter des lettres patentes mettant la moitié de la dépense à la charge du clergé, sous le prétexte qu'il manquait à sa mission en ne secourant pas les pauvres (4). Mais ces mesures étaient exceptionnelles et on n'y avait recours que très rarement. L'assistance publique n'était donc pas organisée ; il n'y avait que l'assistance religieuse, et, s'il faut en croire les plaintes des habitants de Senlis, les pauvres n'en recevaient pas grand soulagement.

Au moyen âge les écoles étaient comme les hôpitaux entre les mains du clergé et pendant longtemps les communautés n'y intervinrent en aucune façon soit pour le choix des maîtres, soit pour l'entretien des bâtiments. Dès le XIIᵉ siècle il y avait des écoles où on enseignait la lecture et le plain-

(1) Archives de Senlis, BB. V, 68.
(2) *Ibidem*, 206.
(3) *Ibidem*, BB. V, 302.
(4) *Ibidem*, BB. VI, 38 et 339.

chant (1). En 1353, elles furent réorganisées ; l'évêque se réserva le droit de nommer le maître des grandes écoles, où l'instruction était un peu meilleure que dans les petites, dont le sous-chantre du chapitre de la cathédrale avait la surveillance (2). Les habitants avaient simplement le droit de faire des remontrances à l'évêque, quand il négligeait de pourvoir . les écoles d'un instituteur (3). Un évêque de Senlis, nommé Fillon, mort en 1526, ayant laissé deux cents livres pour acheter une maison, la ville dut intervenir plus souvent pour soutenir les grandes écoles qui avaient été complètement réorganisées lors de leur installation dans ce nouveau local. L'évêque, après en avoir conféré avec les attournés et les officiers du roi, avait fait venir en 1529 des régents de l'Université de Paris pour tenir les grandes écoles, que l'on commençait à appeler le collège ; mais, comme nous l'avons dit plus haut, la misère était alors très grande à Senlis et les instituteurs ne recevaient rien de la plupart de leurs écoliers, dont les parents étaient de pauvres gens réduits à la mendicité. Les malheureux professeurs s'adressèrent aux habitants et leur représentèrent qu'à Paris leur situation était bien meilleure, qu'ils avaient un traitement convenable et en plus le vivre et le couvert ; mais la ville ne voulut pas les prendre à sa charge et on se contenta de leur donner cent sous pour une fois (4). Les écoles restèrent dans cette triste condition jusqu'au mois d'août 1565 où le sort des maîtres fut assuré. L'ordonnance d'Orléans avait ordonné que dans toute ville pourvue d'une église cathédrale une des prébendes du chapitre serait affectée à l'entretien d'un précepteur, qui serait chargé d'instruire gratuitement les jeunes enfants de la ville ; le régent devait être nommé et révoqué par l'évêque sur l'avis des chanoines de la cathédrale et des échevins de la ville ; c'était une véritable entreprise du pouvoir civil sur la puissance spirituelle ; elle était du reste parfaitement justifiée. A

(1) Afforty, XIV, 63.

(2) Afforty, XVIII, 477.

(3) Anno 1432, die veneris 23 maii, in capitulo venerunt magister Sicardus de le Cancl et Petrus Beu ex parte villæ, prout dicebant et requisierant quod domini de capitulo nunc habentes regimen episcopatus, sede vacante, provideant de magistro scholarum. Extraits des registres Capitulaires de Notre-Dame, apud Afforty, anno 1432.

(4) Arch. Senlis, BB. V, 271.

Senlis, comme en beaucoup d'autres lieux, l'évêque résista et refusa d'exécuter cette loi spoliatrice; le procureur du roi près le siège présidial fit saisir une des prébendes vacantes et la ville poursuivit l'évêque devant le parlement, qui condamna le prélat récalcitrant. Il fallut s'exécuter et l'évêque se déclara prêt à nommer le principal qu'on lui présenterait; les habitants envoyèrent à Paris deux députés chercher un homme capable qui voulût bien venir à Senlis et amener avec lui deux régents pour instruire gratuitement les enfants de la ville. Cette intervention dans le choix des maîtres obligea la ville d'entretenir à ses frais les bâtiments du collège. Vers 1554 les exécuteurs testamentaires de l'évêque Fillon avaient fait à la ville délivrance de la maison léguée par ce prélat pour les grandes écoles et on y avait fait des réparations. Mais quand le collège eut été réorganisé en 1565, il se trouva trop petit et il fallut l'agrandir; on acheta les maisons voisines et on construisit un bâtiment pour loger maîtres et écoliers (1). Il en coûta 434 livres aux habitants, qui pour les payer levèrent une taille spéciale, et depuis cette époque la ville ne cessa plus de s'occuper du collège; mais l'instruction élémentaire resta abandonnée au clergé jusqu'à la Révolution de 1789.

(1) Archives de Senlis, BB. VI, 146, 326, 337, 417, etc.

CHAPITRE IV

Il nous reste à voir quelles ressources la ville possédait pour subvenir aux dépenses que lui imposaient les affaires que nous venons d'étudier dans les deux chapitres précédents. Les dépenses ordinaires étaient peu importantes; elles consistaient dans les cens et rentes, dus pour les diverses propriétés communes, et dans les pensions, payées chaque année aux différents officiers et agents municipaux, ainsi qu'au capitaine et à son lieutenant. Mais les dépenses extraordinaires étaient quelquefois très élevées; comme elles étaient presque toutes causées par les obligations militaires, imposées à la ville par la royauté, elles variaient de beaucoup chaque année suivant qu'on était en paix ou en guerre ou suivant que les réparations à faire aux fortifications étaient plus ou moins importantes; toutefois elles éaient toujours plus considérables que les dépenses ordinaires. De même les revenus ordinaires étaient insignifiants et il fallait chaque année se procurer des ressources extraordinaires. Dans ces conditions il était presque impossible de dresser à l'avance un état de prévoyance des recettes et des dépenses. D'ailleurs personne n'y pensait, même au seizième siècle; on marchait au jour le jour et quand la ville n'avait plus d'argent en caisse et devait une somme assez ronde, on levait une taille pour combler le déficit; c'est à ce système tout à fait primitif que se réduisait la science financière des bons bourgeois. Cependant il aurait été bien facile d'établir un budget ordinaire; on en aurait trouvé les éléments dans l'exposé de la situation que les attournés présentaient aux habitants à leur sortie de charge. Mais ils se contentaient d'énumérer les cens et les rentes dus par la ville à chaque terme de l'année, les pensions et les gages payés au capitaine et à son lieutenant, à l'avocat et au procureur, aux attournés, au clerc, au sergent et autres agents municipaux, et ils dres-

saient ensuite l'état des propriétés et des revenus ordinaires
de la ville, en indiquant ce que chaque chose rapportait.
Tout ce travail était des plus confus et on ne faisait même
pas de comptes, si bien qu'il était impossible de se servir de
cet état pour prévoir ce que seraient les recettes et les dépenses ordinaires de l'année suivante (1).

Nous avons vu qu'en 1320 la ville avait perdu la plus grande
partie de ses biens ; on lui avait laissé seulement quelques-
unes de ses propriétés, l'Hôtel de Ville, le beffroy, les fortifications, et quelques-unes des taxes qu'elle avait acquises soit
de la royauté elle-même, soit des seigneurs laïques ou ecclésiastiques ; le roi avait conservé pour lui les halles, les marchés
et la plupart des taxes indirectes qui formaient le principal
revenu de la ville (2). Depuis cette époque la ville avait
acheté quelques maisons qu'elle louait à divers particuliers ;
les baux étaient faits par les attournés, en général pour une
courte durée. Elle louait aussi les quelques étaux qu'elle possédait encore à la Porte au Pain, à la boucherie et dans les
autres halles et marchés et elle affermait pour une durée plus
longue le moulin de la rue de Meaux, dont elle avait acquis
la moitié par un accord avec le prieuré de Saint-Nicolas
d'Acy (3). Elle était propriétaire du droit de pêche dans la
plus grande partie des fossés des fortifications et en tirait
sept ou huit livres de revenu chaque année (4).

En 1322 le roi rendit à la ville le droit de barrage ou de
chaussée qui était perçu aux portes et était affecté à l'entretien des rues et des chemins. La ville en affermait la perception tantôt en bloc, tantôt en plusieurs lots comprenant
chacun une porte ; cette taxe à la fin du xive siècle rapportait environ 70 à 80 livres par an. La ville n'avait pas l'habitude de faire des bénéfices sur cet article ; tout était
employé aux réparations des chaussées et souvent même elle
devait s'imposer pour payer les dépenses faites pour cet
objet. En 1416 elle obtint du roi certains petits droits sur la
vente en gros de la marée et sur le déchargeage et le forage

(1) Voir l'état de la Ville de 1435-1436. P. Just. no 51.

(2) Voir plus haut, p. 59.

(3) Archives de Senlis, BB. 1, 2, 9, 10, 21, 24 et *passim* dans tous les
registres.

(4) *Ibidem*, CC. 49, 2.

des vins qui avaient autrefois appartenu à la commune et étaient alors abandonnés à quelques particuliers. Ils valaient 40 à 50 l. p. environ; c'était bien peu de chose et pendant tout le temps des guerres ils ne rapportèrent presque rien; en outre ils étaient spécialement affectés à l'entretien des fortifications (1).

La ville n'avait pas d'autres ressources ordinaires. Le tout en 1454 et 1455 ne valait pas plus de 30 l. p. (2); il est vrai qu'à cette époque les effets désastreux de la guerre de Cent-Ans se faisaient encore sentir. En 1544 la ville n'avait pas plus de 100 l. t. de revenus et en 1547 on disait que cela suffisait à peine pour payer les pensions et les gages des officiers municipaux (3). Par conséquent il fallait chaque année se procurer des ressources extraordinaires pour subvenir aux autres dépenses de la ville.

A la fin du xive siècle, les habitants, réunis en assemblée générale, votaient des tailles désignées sous le nom de *taille de la forteresse,* quel que fut l'objet de la dépense qu'elles étaient destinées à payer. En juillet 1385 pour le don fait à la reine on vote la levée de deux mois de la taille de la forteresse (4) et en 1390 on paie sur les sommes provenant de cette taille les dettes de toute nature qu'avait alors la ville (5). La conjecture, qui nous paraît le mieux expliquer ce fait, c'est que les habitants, depuis la suppression de la commune, n'avaient plus le droit de s'imposer pour les dépenses municipales sans autorisation, à moins que ce ne fût pour les réparations à faire à la forteresse, dont ils étaient chargés; pour éluder cette règle gênante, ils payaient sur cette taille dite de la forteresse tout ce qu'ils dépensaient. Plus tard, quand les libertés, dont ils jouissaient par la tolérance des baillis, eurent reçu la consécration du temps et furent passées en force de coutumes, ils abandonnèrent cet artifice et s'imposèrent directement; en même temps le nom de taille de la forteresse disparut; ce fut dans les premières années du quinzième siècle, au commencement de la lutte entre les

(1) *Recueil des Ordonnances,* t. X, p. 375.
(2) Archives de Senlis, CC. 61, fo 12.
(3) *Ibidem,* BB. VI, 47.
(4) *Ibidem,* BB. I, 22 et 30.
(5) *Ibidem,* 36, 102, 105, 107, etc.

Bourguignons et les Orléanais. Les tailles de la forteresse ne
se levaient pas en bloc, mais elles se payaient par mois en
un certain nombre de fois, suivant que le montant de la taille
était plus ou moins élevé ; les versements mensuels à faire
par les taillables ne variaient pas beaucoup. Les assemblées
ordonnaient le plus souvent la levée d'un certain nombre de
mois de la forteresse suivant l'assiette dernièrement faite.
Mais, si les rôles étaient établis depuis un certain temps on
nommait des commissaires pour les reviser et on les chargeait
de décider combien de mois on devrait cueillir pour se procurer l'argent nécessaire aux besoins de la ville ; de temps
en temps on refaisait les rôles entièrement (1).

Quand on eut abandonné l'usage des *tailles par manière de
forteresse,* les habitants votèrent la levée des sommes nécessaires à leurs besoins et nommèrent chaque fois des commissaires pour en faire la répartition, soit qu'il fallût établir de
nouveaux rôles, soit qu'on pût se borner à reviser et compléter les anciens. Comme ces opérations coûtaient assez
cher, on levait rarement des tailles particulières pour les
dépenses municipales ; lorsque la somme, dont on avait besoin,
n'était pas très élevée, on attendait un peu et on la percevait
en même temps que la plus prochaine taille pour le roi et sur
les mêmes rôles ; les habitants avaient à payer une somme
principale pour le roi et un certain nombre de centimes additionnels pour la ville. Mais ils étaient plus libres de s'imposer
que nous ne le sommes aujourd'hui ; ils pouvaient mettre
autant de centimes additionnels que bon leur semblait ; il n'y
avait pas de limite fixée par le pouvoir central et ils avaient
le droit de lever des tailles spéciales sans l'autorisation du
roi ou de ses agents. La royauté pensait avec raison qu'il n'y
avait aucun danger, puisque les tailles de toute nature
devaient être votées par les habitants réunis en assemblée
générale ; la nécessité du consentement des taillables était la
meilleure garantie. Toutefois, dans la seconde moitié du
XVIᵉ siècle, on exigea l'approbation du roi ; pour les tailles
importantes les habitants devaient solliciter des lettres
patentes adressées au bailli et aux gouverneurs (2). A cette
époque dans toutes les occasions, on s'efforçait de restreindre

(1) P. Just. nᵒ 34.
(2) Archives de Senlis, BB. VI, 235.

les libertés municipales et de réserver toutes les ressources du pays pour les besoins du trésor royal.

Dans l'instruction rédigée en 1356 par les trois états de la langue d'Oil pour la levée des fouages, il était recommandé que le subside fût réparti dans les villes ou dans les paroisses par quatre ou cinq personnes élues par les habitants assemblés (1). C'était à Senlis une ancienne coutume, comme on le voit par les tablettes de cire et par le compte de 1324-1325; elle persista et fut toujours observée, du moins jusqu'au xviie siècle. A la fin comme au commencement du xive siècle, les répartiteurs étaient élus par les habitants qui en choisissaient un par guet. On devait toujours les nommer en assemblée générale, réunie au son de la cloche, et cet usage était tellement bien établi, qu'une réunion de notables décida de s'y conformer « pour eschever le murmure du peuple et commun de ceste ville » (2). En 1386, on nomma deux répartiteurs par guet; mais le plus souvent on n'en prenait qu'un. Il y avait encore sept guets, dont les noms et les limites n'étaient pas changés : rue Bellon, bourg Saint-Vincent, Vitel, rue Parisie, le Châtel, la place aux Charrons et le marché aux samedis. Ce système dura jusqu'en 1466; cette année-là, on choisit un homme de chacun des métiers suivants : couturiers, cordonniers, barbiers, merciers, drapiers et chaussetiers, tisserands, foulons et tondeurs, maréchaux, laboureurs, vignerons et boulangers; on donna trois représentants aux bourgeois et praticiens et deux aux maçons, couvreurs et charpentiers (3). On suivit cette mode pendant un certain temps, tout en revenant parfois aux anciens usages (4). Enfin, en 1521, on choisit pour répartiteurs les collecteurs de l'année précédente (5); pendant un certain temps on alterna entre les deux systèmes, mais vers 1550 ce devint la règle de confier la répartition des tailles aux habitants qui avaient été chargés de lever celles de l'année précédente, en donnant pour raison « qu'ilz pouvoient avoir

---

(1) *Recueil des Ordonnances*, T. VI, p. 444.

(2) Archives de Senlis, BB. IV, 45.

(3) *Ibidem*, BB. IV, 28.

(4) *Ibidem*, 88.

(5) *Ibidem*, BB. V, 185.

bonne cognoissance des facultez des dits habitants pour avoir cueilli et levé la taille sur eulz » (1).

Les répartiteurs prêtaient serment entre les mains des élus et juraient de remplir loyalement leur charge, et de s'acquitter de leur mission en leur âme et conscience (2). Ce serment devait se faire entre les mains des élus qui, en 1494, firent un procès au lieutenant-général, Hugues Boileau, qui l'avait reçu contrairement à l'usage. Ordinairement les répartiteurs se réunissaient à l'Hôtel de Ville pour dresser ou reviser les rôles ; mais parfois ils accomplissaient leur tâche à la taverne en buvant et mangeant aux frais de la ville. Ils recevaient une indemnité, comme tous ceux qui faisaient la moindre besogne pour la communauté, bien qu'on dut servir la ville chacun à son tour. Les répartiteurs ne devaient pas fixer eux-mêmes leur propre cote ; ils étaient taxés quelquefois par des habitants, nommés spécialement pour ce travail, et le plus souvent par les attournés assistés de quelques notables. Il arrivait parfois que cette règle n'était pas observée et que les répartiteurs s'imposaient eux-mêmes et avaient soin de se ménager, mais les habitants ne manquaient pas d'y veiller et de réprimer ces abus (3).

Lorsque depuis quelque temps on n'avait pas levé des tailles, il fallait refaire les rôles en entier et les dresser sur « nouvel inventoire. » On évaluait la fortune de chacun des habitants soumis à l'impôt et on répartissait entre tous le montant de la taille au marc le franc ; mais nous ne savons pas comment se faisait cette évaluation ; toutefois il est probable qu'on se contentait de moyens d'information très sommaires, peut-être même de la déclaration des contribuables ou de l'appréciation personnelle des répartiteurs. Mais habituellement on revisait seulement les derniers rôles, en ajoutant les nouveaux venus dans la ville et en tenant compte, s'il y avait lieu, des réclamations des intéressés ; du reste, les anciens rôles devaient toujours servir de base de travail. Quand l'entretien des gens d'armes des compagnies d'ordonnance eut rendu les tailles royales annuelles et régulières, on ne refit plus les rôles à nouveau et on se contenta de

---

(1) Archives de Senlis, BB. VI, 129.
(2) *Ibidem*, BB. IV, 45.
(3) *Ibidem*, BB. V, 163.

les reviser chaque année. Pour éviter de payer des répartiteurs spéciaux, pendant la dernière moitié du xv° siècle,
souvent les habitants confièrent cette revision aux attournés,
et encore en 1496, on chargeait les gouverneurs « de veoir
le pappier de la dernière assiette, ils feront un nouveau rôle,
mettront au dit rôle les nouveaux ménages, qui seront venus
en la ville et les nouveaulx mariés et augmenteront où besoin
sera » (1). Mais ce système ne devint pas la coutume, et au
xvi° siècle, on continua de nommer des répartiteurs qui,
comme nous l'avons dit plus haut, étaient le plus souvent
les collecteurs de l'année précédente.

Tous les habitants étaient tenus de contribuer aux tailles
suivant leurs facultés ; on ne faisait même pas exception pour
les pauvres gens, qui ne possédaient absolument rien. Le
13 juillet 1385 une assemblée décide que tout homme demeurant à Senlis devra payer sa part des dépenses de la
ville et que l'on poursuivra ceux qui s'y opposeront (2) ; les
femmes veuves étaient aussi inscrites sur les rôles de la
taille (3). Les domestiques paraissent ne pas avoir été soumis
à l'impôt ; le 12 novembre 1386 un certain Jean Mainot est
en partie déchargé de ses contributions, « parce qu'il estoit
valet non marié et non tenant mesnage » (4). M. Boutaric dit
que les clercs ne participaient pas aux tailles municipales (5) ;
il nous semble qu'il a fait erreur. A Senlis, déjà du temps
de Philippe-le-Bel et de ses fils, les clercs payaient leur
part des tailles de la ville, comme le prouvent les tablettes
de cire et l'accord de 1321 (6). Ils devaient même, d'après
cette convention, contribuer aux tailles royales ; mais ils firent
quelquefois des difficultés, car en 1448 la ville dut obtenir
du roi un mandement obligeant les clercs praticiens, officiers
royaux ou marchands à payer la taille du roi (7).

Les nobles étaient exempts de tous impôts directs ; mais ils
devaient faire la preuve de leur origine, sans quoi les répartiteurs les portaient sur les rôles. Avant d'accorder les exemp-

(1) Archives de Senlis, BB. V, 15.
(2) *Ibidem*, BB. I, 30.
(3) *Ibidem*, CC. 64, f° 12.
(4) *Ibidem*, BB. I, 116.
(5) Boutaric, *Philippe-le-Bel*, p. 257.
(6) P. Just. n° 23.
(7) Archives de Senlis, CC. 50, f° 12.

tions qui leur étaient réclamées par les nouveaux nobles, que dès le xv° siècle la royauté fabriquait en grand nombre, les habitants faisaient une enquête solennelle et refusaient de reconnaître les privilèges de tous ceux sur lesquels il y avait le moindre doute. En 1445 les habitants refusèrent d'accepter une décision des commissaires sur le fait des aides pour le pays au delà de la Seine exemptant de la taille un certain Jacques de la Queue, se disant noble; ils donnaient pour raison de leur opposition que cet individu ne vivait point noblement, qu'il n'allait point à la guerre, qu'il n'avait pas pris part aux sièges de Meaux, Creil et Pontoise, et enfin qu'il s'occupait de commerce (1). Dans les années 1455 et suivantes ils soutinrent un procès devant la Cour des aides contre Antoine du Petit-Cambray, dont ils contestaient la noblesse, et le perdirent, ce qui leur coûta fort cher (2). En 1468 une assemblée générale s'opposa à l'entérinement des lettres de noblesse obtenues par le fameux Hugues Boileau. et autorisa les attournés à plaider contre lui; la lutte dura plus de dix ans, mais en 1479 la ville dut céder, et les lettres de noblesse, obtenues par le lieutenant général du bailliage, furent enfin enregistrées (3). Tous ces procès étaient ruineux; mais les habitants n'en persistaient pas moins à tenter les chances de la lutte et se refusaient le plus souvent à reconnaître les nouveaux nobles. Encore en 1576 ils firent des difficultés pour accepter les lettres de noblesse obtenues par le maître des eaux et forêts (4).

Il faut croire qu'au xvᵉ siècle les officiers royaux ne jouissaient pas encore des privilèges qu'on leur accorda plus tard en matière d'impôts; car les principaux magistrats, le lieutenant général et le lieutenant particulier, le procureur du roi, les élus payaient leurs tailles sans faire la moindre réclamation. Cependant les officiers commensaux du roi cherchaient déjà à se faire exempter de l'impôt, mais ils le réclamaient comme une faveur et non comme un droit. Le roi prie, par lettre scellée du sceau secret, les habitants de Senlis d'exempter un de ses familiers (5); de grands personnages

(1) Archives de Senlis, CC. 64, f° 13 et 65, f° 7.
(2) *Ibidem*, BB. IV, 45, 66, 106.
(3) *Ibidem*, BB. III, 51.
(4) *Ibidem*, BB. VI, 463.
(5) *Ibidem*, BB. II, 121.

font des demandes analogues pour d'autres officiers, et le plus souvent les habitants n'en tiennent aucun compte (1). Cependant la Chambre des Comptes en 1383 ordonne de rayer des rôles le receveur des tailles, sous prétexte qu'il demeurait à Senlis uniquement parce que son service l'y retenait et qu'il n'y possédait rien ; les habitants obéirent sans trop murmurer (2). Mais dans toutes les autres occasions, ils firent opposition à toutes les lettres d'exemption obtenues par des officiers royaux et s'efforcèrent de faire respecter la règle posée par le mandement de 1383, à savoir que toute personne demeurant dans la ville devait payer les tailles (3).

Dans la même assemblée où étaient élus les répartiteurs, les habitants choisissaient un ou plusieurs collecteurs. Ces fonctions étaient obligatoires, et les élus faisaient mettre en prison ceux qui les refusaient (4) ; on n'exemptait même pas les vieillards septuagénaires ne sachant ni lire ni écrire (5). On disait que chaque habitant était tenu de servir la ville à son tour, et on se servait de cette raison pour ne donner aux collecteurs qu'une indemnité dérisoire, 3 ou 4 deniers pour livre (6). Quand les tailles devinrent plus fréquentes, on trouva le bardeau trop lourd, et les habitants, qui en supportaient le poids tour à tour, voulurent s'en décharger. En 1454 on donna au rabais la perception de la taille ; on demandait une remise d'environ 3 p. 100. Parfois même on ne trouvait pas d'amateurs, et les attournés devaient se charger de la collecte ; il en fut ainsi en 1479. Mais il y avait tant d'inconvénients que pour les éviter on consentait jusqu'à 6 p. 100 de remise comme en 1484 et, malgré cela, pendant les quinze premières années du xvie siècle, l'argentier de la ville dut se charger du recouvrement des tailles.

Enfin, en 1518, comme personne ne s'était présenté à la séance d'adjudication tenue le 16 décembre par les attournés, on décida de nommer pour chaque paroisse de la ville un collecteur, auquel on donnerait une remise d'un sou pour

(1) Archives de Senlis, BB. I, 23, 33, etc.
(2) *Ibidem*, BB. I, 9.
(3) *Ibidem*, BB. I, 8, 12, 52, 86, 99, 115, etc.
(4) *Ibidem*, BB. I, 40.
(5) *Ibidem*, BB. V, 96.
(6) *Ibidem*, BB. III, 64.

livre conformément à l'ordonnance royale de 1517 (1). Comme la ville comptait huit paroisses, dans l'assemblée générale convoquée à l'occasion de la taille, les habitants de chaque paroisse se formaient en huit sections, qui choisissaient un collecteur parmi les personnes demeurant sur la paroisse.

Quand les répartiteurs avaient établi le rôle de la taille, on en faisait faire deux exemplaires, que l'on remettait aux élus, qui gardaient l'un et rendaient l'autre aux collecteurs après l'avoir signé et rendu valable. Cette formalité était exigée pour les tailles municipales aussi bien que pour les tailles royales; aucun rôle ne devait être mis en recouvrement avant d'avoir été approuvé et certifié par la signature des élus (2); en le renvoyant aux collecteurs, les élus y joignaient une commission qui permettait de contraindre les récalcitrants (3). Ensuite les collecteurs signifiaient le montant de leur cote à chacun des taillables et les termes de payement, fixés par l'assemblée générale en général plusieurs semaines avant les termes des versements à faire au receveur des tailles. Les taillables, qui se croyaient trop imposés, pouvaient immédiatement après la signification former opposition à leur cotisation et intenter aux collecteurs une action en dégrèvement devant les élus ou le bailli, suivant que la taille était pour le roi ou pour la ville. Les habitants prenaient toujours fait et cause pour les collecteurs, et la ville avait toujours à soutenir de ce chef de longs et ruineux procès.

Tous ceux qui n'avaient pas formé opposition aux rôles devaient payer leur cote au terme fixé, sans quoi, après deux sommations, les collecteurs pouvaient faire saisir leurs meubles par un sergent et les faire emporter par un homme de peine qui les suivait avec une brouette; déjà, dans le compte de 1324, on trouve la mention des salaires payés au sergent et au « broutier » qui accompagnaient les collecteurs; cet usage était encore suivi à la fin du xvi° siècle. Tout en employant ces moyens de coercition, les percepteurs ne réussissaient jamais à se faire payer par tout le monde, et dans le

(1) Archives de Senlis, BB. V, 164.

(2) *Ibidem*, CC. I, pièce n° 27 et BB. VI, 28, 30, 45, etc.

(3) « A Jehan Desprez, clerc des esleus pour la commission des dis esleus, afin de contraindre les habitans chacun en droit soy à paier la cotité de la taille des gens d'armez, pour un an commençant le premier jour de janvier 1454 et finissant le dernier jour de décembre 1455. » Archives de Senlis, CC. 64, 13 v°.

compte on trouve *en deniers rendus et non reçus les cotes des mauvaises payes*. En 1431-32 il y avait 98 taillables qui étaient inscrits comme mauvaises payes, où il n'y avait rien à prendre et, vingt ans plus tard, six ans après la pacification complète de la région, les taxes irrécouvrables s'élevaient encore à plus de 4 et 5 p. 100 du montant de la taille (1). Ce fait, rapproché des difficultés que la ville avait pour trouver des collecteurs, montre que la taille ne se percevait pas facilement.

Les habitants faisaient tout ce qu'ils pouvaient pour se soustraire à l'obligation de voter des tailles pour les besoins de la communauté et préféraient de beaucoup recourir à des impôts indirects pour se procurer de l'argent; mais pour établir ces taxes il fallait l'autorisation de la royauté, qui était disposée à se réserver pour elle seule ce moyen de battre monnaie. Avant d'accorder son approbation, elle exigeait que les habitants, réunis en assemblée générale, donnassent leur consentement à l'établissement de la taxe dans un acte authentique (2). Mais on ne demandait pas l'unanimité et l'on se contentait de la majorité; en 1468 Louis XI autorisa la perception d'une taxe de 8 s. p. par muid sur les vins consommés dans la ville et provenant de vignobles situés hors du bailliage de Senlis, malgré l'opposition des gens d'église qui ne voulaient pas accepter ce droit protecteur pour la piquette du pays contre les vins des bons crus (3). A cette époque la majorité des habitants de Senlis témoignaient en toutes les occasions du sérieux intérêt qu'ils portaient aux pauvres gens et se refusaient à imposer les aliments de première nécessité. Le 3 août 1475 une assemblée générale n'accepta pas les propositions, que lui faisait un secrétaire du roi, d'établir une taxe sur le pain « pour ce que il préjudicerait à tout le menu peuple, résidant et habitant en la ditte ville » (4). Ils désiraient vivement remplacer les tailles par des impôts indirects, dont le poids se faisait moins sentir, mais ils se préoccupaient de dégrever les pauvres que ces impôts frappent toujours au delà de leurs facultés. Ces autorisations n'étaient accordées par la royauté que pour un

---

(1) Archives de Senlis, CC. 51, fᵒ 21 et 55 fᵒ 7.
(2) *Ibidem*, BB. II, 131 rᵒ. CC. 56, 11.
(3) *Ibidem*, BB. IV, 43 et 47.
(4) *Ibidem*, BB. IV, 74.

espace de temps très court, trois ou quatre années au plus. Il
en est encore ainsi aujourd'hui pour les octrois municipaux ;
mais déjà dans ces temps reculés il était beaucoup plus facile
d'établir une taxe nouvelle que de supprimer d'anciens
impôts, et souvent la ville demandait le renouvellement de
l'autorisation à la royauté qui l'accordait assez facilement.

De 1438 à 1449, Charles VII abandonna aux habitants une
part des aides, que ses agents percevaient dans la ville, c'est-
à-dire du sou pour livre sur toutes les denrées vendues ou
échangées dans Senlis et du huitième du prix du vin, qui y
était vendu en détail ; en 1479, Louis XI fit la même faveur
à la ville. Chaque année à la fin de l'exercice le receveur
royal versait au dépensier la part qui revenait à la communauté (1). Mais la royauté n'employait pas fréquemment ce système, qui la privait d'une partie de ses ressources ; elle aimait
mieux autoriser les habitants à établir des taxes spéciales.

Ces impôts indirects municipaux, ces dons et octrois,
comme on disait déjà pour bien marquer la nécessité de
l'approbation royale, frappaient sur le vin et sur le sel. Le
vin était imposé différemment, suivant qu'il était vendu en
gros et en détail ; en gros il payait un droit minime *ad
quantitatem,* tandis qu'au détail il subissait, comme aujour-
d'hui chez les débitants des petites villes et villages, un droit
proportionnel à la valeur et beaucoup plus fort. A Senlis, on
appliquait en général le tarif suivant ; chaque queue de vin,
dont le pot était vendu au détail quatre deniers, devait un
droit de quatre sous, la queue à 6 deniers le pot payait une
taxe de six sous et ainsi de suite (2).

La ville n'exploitait pas ses octrois en régie ; mais elle les
affermait au plus offrant et dernier enchérisseur. Nous ne
savons pas comment se faisait la perception ; mais il est probable que les débitants étaient soumis aux visites et au contrôle du fermier et de ses agents, et que le droit sur le vin,
vendu en gros, se payait à l'Etape au moment de la vente en
même temps que le droit de forage. Les contestations au sujet
de cet impôt étaient portées devant le prévôt urbain et en
appel devant le bailli, c'est-à-dire devant les juges ordinaires (3).

(1) Archives de Senlis, BB. II, 122, III, 108, IV, 112 et CC, 50, f° 2.
(2) *Ibidem*, BB. II, 12, 89 et CC. 49, 5.
(3) *Ibidem*, CC. 49, 3.

La ville préférait obtenir des droits sur le sel, qui frappaient sur tous ceux qui habitaient dans la circonscription du grenier de Senlis et donnaient un produit très élevé, sans grever aussi fortement les bourgeois.

Quand le roi Charles VII rétablit en 1404 un grenier à sel à Senlis, il accorda à la ville la marchandise du sel pour quatre années, c'est-à-dire le droit de fournir de sel pendant ce temps le grenier à ses risques et périls. Les habitants tentèrent d'abord l'opération pour leur propre compte ; ils empruntèrent mille livres, achetèrent du sel et envoyèrent même un des leurs jusqu'à Guérande, en Bretagne, pour s'en procurer ; il en acheta une grande quantité pour 1,400 livres, et le fit transporter par mer à Harfleur, sur un navire frété de compte à demi avec la ville de Meaux. On installa un clerc chargé de garder les clefs du grenier et de surveiller le contrôleur royal ; le sel était vendu le prix fixé par les ordonnances ; on en retirait la taxe imposée par le roi à son profit et ce qui restait appartenait à la ville, qui, après avoir prélevé le prix d'achat, avait encore un beau bénéfice (1). Mais cette entreprise était aléatoire, puisque le profit dépendait des prix d'achat du sel, qui pouvaient s'élever ou baisser suivant les circonstances, et les frais de surveillance étaient très élevés. C'est pourquoi en 1406, la ville afferma son droit, moyennant 200 écus d'or de redevance annuelle (2).

A la fin de son règne Charles VII rendit aux habitants de Senlis la marchandise du sel dont ils avaient déjà joui au commencement du siècle, et Louis XI renouvela cet octroi plusieurs fois (3). Mais Olivier le Daim parvint à se faire donner ce beau droit d'un si joli revenu ; pour obtenir qu'il voulut bien le lui rendre, la ville s'imposa les plus grands sacrifices ; il lui en coûta plus de 700 écus d'or (4). Il est vrai qu'elle en tirait de beaux bénéfices ; elle l'affermait aux enchères. et en 1487 le fournisseur lui payait une redevance de 7 l. 15 s. t. par muid vendu au grenier, que les acheteurs payaient au maximum 44 l., soit 1/9 du prix de vente (5).

(1) Archives de Senlis, BB. II, 2. 4 et 8.

(2) *Ibidem*, BB. II, 10.

(3) Afforty, XXI, 585 et Archives de Senlis, CC. 61, fᵒ 12 et BB. III, 105-106. IV, 30.

(4) *Ibidem*, BB. IV, 127.

(5) *Ibidem*. BB. IV, 166.

En 1488, Charles VI autorisa la perception au profit de la ville de Senlis d'une crue de 12 d. p., sur chaque minot de sel vendu au grenier ; ce don fut renouvelé plusieurs fois et de 1441 à 1492, la ville jouit d'une crue en même temps que des droits de fourniture exclusive, dont nous venons de parler. Les lettres patentes, par lesquelles le roi renouvela pour six ans la crue établie de 16 d. p. par minot établie en 1451, contenaient ce paragraphe, qui explique très bien l'organisation de cet impot: « tout le sel qui sera vendu audit grenier, sera vendu par le grenetier à la dite crue de 16 d. p. sur chacun minot de sel oultre et par dessus notre droit de gabelle et celuy du marchand » (1). Pendant tout le xvi° siècle la ville perçut à son profit une taxe sur le sel, sauf une courte interruption lors de la suppression des greniers en 1543 (2).

En 1578, cette crue était de 2 s. 1. d. t. par minot et cette taxe produisait chaque année de 200 à 300 livres, qu'on employait, comme l'exigeaient les lettres d'octroi, à l'entretien des fortifications. Cette somme était tout à fait insuffisante et payait à peine le tiers de la dépense ; et comme la ville n'avait pour ainsi dire pas de revenus patrimoniaux, on était obligé de lever chaque année des tailles pour cet objet. Les habitants trouvaient ce fardeau intolérable et ils résolurent de demander au roi de leur accorder une crue de 5 s. t. par minot, ce qui ferait 4 l. par muid. Grâce à l'appui du duc de Montmorency ils obtenaient en 1579 des lettres patentes leur accordant cet octroi à toujours (3) et ils en jouissaient encore en 1621, lorsque Mallet écrivait ses mémoires (4).

Le grenetier percevait en même temps le droit du marchand, celui du roi et celui de la ville ; à la fin de chaque année il comptait avec les attournés en présence des officiers royaux et versait au dépensier la part qui revenait à la ville ; comme toujours ces comptes se faisaient au cabaret aux frais de la communauté (5).

(1) Afforty, XXI, 757.
(2) Archives de Senlis, BB. VI, 27.
(3) *Ibidem*, BB. VI, 478.
(4) Mallet, Mémoires, p. 64.
(5) A Jehan Loisel, tavernier, pour dépense de bouche faite en son hostel par les esleuz, advocat, procureur de la ville, les grenetier et controleur, nous attournez et clerc de la ville, en oyant et véant l'estat du grenetier de l'aide de XVI d. p. sur minot de sel octroyée à la ville. Archives de Senlis, Compte de 1454-55. CC. 61, f° 2.

A l'occasion de cette taxe la ville de Senlis avait de fréquents procès avec les villes voisines, qui jouissaient du même avantage; on se disputait les villages, afin de faire augmenter les produits du grenier. En 1506, Meaux faisait un procès à Senlis devant la cour des aides pour forcer les habitants de Dammartin à se fournir à leur grenier à sel plutôt qu'à celui de Senlis (1). ·

Bien que ces dons et octrois sur le vin et sur le sel fussent d'un assez bon rapport, la ville était toujours gênée et n'avait jamais la moindre somme d'argent en réserve; quand des besoins imprévus survenaient, il fallait emprunter. On n'était pas gêné par de longues et dispendieuses formalités; l'autorisation d'une assemblée générale suffisait même encore au xvi⁰ siècle (2); du reste ces emprunts n'étaient que de simples avances à court terme et étaient remboursés presque tout de suite après leur souscription, dès que la ville s'était procuré de l'argent par la levée d'une taille. La décision de l'assemblée engageait tous les habitants, qui souvent se rendaient personnellement responsables sur leurs propres biens, et on rédigeait, séance tenante, une ample procuration au nom des attournés. En 1438, les membres du clergé ne voulurent pas partager le sort des autres habitants, mais le bailli les y força (3). Il se pourrait que les laïques eussent aussi fait parfois des difficultés pour donner leur argent; car on voit des assemblées décider que l'on fera un emprunt sur ceux qui « auront puissance de payer »; c'était alors un emprunt forcé.

Chaque année les habitants, réunis en assemblée générale, chargeaient sept ou huit d'entre eux de vérifier les comptes présentés par le dépensier et les collecteurs des tailles. Ces *auditeurs des comptes,* comme on les appelait, se réunissaient avec les attournés, le lieutenant général du bailli et les principaux officiers du roi pour faire leur travail. Cela n'était pas très facile, car les états, que présentaient les comptables des deniers municipaux, sont loin d'être remarquables par la méthode. Les recettes sont séparées des dépenses; mais il n'y a pas d'autre division, et les versements reçus et les payements faits sont inscrits à la suite des uns des autres sans le moindre essai de classification par

(1) Archives de Senlis, BB. V, 60 et 63.
(2) *Ibidem*, BB. V, 219.
(3) P. Just. nº 53.

nature d'affaires. Chaque article des dépenses est justifié par la mention de l'objet, la date du mandat de payement délivré par les attournés, qui étaient les ordonnateurs, et souvent aussi par l'indication de l'assemblée, dans laquelle l'affaire avait été décidée. Les comptables ne se pressaient pas de faire vérifier et apurer leur situation, et cette fâcheuse habitude était une cause de fréquentes difficultés. En 1408 les habitants se refusèrent à voter de nouvelles tailles, avant que les dépensiers n'eussent rendu leurs comptes qui étaient en retard depuis plusieurs années, et ce dissentiment amena la démission des attournés (1), parmi lesquels on remarquait l'avocat du roi, Jean de Beaufort ; pour triompher de la résistance de ses comptables, la ville dut en 1409 les poursuivre devant le bailli (2). Le collecteur d'une taille levée en 1456 présenta ses comptes neuf ans après, en 1465 (3) ; il était rare que les retards fussent aussi longs, mais en général ils étaient beaucoup trop considérables. Il faut voir dans cette fâcheuse habitude la preuve des mauvais résultats que donnait le système alors en usage pour la nomination des dépensiers et des collecteurs, qui étaient choisis chaque année par les habitants en assemblée générale et étaient obligés d'accepter ces fonctions pour servir la ville chacun à leur tour, moyennant une faible rétribution. C'est sans doute ce qui engagea les habitants à nommer en 1504 un dépensier chargé de percevoir les tailles de la ville, un receveur municipal aux gages de 50 l. par an ; mais il ne paraît pas qu'ils en eussent été très contents, et en 1517 ils revinrent à l'ancien système qui dura jusqu'à la création d'un receveur en titre d'office en 1609 (4).

Cette confusion était d'autant plus regrettable que le clergé ne contribuait qu'aux frais causés par la forteresse et que certaines recettes étaient affectées à des dépenses d'une nature déterminée. Nous avons vu que le clergé payait le quart ou le tiers des dépenses militaires ; mais il ne versait pas sa contribution au moment même où la dépense se faisait ; la ville avançait les fonds, et à des intervalles assez longs les délégués des ecclésiastiques comptaient avec les attournés.

(1) P. Just. n° 39.
(2) Archives de Senlis, BB. II, 20.
(3) *Ibidem*, BB. IV, 23.
(4) Voir plus haut, p. 75.

et les autres officiers municipaux et royaux. Ces séances se faisaient toujours aux frais de la ville en mangeant et buvant au cabaret, que dans ce bon vieux temps prêtres et laïques, riches et pauvres fréquentaient à l'envi. On dépouillait tous les comptes du dépensier depuis le dernier arrêté ; on mettait à part toutes les dépenses faites pour la forteresse, en prèsentant à l'appui les mandements délivrés par les attournés et les reçus des parties prenantes (1) ; s'il survenait quelque contestation sur le point de savoir si le clergé devait payer sa part de telle ou telle dépense, le bailli en connaissait ; on défalquait les recettes qui provenaient de la vente de vieux matériaux des fortifications et celles qui étaient le produit des dons et octrois accordés spécialement par le roi pour l'entretien de la forteresse ; c'était toute justice, car les impôts indirects étaient payés par tous les habitants de la ville sans distinction de clercs ou de laïques (2). Quand on avait fait cette soustraction, le clergé payait sa part de ce qui restait ; il établissait ses rôles comme bon lui semblait, dans une assemblée convoquée par l'évêque de Senlis. Nous avons deux de ces rôles, l'un dressé en 1422 et non mis en recouvrement (3), et l'autre en 1465 et ayant servi utilement. On y voit figurer non seulement les établissements religieux et les prêtres de la ville de Senlis, mais encore ceux du voisinage ; on y trouve les abbayes de la Victoire et de Chaalis, les prieurés de Bray et de Saint-Chtistophe, les cures de Saint-Clément de Morenval et de Rully, etc. Il semble que les ecclésiastiques suivaient les mêmes habitudes que les laïques et s'efforçaient de faire peser sur toute la contrée les charges qui incombaient autrefois à la ville toute seule (4).

Les dons et octrois étaient accordés à la ville à la condition expresse que l'argent en provenant serait employé uniquement aux fortifications. Mais les dépensiers ne mettaient pas dans une caisse particulière les sommes qu'ils recevaient

(1) Archives de Senlis, CC. 48, f⁰ 18 et 56, f⁰ 12, etc.

(2) P. Just. n⁰ 35.

(3) L'accord, conclu par la ville avec le clergé en 1423, est particulièrement curieux ; mais il nous a paru trop long pour être donné en pièce justificative ; nous l'avons analysé dans notre *Histoire de Senlis pendant la seconde partie de la guerre de Cent-Ans*, p. 48.

(4) Voir dans Afforty au vol. XXII à la date du 12 octobre 1465.

de ce chef et n'en rendaient pas en fin d'exercice un compte
détaillé et spécial qui aurait permis aux officiers du roi de
faire rapidement et facilement les vérifications dont ils étaient
chargés. On procédait de la même manière qu'avec le clergé
et à des intervalles plus ou moins rapprochés on faisait une
sorte de liquidation. En décembre 1447, on procéda à une
recherche remontant au mois d'août 1429, à l'époque de la
soumission de la ville au roi Charles VII après son sacre à
Reims lors de la tentative infructueuse de Jeanne d'Arc sur
Paris. Le travail fut accompli par le lieutenant-général du
bailli, Jean le Charon, assisté de l'avocat et du procureur du
roi, des attournés, des députés, des gens d'église et des auditeurs, élus par les habitants. On examina l'un après l'autre
tous les comptes rendus depuis ce temps par les dépensiers et
les collecteurs, et on en vérifia tous les articles au moyen
des mandements, décharges et quittances. On mit de côté
toutes les sommes provenant des dons et octrois du roi et
toutes celles dépensées par la forteresse et ensuite on fit la
balance ; les dépenses excédaient les recettes de 544 l. 7 s. 2 d.,
dont le clergé devait payer le quart. Cette recherche avait
pris vingt journées entières, et il en coûta 24 livres à la ville
pour le salaire des trois officiers, commissaires du roi (1).
Ces opérations si longues ne se renouvelaient pas fréquemment d'habitude, on se contentait d'envoyer de Paris un
maître des comptes, qui se bornait à parcourir les documents
que les attournés lui présentaient. Mais ces vérifications
n'étaient pas sérieuses et, comme elles se faisaient longtemps
après que les dépenses avaient été engagées et payées, le
contrôle n'existait pas.

En 1515 la royauté saisit ce précepte pour créer dans
chaque ville et vendre à son profit un office de contrôleur
des deniers octroyés aux villes pour l'entretien des fortifications, afin d'empêcher qu'ils ne fussent employés à un
autre objet. A Senlis cette charge fut achetée par un certain
Rieul Crochet, qui s'empressa de défendre aux attournés
d'employer les deniers de la ville en quelque chose que ce
fût, sans avoir auparavant obtenu son autorisation et ordonna
au dépensier de ne plus rien payer sans son ordre ; pour
commencer il interdit le payement des gages du chirurgien,

(1) Archives de Senlis, CC. n° 47.

choisi par les attournés et les notables pour soigner les pes-
tiférés (1). La ville en appela ; mais, sans attendre la fin du
procès, le contrôleur, en juillet 1516, vint, assisté de deux
notaires, sommer le dépensier de ne rien payer sans son
ordonnance, sous peine de le rendre de ses propres deniers ;
une assemblée générale décida de ne pas tenir compte
de cette sommation et prit fait et cause pour les officiers municipaux (2). Le parlement, l'année suivante, cassa
l'installation du contrôleur comme irrégulièrement faite par
le lieutenant général, et le renvoya devant le lieutenant particulier ; mais ce succès ne servit en rien à la ville, et en
1518 Rieul Crochet put exercer les fonctions de son office
sans contestation possible. Pendant longtemps il évita de
soulever des difficultés et signa régulièrement, et sans opposition, les mandements que les attournés lui demandaient
de viser ; mais en 1546 il s'opposa à la création d'une charge
de portier de la ville, décidée par une assemblée générale, et
en 1560 les habitants se plaignaient des retards qu'il appor-
tait à l'expédition des mandats de payement (3).

Au commencement du xvii° siècle, à la mort d'Henri IV,
la ville de Senlis avait perdu le régime libéral et démocratique, que la tolérance généreuse et intelligente des baillis du
xiv° siècle lui avait permis d'organiser après la suppression
de la commune. Bien que les tentatives faites à diverses reprises depuis 1446 par les officiers royaux et l'aristocratie
bourgeoise, pour créer des Conseils municipaux, eussent toujours échoué, les assemblées générales étaient tombées en
désuétude, et presque toutes les affaires se décidaient dans
des réunions particulières, où les attournés ou gouverneurs
ne convoquaient que les officiers du roi et les principaux notables. Les habitants n'étaient guère plus réunis à l'hôtel de
ville au son de la cloche du beffroi en assemblée générale que
pour la nomination des magistrats municipaux ; mais ils per-
daient de plus en plus l'habitude de venir en grand nombre
à ces réunions, parce que leurs droits, autrefois illimités,
avaient été au xvi° siècle considérablement diminués, par
les restrictions apportées à leur libre choix. En 1545 nous

(1) Archives de Senlis, BB. V, 138.
(2) *Ibidem*, V, 143.
(3) *Ibidem*, BB. VI, 41 et 248.

voyons que déjà c'était la règle de ne choisir pour attournés ou gouverneurs que des habitants nés dans la ville et appartenant à une famille ancienne et notable. Un lieutenant général du bailli fit abroger la condition de naissance, afin, sans doute, de rendre possible l'élection des riches bourgeois et en particulier des officiers du roi venus du dehors; mais cette mesure ne servit qu'à favoriser l'aristocratie, et, depuis 1564, le choix dut se porter une année sur deux riches marchands en gros, à l'exclusion des détaillants et des fabricants travaillant par eux-mêmes, et, l'autre année, sur deux praticiens ou hommes de loi. La nomination du dépensier fut enlevée aux habitants par la création d'un office de receveur municipal, établi par le roi en 1543 et définitivement accepté par la ville en 1609. A la même époque, la présidence des assemblées générales, qui appartenait aux attournés en l'absence du lieutenant général du bailli, fut enlevée aux magistrats municipaux vers 1540 en faveur du lieutenant particulier et plus tard en faveur du prévôt urbain et du doyen des conseillers au présidial. Au xvi⁰ siècle également la ville avait été privée de son indépendance financière; elle ne pouvait plus mettre des tailles sur ses habitants sans l'autorisation du roi, et il n'était plus permis à ses magistrats d'ordonner le payement de la plus petite somme sans que le mandat n'ait été approuvé par un officier spécial, le contrôleur créé à cet effet, en 1515, par François Iᵉʳ. Du reste la plus importante partie des dépenses municipales échappait à l'administration des habitants; depuis les grands travaux entrepris en 1544, on ne leur demandait plus leur avis sur ce qui regardait les fortifications, dont le gouverneur de l'Ile-de-France s'était réservé la haute direction; on ne leur avait laissé que le soin de payer leur part de la dépense.

Ce changement si profond ne s'était pas fait d'un seul coup. C'était le résultat d'une série de tentatives contre les franchises des habitants habilement conduites pendant tout le cours du xvi⁰ siècle par les officiers du roi, qui avaient renié les traditions de leurs prédécesseurs. Déjà, dans les dernières années du règne de Charles VII et sous Louis XI, on constatait chez les principaux officiers des tendances à accroître l'autorité qui leur appartenait dans les affaires municipales en leur qualité de représentants du roi et de principaux habitants; mais ce n'était pas général, et cela dépendait du caractère des lieutenants généraux du bailli; Jean le Charon et

Hugues Boileau intervenaient fréquemment dans les affaires
de la ville, mais ils n'imposaient pas leur avis aux habitants
qui en faisaient ce que bon leur semblait, et leurs successeurs
se montraient plus réservés. La situation se modifia complètement quand, sous Louis XII et François Ier, tous les
offices devinrent vénaux ; les magistrats, propriétaires de leurs
charges, poursuivirent par tous les moyens et sans relâche
l'accroissement de leurs prérogatives ; comme ils étaient juges
et parties, et comme ils avaient toujours l'appui du parlement et des tribunaux supérieurs, ils y réussirent facilement et parvinrent à transformer en une oligarchie bourgeoise le régime démocratique qui avait succédé à la commune supprimée en faveur des petites gens contre les riches
bourgeois, et en même temps à réduire à rien les libertés
que les baillis avaient laissé prendre aux habitants de
Senlis dans la première moitié du XIVe siècle. L'autorité
du roi et de ses agents dans les affaires de la communauté
s'était accrue à mesure que l'administration municipale
devenait de plus en plus aristocratique ; la liberté avait
disparu en même temps que la démocratie. Plus tard, on dira
pour justifier l'intervention incessante des officiers royaux,
qu'il est nécessaire de veiller à ce que les notables n'admi-
nistrent pas les deniers de la ville à leur profit ; il aurait
mieux valu laisser les habitants se protéger eux-mêmes en
leur donnant les moyens de le faire, c'est-à-dire en respectant
leurs libertés. Mais la royauté voulait toujours accroître son
pouvoir, et elle sentait que pour y arriver il était indispensable d'enlever au peuple la gestion de ses intérêts même les
plus proches. C'est pour cela qu'elle s'appuyait sur la riche
bourgeoisie et augmentait les prérogatives et les privilèges
de ses officiers aux dépens des communautés. Plus tard Col-
bert soumettra les municipalités à une étroite tutelle, et
Louis XIV vendra à son profit les offices municipaux ; ces
mesures seront facilement acceptées, car depuis longtemps
les habitants ne prenaient plus d'intérêt au gouvernement
des affaires communes, dont quelques notables s'occupaient
seuls sous le contrôle constant des officiers du roi.

PIÈCES JUSTIFICATIVES

————

I

1157

*Louis le Jeune donne à Saint-Lazare deux muids de froment
à prendre chaque année à Gouvieux, quatre muids de vin
de rente annuelle à Pompoint et une foire à Senlis la
semaine de la Nativité de la Vierge en septembre.*

In nomine sancte et individue Trinitatis, amen. Ego Ludovicus, Dei gratia Francorum rex. Notum facimus universis
presentibus atque futuris, quod domui sancti Lazari Silvanectensi et infirmis in elemosyna donavimus duos modios frumenti ad mensuram parisiensem, in molendinis nostris de
Gouvix singulis annis ad festum sancti Remigii recipiendos,
et in vindemiis quatuor modios vini apud Pompoing, ad
mensuram ejusdem ville ; quam elemosynam in perpetuum
stare volumus. Concessimus autem eis quiete et libere semper
habendam quamdam feriam et justiciam ferie, in loco ubi
congregatur. In urbe vero et in omnibus suburbiis ubique,
cujuscumque terra sit, dedimus foragium, minagium, rota-
gium, theloneum, assensu illorum qui redditus istos habebant
in alio tempore, sed salva justitia illorum, excepto quod, pro
theloneo suo, episcopus ab infirmis duodecin solidos habet
parisiensium. Incipiens autem feria in die Nativitatis sancte
Marie et per totam septimaniam durabit, videlicet septem
dies integros, et in feria habebunt infirmi omnes consuetu-
dines. Quod ut ratum sit in posterum et omnino inconcussum, presentis pagine memoria conservari et sigilli nostri

impressione muniri nostrique nominis caractere precipimus consignari. Actum Silvanectis publice, anno dominice incarnationis millesimo centesimo quinquagesimo septimo.

Astantibus in palacio quorum nomina et signa sunt subscripta. Signum comitis Thebaldi dapiferi nostri. Signum Guidonis buticularii. Signum Mathei camerarii. Signum Mathei constabularii.

Data per manum Hugonis cancellarii.

(Archives de Senlis. AA. IX, f⁰ 50. Cartulaire Enchaîné.)

II

1173

Louis le Jeune concède à la ville de Senlis une charte de commune sur le modèle de celle de Compiègne.

In nomine sancte et individue Trinitatis, amen. Ludovicus, Dei gratia, Francorum rex. Regie congruit majestati ut, quod in ejus presentia statutum est et concessum, ita faciat observari quod deinceps nulla tenus immutetur. Noverint igitur universi presentes et futuri quod, intuitu pacis in posterum conservande, Silvanectis, salva fidelitate nostra, communiam fieri concessimus ; quam omnes, tam in suburbio quam in civitate commorantes, juraverunt se perpetuo servaturos sub compendiensis forma.

Juraverunt autem quod alter alteri recte secundum opinionem suam auxiliabitur et quod ipsi nullatenus patientur quod aliquis alicui aliquid auferat vel eum tailliet vel quidlibet de rebus ejus capiat.

Omnia autem forisfacta, exceptis infractione ville et veteri odio, quinque solidis emendabuntur.

Si quis vero sacramentum alicui facere debuerit, et ante arraminationem sacramenti se in negotium suum iturum dixerit, propter illud faciendum de itinere suo non remanebit nec ideo incidet, sed postquam redierit, convenienter submonitus, sacramentum faciet.

Si autem archidiaconus aliquem implacitaverit, nisi accusator ante venerit, vel forisfactum apparebit, non ei respondebit.

Si tamen archidiaconus testem habuerit, contra quem accusatus se defendere non possit, emendabit.

Homines etiam hujus communie uxores quascumque voluerint, licentia a dominis suis requisita, accipient ; et, si dominus hoc concedere noluerit, et absque concessione domini sui, aliquis uxorem alterius potestatis duxerit, si dominus suus inde eum implicitaverit, quinque tantum solidis hoc illi emendabit.

Capitales homines debitum censum dominis suis persolvent, quem si die constituto non reddiderint, quinque solidis emendabunt.

Et si aliquis aliquam injuriam fecerit homini de hac communia, et clamor inde venerit ad juratos, si ipsum hominem qui injuriam fecerit capere poterunt, de corpore suo vindictam capient, nisi forisfactum emendaverit ipsi, cui illatum fecerit, secundum judicium illorum qui communiam custodierunt.

Et si ille, qui forisfactum fecerit, ad aliquod receptaculum porrexerit et communie custodes ad ipsum receptaculum transmiserint et domino receptaculi vel primatibus ipsius loci querimoniam fecerint, ut de illo inimico suo ipsis rectitudinem faciat, sicut superius dictum est, si satisfacere voluerit, accipient rectitudinem, et, si facere noluerit, postea auxiliatores erunt faciendi vindictam de corpore et pecunia ipsius, qui forisfactum fecerit, et hominum ipsius receptaculi, ubi inimicus eorum fuerit.

Item, si mercator Silvanectis ad mercandum venerit, et aliquis ei aliquid forisfecerit infra leugam ipsius civitatis, si clamor inde ad juratos venerit, et mercator eum invenerit, jurati auxiliatores vindictam faciendi, secundum opinionem suam, erunt, nisi mercator de hostibus ipsorum fuerit ; et si, ad aliquod receptaculum, ille adversarius porrexerit, et si ipse mercator vel jurati ad cum miserint et forisfactum mercatori satisfecerit, secundum justitiam juratorum, vel probare et ostendere poterit se illud forisfactum non fecisse, juratis satisfiet ; si vero facere noluerit, postea si intra villam eum ipsi capere poterunt, vindictam de illo facient.

Nemo autem preter nos et dapiferum nostrum poterit conducere in villam hominem, qui forisfecerit homini de communia, nisi pro forisfacto emendando venerit, secundum judicium juratorum. Et si episcopus illius civitatis ignoranter adduxerit in villam hominem qui forisfecerit homini de communia, postquam sibi ostensum fuerit illum esse de hostibus communie, nullo modo eum postea adducet nisi consilio ipsorum juratorum, et ea vice eum reducere poterit.

Pecuniam illam, quam homines de illa communia crediderint, antequam communiam hanc juravissent, si rehabere non poterint, postquam justum clamorem fecerint, querent quoquo modo poterint quod creditam pecuniam rehabebunt.

Pro illa vero pecunia, quam crediderunt, postquam hanc communiam juraverint, nullum hominem capient, nisi sit debitor vel fidejussor.

Et si extraneus homo panem et vinum suum in illam villam, causa securitatis adduxerit, postea si discordia inter juratos et dominum extranei hominis evenerit, quindecim dies habebit vendendi panem et vinum in ipsa villa et deferendi nummos et omnem aliam pecuniam suam, preter panem et vinum, nisi ipse fecerit forisfactum vel fuerit cum illis qui fecerint.

Et nullus homo de communia credet pecuniam suam, vel accomodabit hostibus communie, quamdiu guerra durabit; et si aliquis de communia fuerit convictus quod crediderit aliquid hostibus communie, justitia de eo fiet secundum judicium juratorum. Et si homines de communia aliquando contra hostes suos exierint, nullus eorum loquetur cum hostibus suis, nisi licentia eorum qui communiam custodierint.

Statuti vero ad communie custodiam juraverunt quod nemini propter cognationem vel amorem deferent et neminem propter inimicitiam ledent, et rectum judicium secundum estimationem suam facient.

Omnes alii juraverunt quod idem judicium, quod predicti statuti super eos fecerint, patientur et concedent, nisi probare poterint, quod de propria pecunia solvere nequiverint.

Preterea concessimus et precipimus quod universi homines infra muros civitatis et extra manentes, in cujuscumque terra morentur, communiam jurent ; qui vero jurare noluerit, illi qui juraverunt de domo ipsius et de pecunia justiciam facient.

Si quis etiam de communia aliquid forisfecerit et per juratos emendare noluerit, homines communie facient exinde justiciam.

Si quis vero, ad sonum pro congreganda communia factum, non venerit, duodecim denariis emendabit.

Ob istius autem communie concessionem, cives Silvanectenses redditus nostros denariorum undecumque provenientium nobis duplicaverunt, quorum summa est ducente libre et octo libre parisiensis monete.

In bladio vero nobis singulis annis persolvent sexaginta

modios mixtolii, quorum viginti quatuor mine, ad mensuram
silvanectensem, modium faciunt, et sexaginta modios vini,
ad modium silvanectensem.

Hec igitur et que diximus universa et perpetue stabilitatis
fulciantur munimento, salvo jure ecclesiarum et militum,
sigilli nostri auctoritate precepimus confirmari.

Actum Parisius, anno ab incarnatione Domini millesimo
centesimo septuagesimo tertio. Astantibus in palatio quorum
apposita sunt nomina et signa. Signum comitis Theobaldi
dapiferi nostri ; Signum Guidonis buticularii ; Signum
Mathei camerarii; Signum Radulfi constabularii.

Pro minuto autem teloneo, quod nos habemus Silvanectis,
burgenses, quamdiu ibi morabimur, providebunt in ollis, in
scutellis, in alleis et in sale.

Vacante (*locus monogrammatis*) cancellaria.

(Archives de Senlis, original. AA. I, 1).

II bis.

1173

*Traduction en français du treizième siècle de la Charte de
Commune, concédée par Louis le Jeune.*

Lowis, par la grace de Deu, rois de France. Il afiert à roi,
qe ce qi est establi et ostroié en sa présence, q'il le face en
tel manière garder, qe derechief en nulle manière soit mue.
Sachent tuit cil qi sunt et qi à venir sunt qe, pour égart de
pes desornavant à garder, avons ostroié à Senliz commune
estre feste, sauve notre fiance; laquelle tuit cil, qi sunt'ou
fors borc et demourant en celle cité, jurèrent à garder à touz
jours, à la fourme de la commune de Compeingne.

Il jurèrent encore que li uns aidera l'austre draitement
selonc sa qidance et q'il ne soufferront qe li uns toigle à l'austre ou le taigle ou preingne riens des soues choses.

Touz les forfèz, hors part enfrainte de ville et veilgle haine,
par V sous seront amendé.

Et se aucuns doit fère sèrement à aucun et devant l'aram-
mine dou sèrement die qu'il doie aler pour sa bousoingne, il
ne remaindra pas de sun erre, ne pour ce n'en cherra, meis
puis qu'il sera venuz et amonestèz avènaument il fera le
sèrement.

Et se li arcediacres traveilglait aucun, se acuseur ne venoit avant, ou forfest ne aparoit, il ne li respondroit mie et nequedent se li arcediacres a tesmoing contre qi li acusièz ne se puisse dèfendre, il li amendra.

Li hoem de ceste commune pueent penre femmes teles com il vourront, meis que li congiés aus seigneurs soit avant reqis, et se li seigneur ce ne vuelent et il sen leur ostroi prennent femme sen austrui seingneurie, se li sires de ce le travaille, il li amendra tant sulement de V sous.

Li hoem de chief rendront à leurs seingneurs leur cens q'il leur doivent, et, se au jour establi non rendoient, il li amendroient de V sous.

Et se aucuns fesoit aucun injure à homme de ceste commune et plainte venoit de ce aus juréz, il pourront penre l'omme qi auroit feste l'injure et de sun cors penre vengeance, se il n'a (*sic*) amendoit le forfest à celi à qi il auroit fest le meffest, selonc le jugement de ceus qui garderoient la commune.

Et se cils, qi le forfest auroit fest, aloit à aucun recest et les gardes de la ville estoient envoiés à ce liu et au seingneur dou recest, ou à celi qi est pardesus fesoient plainte, qe de leur ennemi leur faist droit, selonc ce qe est dist par desus ; se il leur vouloit fère droit, il le penroient, et se il ne le vouloit après ce li seront aideeur à faire vengance dou cors et de l'avoir de celi qi fist le forfest et des hommes dou recest, où leur ennemis seroit.

Après se marchaant vient à Senliz pour marchandier et aucuns li meffest dedenz la liue de la cité et se claim de ce vient aus juréz et li marchaanz le trueve, li juré li seront en aide de fere droite vengance selonc leur qidance, se li marchanz ne est de leur ennemis.

Et se cils adversaires vait à aucun recest et li marchaanz ou li juré envoient à li et li maufeteurs aist fest satisfation au marchaant selonc le jugement des juréz, où il puisse prouver ou monstrer qu'il n'a pas fest le forfest, li juré se tenront à paié et se ne le veut faire, se li juré le pueent penre en la ville, il feront vengance de li.

Nuls hoem a de certes, fors nous et nostre séneschals, ne pourra conduire en la ville homme, qui a forfest à homme de la Commune, s'il n'i venoit pour le forfest amender, selonc le jugement des juréz.

Et se li vesques de la cité amoine par ingnorance en la ville homme, qi a forfest à homme de la commune, puis qe l'en li aura monstré, q'il est des ennemis de la commune, il ne li amenra apèrs en nulle manière, se n'est par le conseilg des juréz et à celle fié le pourra il ramener.

La peccune que li hoem de cette commune crurent avant q'il jurassent cette commune, s'il ne la pueent ravoir, puisq'il se sont clammé, si com il doivent, il querront isinc com il pourront, q'il raveront la peccune, qu'il ont creue.

Meis pour la peccune, qu'il ont creue, puis q'il jurèrent la commune, ne penront il nul homme, s'il n'est dettes ou plèges.

Et se estranges hoem amoine en la ville sun pain et sun vin pour seureté, s'il a après descorde entre les juréz et le seingneur à l'estrange homme, il aura XV jours de vendre sun pain et sun vin en la ville et d'emporter ses deniers et toute s'autre peccune, fors le pain et le vin, s'il n'a fest forfest ou s'il n'a esté avec ceuz qi l'ont fest.

Et nuls hoem de la commune ne créra sa pecune, ne prestera aus ennemis de la commune, tant comme la guerre durera, et s'aucuns est atainz, q'il aist crue aucune chose aus ennemiz de la commune, l'en fera justice de li selonc le jugement des juréz.

Et se li hoem de la commune isent auconne fié contre leurs ennemis, nuls de eux ne parlera à ces ennemis fors par le coungé de ceus qi gardent la commune.

Et cil qi sunt establi à garder la commune jurèrent qu'il ne déporteront nul homme pour parenté ne pour amour, ne ne grèveront nul homme pour haine et jugeront droit selonc leur escient.

Tuit li austre ont juré qu'il soufferront et ostroieront ce meisme jugement qe li devant establi feront seur eus, s'il ne pueent prouver q'il ne le puisse paier de leur propre peccune.

D'austre part nous avons ostroié et commandé qe tuit li hoem, mananz dedenz les murs de la cité et dehors, en qecumqe terre qu'il demorent, jurent la commune et cils qi ne la veut jurer, cil qi l'ont jurée feront justice de sa meson et de sa peccune ; et se aucunz de la commune a forfest aucune chose et il ne le veut amender par les juréz, li hoem de la commune en feront justice.

A de certes se aucuns ne vient au soun fest pour asembler la commune il l'amendera de XII d.

Et pour l'ostroi de cette commune, li bourjois de Senliz ont doublé nos rentes de deniers de qeqe liu qu'il viengnent et en summe de II^c et VIII l. de parisis de monnoie.

Et nous paieront chascon en en blé LX muis de metel, dont les XXIIII mines à la mesure de Senlis fount un mui, et LX muis de vin au mui de Senlis.

Et pour ce qe toutes ces choses aient perdurable fermentet avons nous confermée ceste présente page de l'auctorité de notre séel, sauve le droit des églises et des chevaliers.

Ce fu fest à Paris en l'en de l'incarnacion M C LXXIII ; et cil dont li noun et li singne sunt ici mis estoient en nostre palais. Li singnes Thiébaut nostre séneschal i estoit ; li singnes Guion le bouteiller ; li singnes Mahiu le chambérier ; li singnes Raoul l'esconnétable.

Et pour le menu tonliu qe nous avons à Senliz nous pourverront li bourgois, tant comme nous demourrons en la ville, en poz, en équelles, en aulz et en sel.

I n'i avoit point de séneschal (*sic*).

(Archives de Senlis, AA. IX, 4 v°. Cartulaire enchainé).

III

1173

Louis le Jeune énumère les droits qu'il entend réserver au bouteiller de Senlis, malgré la concession de la charte des communes.

In nomine sancte et individue Trinitatis, amen. Ludovicus, rex Francie. Notum facimus universis presentibus et futuris, quod assensu et voluntate Guidonis, Buticularii nostri Silvanectensis, communiam fieri concessimus, salvo omni jure ejusdem Buticularii, videlicet ut contra omnes ipse suique heredes presidium in eadem civitate habeant et receptaculum, quandiu judicio regis stare non renuerint.

Turrim quoque suam eidem suisque heredibus, in eo statu quo melior fuit tempore regis Ludovici, reedificare in eadem civitate, quantocumque voluerit, licebit.

Nullus preterea suorum hominum capitalium nec etiam suorum hospitum, nisi in urbe vel in suburbio manentium, absque assensu illius vel heredum suorum in communia recipietur. Sed neque in servientes furnos ejus, molendina, domum custodientes manum licebit mittere, nisi de communia fuerit, vel ad presens forefactum capi contigerit, non nisi judicio Buticularii licebit eos tractare. Si autem de communia non fuerit nec ad presens forefactum capi contigerit, non nisi judicio Buticularii, licebit eos tractare. Quod si Buticularius de justicia defecerit, communia, poterit eos, salvis tamen corporibus et rebus eorum, de civitate expellere et loco illorum licebit Buticulario quoscumque voluerit sustinere.

Preterea creditionem quindecim dierum in cibo et in potu jam sepedictus Buticularius in tota eadem villa habebit. Et si allati fuerint pisces marini, quantum sibi placuerit, pro pretio minus venditorum accipiet, hac conditione ut venditor piscium, si ultra transierit in suo reditu sua recipiat, si non transierit in suo recessu sua recipiat.

Rursus nec cortex ad tannandum nec tannum in totam villam nisi per ipsum intrabit. Pro tallia quoque sua et banno et secutione concedit ei et heredibus suis communia X l. parisiensis monete, annuatim reddendas Silvanectis in crastino Natalis Domini cujusque jusserit; nisi autem eadem die persolverint, singulis diebus, quibus de cetero morabuntur persolvere, quinque solidi prefate summe pro satisfactione accrescent. Hoc totum ita tenendum concedimus nos et communia silvanectensis Guidoni Buticulario et ejus heredibus in perpetuum. Quod ut ratum et inconcussum permaneat, sigilli nostri auctoritate confirmari fecimus, subter inscripto nominis nostri caractere.

Actum publice Parisius, anno Incarnati Verbi millesimo centesimo septuagesimo tertio. Astantibus in palatio nostro quorum apposita sunt nomina et signa. Signum comitis Theobaldi dapiferi nostri. Signum Guidonis Buticularii. Signum Mathei camerarii. Signum Radulphi constabularii.

Vacante cancellaria.

(Archives de Senlis, AA. IX, 51v°. Cartulaire enchaîné.)

IV

Vers 1173

Accord des bourgeois de Senlis avec les divers seigneurs de la ville sur les conséquences de la charte de commune.

In nomine Patris et Filii et Spiritus Sancti, Amen.

Notum sit omnibus tam presentibus quam futuris quod burgenses silvanectenses pacem et compositionem cum militibus unanimiter fecerunt, ita scilicet quod, pro pace illa, villa singulis annis tenetur reddere :

Guillelmo de Garlanda VII l., in Ascensione Domini ; Re-

naudo de Gonessia IIII l., in festo Sancti Iohannis ; Vicedo-
mino IIII l., in festo Sancti Iohannis ; Radulfo Coqo IIII l. XV
solidos, in festo Sancti Iohannis ; Petro de Gonessia L solidos,
in festo Sancti Iohannis ; Petro Pincerne L s., in festo Sancti
Iohannis ; Odoni de Fosseio LX s., in festo Sancti Iohannis ;
Herchanbaudo XXX s., in Ascensione Domini ; Radulpho Choi-
sello IIII l., in festo Sancti Iohannis.

Et pro redditu isto, prefati milites sese communiam silvanectensem in perpetuum juraverunt observaturos.

Sciendum tamen quod prefati denarii, si infra tertiam diem
post prefixum terminum requisiti fuerunt, nisi predictis militibus vel heredibus eorum, illis scilicet qui post decessum
eorum communiam juraverunt, reddantur, singulis diebus
V solidis emendabitur a burgensibus, nisi forsitan eos domini regis exercitus detinuerit.

Et pro redditu denariorum istorum habent burgenses communie, in terra predictorum militum, talem justitiam qualem
ad communiam pertinet.

(Archives de Senlis, AA. IX, f° 48 r°. Cartulaire enchainé.)

V

· 1177-1215

*Transaction entre le chapitre Notre-Dame et la commune
de Senlis, modifiant l'accord intervenu en 1177 entre ladite
commune et l'évêque Henri, sur l'accensement du grand
tonlieu, du moulin de la rue de Paris et de la plupart des
droits de l'évêché dans la ville.*

Robertus, decanus, totumque silvanectensis ecclesie capitulum, omnibus ad quos littere presentes pervenerint salutem
in Domino. Noveritis quod cum Henricus bone memorie,
quondam silvanectensis episcopus, theloneum silvanectensis
episcopatus majori et burgensibus communie silvanectensis
adcensivisset sub quadam pensione, que in suo autentico
continetur cujus forma talis est :

In nomine sancte et individue Trinitatis, amen. Ego Henricus, humilis silvanectensis episcopus, notum facio tam futuris quam presentibus, quod totum theloneum meum quod habeo
Silvanectis· adcensivi communie silvanectensi pro octoginta
libris et quatuor modiis salis ad· mensuram silvanectensem,

annuatim ad singulos menses reddendis, ita quod unoquoque mense de sale quatuor mine, de nummis sex libre et tresdecim solidi et quatuor nummi reddentur.

Si vero moneta mutata fuerit, moneta que pro thelaneo reddetur, ejusdem valoris erit, cujus erat ipso die quo facta fuit carta, ita quod octoginta libre quadraginta marcas fini argenti valebunt.

Preterea predicte communie adcensivi molendinum meum desubtus vitellio, cum bannariis ejusdem molendini, pro decem modiis yvernagii ad mensuram silvanectensem, et ad medietatem frumenti, de quo singulis mensibus decem mine solventur.

Predicta autem omnia, si ad terminos distinctos reddita non fuerint in universum, residuum solvendorum singulis diebus quinque solidis parisiensis monete pro transgressione accresset.

Homines et femine mei de corpore mihi capitalitium reddent. Mei etiam servientes de pane meo viventes, ab equitatu, exercitu et excubitu perpetuo liberi et immunes existent.

Pro censiva itaque prenominata communie silvanectensi dimisi in perpetuum mortuam manum, congeium, bannum meum, mihi et successoribus meis creditione quindecim dierum retenta cum moltura molendini adcensiti sub hac consuetudine, quod si in eo molere voluero, molendinarius de octo minis bladi recipiet duos batos, unum bladi, alterum farine.

Nullum de hominibus vel hospitibus meis extra parrochias civitatis manentem, absque meo assensu, homines communie recipient.

Hec autem que diximus universa, ut stabilia firmaque perseverent, salvo jure equitatus et exercitus domini regis, si aliquid habet, scribi et sigilli nostri auctoritate fecimus communiri. Actum anno incarnati Verbi millesimo centesimo septuagesimo septimo.

Nobis petentibus a venerabili patre et episcopo nostro Garino quod censivam illam revocaret, quia silvanectensis ecclesia enormiter ledebatur, inter ipsum et burgenses silvanectenses, de consensu suo et nostro et ipsorum, talis compositio intervenit ; quod preter pensionem illam superius annotatam, burgenses silvanectenses nobis ad officium matutinarum singulis annis viginti libras imperpetuum reddent, videlicet decem in festo sancti Remigii et decem in Pascha sequenti, pena superius dicta apposita, nisi a dictis burgensibus predicta pecunia nobis terminis statutis redderetur. Preterea sciendum est quod, omnes homines et hospites et tota familia venerabilis patris nostri episcopi Garini immunes sunt ab omni theloneo, nisi fuerint negotiatores manifesti. Homines vero et hospites et familia nostra et canonicorum beati Reguli et beati Frambaldi et clerici et servientes tam nostri quam ipsorum sunt in eadem libertate de theloneo. Si vero conquesti fuerunt burgenses de aliquo canonicorum vel clericorum vel servientium eorum quod sit manifestus negociator et quod reddere theloneum teneatur, burgenses auctoritate sua de rebus illius nichil capere poterunt sed ad episcopum querimonia deferetur et ipse quod justum fuerit eis faciet.

Si autem servientes canonicorum vel clericorum habuerint uxores in villa silvanectensi vel fuerint filii juratorum ejusdem ville et super theloneo conveniantur, ad majorem et juratos communie questio referetur et super hoc quod justum fuerit facient.

Homines de corpore et homines reddentes ceram et hospites ecclesiarum dictarum, videlicet nostri et beati Reguli et beati Frambaldi, a quibus burgenses silvanectenses theloneum exigere voluerint, fide data deliberabuntur.

In cujus rei memoriam, presens scriptum super hiis annotatum sigilli nostri munimine fecimus roborari. Actum Silvanectis, anno gratie millesimo ducentesimo quinto decimo, mense aprili.

(Archives de Senlis, AA. IX, f⁰ 28. Cart. enchainé.)

VI

1193

La commune de Senlis donne à cens aux bouchers la halle, dans laquelle sont établis leurs étaux, et réglemente le commerce de la boucherie dans la ville.

Notum sit tam presentibus quam futuris quod communia silvanectensis dedit carnificibus domum illam, in qua stalli carnificum sunt et statuti, ad censum jure hereditario possidendam. Sciendum vero quod prenominati census medietatem

in festo sancti Johannis et aliam in Natali Domini tenentur
persolvere, et, si prefixis diebus debitum censum non reddiderint, quantis diebus detinuerint, transgressionem quinque
solidis emendabunt. Talis si quidem interposita est pactio
quod nullus stallum ad opus carnificis in villa facere poterit
prœter quam in fenestra, nisi totius ville assensu factum
fuerit et concessum. Actum anno Verbi incarnati millesimo
centesimo nonagesimo tertio, astantibus et facto huic testimonium perhibentibus Johanne, majore, Radulpho de Villare,
Ferrico de Remis, Herberto Allutario, Fromondo, Henrico
de Parisius, Guidone Sine-Barba, Willano de Chaverci, Roberto Aluptario, Petro Consergio, Renoldo Libario, Magistro
Aloldo, Galtero de Ponte.

(Archives de Senlis, AA. IX, fº 48. Cartulaire enchainé.) .

VII

1202

*Philippe-Auguste confirme la charte de commune, donnée aux
bourgeois de Senlis par son père Louis le Jeune*

In nomine sancte et individue Trinitatis, amen. Philippus,
Dei gratia, Francorum rex. Noverint universi presentes et
futuri, quod pie memorie Ludovicus rex, pater noster, intuitu
pacis in posterum conservande, Silvanectis, salva fidelitate
sua, communiam fieri concessit, quam omnes tam in suburb-
bio quam in ipsa civitate commorantes, juraverunt se perpetuo observaturos, etc. (1).

. . . .
. . . .

Nos etiam propter servicium quod eadem communia nobis
fecit, et propter augmentum reddituum nostrorum quod
nobis fecit, eidem communie in perpetuum concessimus, quod
dicta communia habeat omnia forefacta et justicias et emendationes omnium forefactorum, que in civitate silvanectensi et infra bannileucam ejusdem ville fient, eo excepto
quod nobis retinemus multrum, raptum et homicidium.

---

(1) La Charte de confirmation de Philippe ne diffère en rien de la
charte du roi Louis VII, jusqu'à l'article : *Si quis vero ad sonum, etc.*,
inclusivement.

Propter hec autem que dicte communie concessimus et superaddidimus, ipsa communia augmentavit nobis annuatim redditus nostros denariorum de sexaginta et duodecim libris parisiensis monete, ita quod eadem communia reddet nobis singulis annis, in terminis solucionum prepositurarum nostrarum, in summa ducentas et octoginta libras monete, cum prius ducentas libras et octo solvere teneretur ; in blado vero nobis singulis annis persolveret sexaginta modios mixtolii, quorum viginti quatuor mine ad mensuram silvanectensem modium faciunt, et sexaginta modios vini ad modium silvanectensem.

Pro minuto autem teloneo, quod nos habemus Silvanectis, burgenses quamdiu ibi morabimur, providebunt nobis in ollis, in scutellis, in alliis et sale.

Que omnia, ut perpetuam obtineant stabilitatem, sigilli nostri auctoritate et regii nominis caractere inferius annotato presentem paginam, salva fidelitate nostra, et salvo jure ecclesiarum et militum, confirmavimus.

Actum apud Pontem super Ionam, anno incarnati Verbi millesimo ducentesimo primo, regni vero nostri anno vicesimo secundo (1). Astantibus in palatio nostro quorum nomina supposita sunt et signa ; dapifero nullo ; signum Guidonis buticularii ; signum Mathei camerarii ; signum Droconis constabularii.

Data, vacante Cancellaria, per manum fratris Guarini.

(Archives de Senlis, AA. IX, fo 6, vo. Cartulaire enchainé.)

VII bis

1202

Traduction en français du treizième siècle de la charte de confirmation de la commune, par Philippe-Auguste.

Felipes, rois de France, par la grace de Deu, fest savoir à tous ceux qi sunt et qi a venir sunt, qe, de bone mémoire se pères Lowis, rois, pour égart de pès desornavant à garder, a ostroié à Senliz commune, sauve sa fiance, laquelle tuit cil qi sunt ou fors borc et demourant en celle cité jurèrent à garder à tous jours.

(1) Pour la date janvier 1202, voir Delisle, Catalogue des actes de Ph. Auguste.

Il jurèrent oncore que li uns à l'autre, etc.

. . . .

Nous, pour le service qe cette commune nous a fest et pour l'acrésement de noz rentes qu'elle nous a fest, avons ostroié pardurablement à celle commune q'elle aist touz les forfez et les justices et lez amendes de tous lez forfez, qi seront fez en la cité de Senlis et dedenz la banlieue de la ville, fors ce qe nous retenons le multre, le rat et l'omicide.

Pour ce qe nous avons ostroié ces choses et seurajousté à la commune, la commune a creu nos rentes de deniers de LXXII l. de parisis qe cette commune nous rendra chascon en au paiement de noz provostiéz, II^c et IIII^{xx} l. de parisis en summe, car elle nous devoit avant rendre II^c et VII1 l.

Et nous paiera chascun an en blé LX muis de métel, dont les XXIIII mines a la mesure de Senliz fount I mui, et LX muis de vin au mui de Senlis.

Et pour le menu tonlieu, que nous avons à Senliz, nous pourverront li bourjois tant comme nous demourrons en la dite ville en poz, en équelles, en aulz et en sel.

Et pour ce que toutes ces choses aient pardurable fermeté, avons nous confermée cette présente page de l'austorité de nostre séel et de l'empreinte dou non réal noté dedenz, sauve notre fiance et sauve le droit des églises et des chevaliers.

Ce fu fest à Pont seur Ione, en l'an de l'incarnation M CC et I, ou vinte deusime en de nostre règne.

Et cil dont li noun et li signe sunt mis ici après estoient en nostre palais; i n'i avoit point de séneschal; li signes Guion le bouteiller i estoit; li signes Mahieu le chamberier; li signes Dreue l'esconnétable.

Elles furent données, quant la chancellerie etoit vage, par la main frère Garin.

(Archives de Senlis, AA. IX, f° 9 r°. Cartulaire Enchainé.)

VIII

1204

Accord entre le chapitre de l'église Notre-Dame de Senlis et la commune sur les droits de justice de la dite commune dans la terre du chapitre et sur l'accensement du moulin de la rue de Paris.

Ego Gaufridus, Dei gratia Silvanectensis episcopus, notum facimus tam futuris quam presentibus, quod cum inter capitulum beate Marie silvanectensis et communiam ejusdem ville orta esset controversia super justiciam terre beate Marie, tandem, post longas hinc inde altercationes, talis facta est inter eos compositio, quod in nos et baillivos domini regis, scilicet dominum Guillelmum Paste et dominum Reginaldum de Bestisi, hinc inde compromiserunt et sacramento fidei ex parte capituli Stephani decani, Guillelmi cantoris, Stephani archidiaconi, et ex parte communie, Henrici majoris, Guillelmi Burgundiensis et Guiberti de Sancto Lupo, firmaverunt se quicquid inde nos diceremus firmiter observaturos.

Nos vero, assensu utriusque partis diximus quod communia in terra beatę Marie, que est infra parrochias ejusdem civitatis, habeat sanguinem, bannum et latronem, nisi quod res latronum, qui in eadem terra capti fuerint, si alique sunt, canonicorum erunt. Licebit etiam communie in eadem terra domos juratorum suorum diruere, si illi quorum domus sunt, forefecerint quare debeant dirui. Placita fundi terre beate Marie venient in curia canonicorum usque ad vadia, quia vadia terre que est infra burgum clausum, sicut solebant esse domini, nunc erunt communie. Extra burgum vero clausum habebunt canonici et placita et vadia in terra sua. In domibus canonicorum in quibus sunt manentes nullam justitiam habebit communia. Et si aliqua injuria alicui de communia in aliqua illarum domorum facta fuerit, ad dominum domus deferetur querimonia, et per eum injuria emendabitur. Si aliquis, qui alicui de communia aliquid debeat, in domo alicujus canonici venerit vel hospitatus fuerit, postquam communia vel ille, cui debet, dominum illius domus coram duobus vel tribus canonicis et duobus vel tribus de paribus communie convenerit ne recipiat eum, canonicus illum de cetero recipere non poterit, donec debitum solutum sit. Famuli canonicorum non poterunt cogi, ut sint de communia, nisi uxores habeant in eadem villa, vel nisi filii sint juratorum communie. Propter hanc compositionem firmiter tenendam ex dicto nostro adcensivit communia medietatem molendini, quam habebant canonici juxta pontem vici pariensis cum omnibus bannariis ejusdem molendini, ut ita libere eam teneat communia, sicut canonici ante tenebant. Ascensiva vero est de quatuordecim libris pariensis monete, ad duos terminos persolvendis, septem libris in nativitate Sancti Johannis et septem in Natale Domini, ita quod communia quicquid de molendino contingat. istam censivam semper reddere tenebitur, nec eam dimittere poterit. Si autem terminis predictis censiva reddita non fuerit, communia singulis diebus quibus illa post·terminum detenuerit de emendatione qumque solidos canonicis reddet ; et si infra mensem censivam et emendationem non reddiderint, ex tunc licebit canonicis eam excommunicare et in excommunicatione usque ad dignam satisfactionem tenere. Quod ut ratum habeatur, hoc scriptum inde fieri et sigillo nostro fecimus confirmari.

Hanc compositionem inter nos et communiam silvanectensem factam sicut in presenti scripto annotata est, ego Stephanus, decanus, totumque capitulum ecclesie beate Marie silvanectensis ratam habemus et, ad majorem firmitatem, sigillum nostrum cum sigillo domini episcopi apposuimus. Actum anno Domini millesimo ducentesimo quarto.

(Archives de Senlis, original, AA. I, 3.)

IX

1208

L'abbé et le couvent de Saint-Vincent de Senlis donnent à cens à la commune le hauban et le vinage qu'ils ont dans leur terre.

Ego Petrus, Dei patientia dictus abbas, totusque conventus Sancti Vincentii silvanectensis, notum facimus universis presentes litteras inspecturis, quod nos, communi assensu, habannum et vinagium, que habebamus in terra nostra silvanectensi, salva omni alia libertate et justitia, Radulpho, majori, et burgensibus communie silvanectensis, ascensivimus sub annuo censu quatuor librarum parisiensium, ita scilicet quod quadraginta solidi in Pascha Domini et quadraginta solidi in festo Sancti Remigii nobis reddantur. Si vero predictus census, statutis terminis, solutus non fuerit, singulis diebus duodecim denarios parisienses, donec ex integro persolvatur, supradicti burgenses nobis reddere tenebuntur. Quod ut ratum sit et stabile, presentem paginam sigillorum nostrorum munimine confirmavimus.

Actum anno Domini millesimo ducentesimo octavo.

(Archives de Senlis, AA. 9. fo 24 ro. Cartulaire Enchainé.)

X

1223

Le roi Louis VIII confirme l'acte par lequel Philippe-Auguste son père confirmait la charte de 1173.

In nomine sancte et individue Trinitatis, amen. Ludovicus, Dei gratia Francorum rex. Noverint universi presentes et futuri nos inspexisse cartam inclite recordationis Philippi, progenitoris nostri, quondam regis Francie, in hec verba :

. In nomine sancte et individue Trinitatis, amen. Philippus, Dei gratia Francorum rex. Noverint universi, etc.

. . . .

. . . .

. . . .

Nos igitur prescriptam inclite recordationis progenitoris nostri cartam gratam et ratam habentes, premissis addendum duximus, quod cum dictus noster progenitor abbatie beate Marie de Victoria, quam prope Silvanectis pro anime sue salute fundavit, de dictis sexaginta modiis vini quinquaginta octo modios vini donasset, duobus modiis remanentibus magistro nostrorum scancionum, burgenses nostri silvanectenses cum fratribus dicte abbatie finaverunt hoc modo, quod ipsi pro singulis modiis vini duodecim solidos parisiensium reddent annuatim in vitena Natalis Domini. Preterea idem noster progenitor de sexaginta modiis mixtolii, in prenominata carta contentis, quadraginta modios prefate contulit abbatie, annis singulis ab eisdem fratribus percipiendos apud Silvanectis, medietatem videlicet in octabis Natalis Domini, medietatem in octabis nativitatis Johannis Baptiste, residuis viginti modiis bladi reddendis in alias elemosinas dicti patris nostri et earumdem elemosinarum nobis residuo remanente. Ut igitur hec omnia prenominata perpetue firmitatis robur obtineant, presentem paginam sigilli nostri auctoritate et regii nominis karactere inferius annotato, salvo jure nostro in omnibus, confirmamus.

Actum Parisius, anno Domini millesimo ducentesimo vicesimo tertio, regni vero nostri anno primo. Astantibus in palatio nostro quorum nomina supposita sunt et signa dapifero nullo; signum Roberti buticularii; signum Bartholomei camerarii ;

signum Mathei constabularii. Data per manum Guarini, silvanectensis episcopi, cancellarii.

(Archives de Senlis, AA. IX, 12 r°. Cartulaire Enchainé.)

X bis.

1223

*Traduction en français du treizième siècle de la charte
de confirmation du roi Louis VIII.*

Lowis, par la grace de Deu rois de France, fest savoir à
tous ceuz qi sunt et qui avenir sunt, q'il a veu la chartre de
noble recordance Felipe, qi fu nostre pères, jadis rois de
France, en ces paroles :

Felipes, rois de France, etc...

. . . .
. . . .

Nous donqes aiens ferm et estable la chartre de nostre père
de noble récordation, qi est devant escrite, avons égardé à
ajoustier aus choses devant mises, qe comme nostre pères
devant diz ait donné à l'abbaie de Nostre Demme de la
Victoire, q'il founda prèz de Senliz, pour le salu de salme,
LVIII muis de vin des LX muis devant diz et 11 muis en
soient remés au mestre de nos eschançons, nostre bourjois
de Senlis ont finé aus frères de l'abbaie devant dite en tele
manière, q'il renderont pour chaucun mui XII s. chaucun an
au ouitisme jour de Noel.

D'austre part nostre pères devant diz douna à l'abbaie
devant dite XL muis des LX muis de métel, qi sunt contenu en la chartre devant noumée, qe li bourjois renderont
chaucun en à Senlis, c'est a savoir la moitié aus outaves de
Noel et la moitié aus outaves de la Nativité de Saint Jehan
Bautitre et, les XX muis de blé qi demorent, rendera on
es autres aumones de nostre père devant dit et li remananz
de ces aumones nous demourra.

Et pour ce qe totes ces choses devant notées aient force
de pardurable fermeté, nous confermons cette présente paje
de l'autorité de nostre séel et de l'emprente dou non réal noté
dedenz, sauve notre droit en totes choses.

Ce fu fest à Paris, en l'en de l'incarnation m et cc et

XXIII, ou primer en de nostre règne. Et cil dont li non et li
signe sunt ici mis estoient en nostre palaiz ; n'i avoit point
de séneschal ; li signes Robert le bouteiller i estoit, li
signe Bertremin le chamberier, li signe Mahiu l'esconesta-
ble. Ce fu donné par la main Garin, évesque de Senliz,
chancelier.

(Archives de Senlis, AA. IX, f⁰ 15 r⁰, Cartulaire Enchainé.)

XI

1225

*Accord entre le chapitre de l'église de Saint-Rieul de Senlis
et la commune sur la justice dans les terres du chapitre et
en particulier au hameau de Villevert.*

In nomine sancte et individue trinitatis, amen. Ludovicus,
Dei gratia Francorum rex. Noverint universi presentes
pariter et futuri nos vidisse litteras carissimi et fidelis
nostri Garini silvanectensis episcopi, Francie cancellarii,
sub hac forma :

Garinus, Dei gratia silvanectensis ecclesie minister humilis,
Francie cancellarius, universis ad quos presentes littere
pervenerint, salutem in Domino. Noverint universi presentes
pariter et futuri, quod cum quedam controversia esset inter
dilectos nostros decanum et capitulum Sancti Reguli silvanectensis, ex una parte, et majorem et communiam silvanectensem ex altera super justitia cujusdam ville, que dicitur
Villa Viridis, et quibusdam aliis, tandem super predictis in
nos compromiserunt, promittentes se firmiter observaturos
quicquid super predictis articulis proferremus. Nos autem
arbitrium nostrum protulimus in hunc modum.

In primis diximus quod communia silvanectensis in perpetuum habeat extra burgum clausum et infra burgum clausum
in domibus hospitum beati Reguli in parrochiis civitatis
silvanectensis et maxime in villa, que dicitur Villa Viridis,
sanguinem, bannum, latronem et diruptionem domorum, si
forefecint quare debeant dirui, et placita catauli et tailliam,
sicut habet in omnibus juratis de communia silvanectensi.
Canonici vero beati Reguli habebunt placita infra burgum
clausum de fundo terre usque ad vadia belli ; duellum autem

fiet in curia juratorum ; extra burgum vero clausum habebunt
canonici beati Reguli placita de fundo terre et duellum ; et
duellum fiet de fundo terre in curia eorumdem canonicorum.
Res autem latronum, qui in terra eorumdem canonicorum
capti fuerint, erunt canonicorum.

Secundo diximus quod canonici beati Reguli in perpetuum
quittaverunt communie silvanectensi feriam et forum et
quicquid ad predictam feriam vel forum pertinebat,
quem habebant in civitate silvanectensi die Jovis ante
Dominicam Resurrectionem nec de cetero poterunt habere
ibidem dicti canonici feriam vel forum. Communia poterit
ponere pelliparios et draparios et carnifices et cordoennarios
in vico cimisterio contiguo. Si vero latro vel malefactor
captus fuerit ad presens forefactum in ecclesia vel cimisterio,
justitia erat illius cujus erat antea. Pro quittatione predicte
ferie et fori et omnium illorum que ad forum et feriam pertinent tam in redditibus quam in aliis rebus et pro quittatione
predicte justicie, communia solvet predictis canonicis singulis annis sex libras parisiensium in octabis beati Johannis
Baptiste, et, ad eumdem terminum, solvet communia dictis
canonicis quadraginta solidos parisiensium singulis annis ad
faciendum singulis annis anniversarium Philippi regis Francie
bone memorie, ita quod communia silvanectensis dictam
peccuniam semper ad dictum terminum reddere tenebitur,
nec eam dimittere poterit. Si autem, predicto termino, predicta peccunia soluta non fuerit, communia silvanectensis,
singulis diebus quibus eam post terminum detinuerit, pro
emenda quinque solidos canonicis reddet, et, si infra mensem
peccuniam et emendam non reddiderit, poterit licite excom-
municari et in excommunicationem usque ad dignam satisfactionem teneri. In domibus canonicorum beati Reguli, in
quibus sunt canonici manentes, nullam justitiam habebit
communia. Et si aliqua injuria alicui de communia in aliqua
illorum domorum facta fuerit, ad canonicum dominum illius
domus deferetur querimonia et per eum injuria emendabitur.
Si aliquis, qui alicui de communia aliquid debeat, in domo
alicujus canonici beati Reguli venerit vel hospitatus fuerit,
postquam ille, cui debet, dominum illius domus coram duobus
vel tribus canonicis ejusdem ecclesie et duobus vel tribus de paribus communie convenerit, ne recipiat eum,
canonicus eum de cetero non recipere poterit, donec debitum
solutum sit. Famuli canonicorum non poterunt cogi ut sint de

communia, nisi uxores habeant in eadem villa, vel nisi filii sint juratorum communie.

Quod ut ratum habeatur et firmum hoc scriptum exinde fieri et sigillo nostro ad petitionem utriusque partis fecimus confirmari. Hanc autem compositionem inter nos et communiam silvanectensem factam, ego Galerannus, decanus beati Reguli silvanectensis, totumque ejusdem ecclesie capitulum, sicut in presenti scripto annotata est, ratum habemus. Et ad majorem firmitatem sigillum nostrum cum sigillo domini episcopi apposuimus.

Actum anno Verbi incarnati millesimo ducentesimo vicesimo quinto, mense martis.

Nos igitur, ut premissa perpetue stabilitatis robur obtineant, presentem paginam sigilli nostri auctoritate et regii nominis caractere inferius annotato confirmamus. Actum Silvanectis, anno dominice incarnationis millesimo ducentesimo vicesimo quinto, regni vero nostri anno tertio; astantibus in palatio nostro quorum nomina supposita sunt et signa; dapifero nullo; signum Roberti buticularii; signum Bartolomei camerarii; signum Mathei constabularii.

(Archives de Senlis, AA. 9, fᵒ 30 rᵒ, Cartulaire enchaîné.)

XII

Août 1239

Accord entre le chapitre de l'église de Notre-Dame de Senlis et la commune sur le surcens.

Omnibus ad quos presentes littere pervenerint, Robertus, decanus, et Garinus, canonicus silvanectensis, Johannes de Vineis et Guido de Solio, baillivi domini regis, salutem in Domino. Ad universitatis vestre notitiam volumus pervenire quod, cum inter majorem et juratos communie silvanectensis, ex una parte, et capitulum ecclesie silvanectensis ex altera, orta esset super omnibus articulis ad invicem materia questionis, tandem super eisdem controversiis in nos compromissum est hinc inde sub hac forma, quod nos debemus inquirere de contentionibus memoratis et facere pacem inter partes, si fieri possit, vel reddere per judicium utrique parti jus suum bona fide; ita quod stabitur dicto omnium nostrum vel saltem trium ex nobis, si omnes non contigerit in unam sententiam concordare, hoc adjecto tenore, quod, terminato negotio, pars, que a dicto arbitrorum resiliret, parti observanti dictum arbitrium tenebitur solvere centum marchas argenti pro pena. Debemus autem terminare negotium pace vel juditio infra Assumpcionem beate Virginis; alioquin dicta compromissio ex tunc erit nullius momenti, nisi per nos duos baillivos terminus fuerit prorogatus. Et si forte contigerit quod infra prorogationem a nobis duobus baillivis factam non redderetur dictum nostrum, quecunque erramenta inde essent habita coram nobis neutri partium prodessent ulterius vel obessent.

Articuli autem super quibus erat contentio inter partes tales sunt :

Nos major et jurati dicimus quod decanus et capitulum beate Marie silvanectensis debent saisire burgenses nostros de supercensu, quotiens contigerit eos emere supercensum in fundo ecclesie supradicte, eo quod uti consueverimus isto jure usque ad tempus litis mote super hoc coram rege. Dicimus etiam, quod, per erramenta habita super hec in curia domini regis, debemus hec obtinere.

Ad quod respondit capitulum quod non tenetur investire de aliquo supercensu nec vult consentire quod aliquis emat supercensum in censivis suis absque licentia ipsius capituli, nec in hoc potest pars adversa pretendere consuetudinem, nec per aliqua erramenta in curia domini regis habita potest hoc petere de jure.

Nos major et jurati dicimus, quod, quando infra parrochias Silvanecti venditur vel emitur aliqua hereditas in fundo dicte ecclesie, ille qui tenetur ad ventas debet esse quitus solvendo tantas ventas quantus est rectus census; nam tale est jus nostrum et sic usi sumus nos et antecessores nostri.

Ad hoc dicit capitulum non esse verum nec hoc habet pars adversa de consuetudine. Immo consuetudo est et in terra dicte ecclesie et aliorum dominorum, qui terras habent in civitate et territorio silvanectensi, quod si acquirant in terra sua supercensum et contingat aliam hereditatem vel partem ejus vendi, quod solvuntur inde vente ad quantitatem primi census et etiam supercensus.

Item, nos major et jurati dicimus quod, quando contingit aliquem nostrum emere in fundo ecclesie predicte, domum vel aliam hereditatem, quanticumque valoris sit, et quantocumque pretio venditur, quod debet investiri de illa, et licet ei red-

dere domum vel hereditatem emptam venditori vel cuicumque
alii ad supercensum magnum vel parvum, secundum quod
inter contrahentes convenerit.

Ad quod dicit capitulum quod nec ita vendere, nec ita reddere supercensum licet.

Item, nos major et jurati dicimus, quod si census ecclesie
debitus pro aliqua domo non solvatur termino debito, non
licet propter hoc ecclesie capere in illa domo catella.

Ad hoc dicit capitulum quod licet et ita consuevit tam pro
censu quam pro emenda.

Item, nos major et jurati dicimus, quod si aliquis nostrum
petat a capitulo investituram de aliquo mercato alicujus he-
reditatis, quod capitulum non potest ad se retrahere mercatum, tanquam magis propinquum ratione dominii, quia hoc
est nostrum jus et nostra consuetudo.

Ad hoc dicit capitulum quod contra extraneum hoc sibi
licet et ita consuevit.

Item, nos major et jurati dicimus, quod si aliquis nostrum
habeat supercensum in fundo ecclesie supradicte et non solvatur ei termino debito, quod licet ei pro dicto supercensu
capere in dicto fundo catella.

Ad hoc dicit capitulum, quod ei reddatur supercensus
suus.

Nos igitur arbitri, super premissis articulis habito inter nos
de pacis reformatione diligenti tractatu, infra prorogationem
a nobis duobus baillivis factam, obtento etiam domini regis
beneplacito et assensu, unanimiter et concorditer dictum
nostrum taliter arbitrando pronuntiavimus.

Si aliquem de juratis communie silvanectensis, qui sit tail-
liabilis de communia, contigerit emere aliquam hereditatem
vel domum vel incrementum census, quod vulgariter dicitur
supercensus, infra parrochias civitatis silvanectensis in censivis ecclesie silvanectensis, decanus et capitulum ejusdem
ecclesie vel eorum prepositus, ad requisitionem contrahen-
tium, investiet emptorem de re empta, salvo jure ecclesie
quantum ad investituras et ventas, videlicet pro investitura
duos denarios, quos solvet emptor investienti, tantas vero
ventas, quantus est rectus census et supercensus, quos sol-
vent tam emptor quam venditor; nam ubicumque dicta ecclesia habet primum sive rectum censum, si habet ibidem vel
in posterum acquisitura est supercensum et contingat illam
hereditatem vel partem ejus vel aliquem supercensum vendi,

ecclesia inde habebit ventas ad quantitatem primi census et etiam supercensus.

Is autem, qui sic emerit hereditatem vel domum, poterit rem emptam tradere absque reclamatione ecclesie vel ipsi venditori vel alii ad supercensum magnum vel parvum, secundum quod inter contrahentes convenerit, nec licebit ecclesie retrahere ad se mercatum jure propinquitatis ratione dominii.

Licebit tamen eidem ecclesie emere, si res venalis fuerit et primo oblata, tali modo quod, si aliquis, qui sit de consanguinitate venditoris, velit ad se retrahere mercatum, licebit ei infra annum et diem et non ultra et rehabebit rem emptam pro pretio quo ecclesia emerit, hoc salvo quod si ecclesia fecerit supra rem emptam aliquos sumptus pro melioratione ipsius rei, antequam conventa fuerit de retrahendo mercato, tenebitur illos cum ipso pretio restituere.

Si autem de quantitate pretii orta fuerit dubitatio facient se inde credibiles coram domino fundi venditor per juramentum suum ad porchamentum retrahentis et ecclesia per unum de canonicis suis, presbyterum vel dyaconum, vel per illum canonicum, qui mercatum fecerit, in verbo veritatis.

Dicimus etiam quod ubicumque predicta ecclesia habet censivas, si census suus non solvatur termino debito, quod licebit ei vel ministro ejus capere in fundo ostia et fenestras et in ipsa domo catella pro censu suo et emenda, nisi ille, qui tenet censivum, faciat se credibilem per juramentum suum coram domino fundi, quod censum solverit, sicut debuit ; hic autem illa vice locum habebit ; nam alia vice non transiret immunis nisi aliter per aliam garandiam fidem faceret. Et si alicui habenti ibidem incrementum census vel supercensum non satisfaciat de eodem in termino debito, non propter hoc poterit ibi capere nanta, sed deferet clamorem ad ecclesiam vel ejus prepositum ; et ecclesia vel ejus prepositus facient ei de hoc justitiam neque inde major et jurati poterunt audire vel placitum tenere, nisi aliquis casus interciderit per quem possunt ibi aliquam justitiam reclamare per cartas suas antea obtentas, hoc salvo quod pro locatione domus pretio sibi non soluto poterit locator capere catella in ipsa domo.

Hoc autem dicimus intelligentes omnes querelas superius motas per hoc dictum nostrum esse sopitas, salvis cartis hinc inde antea obtentis.

In hujus itaque rei memoriam presenti pagine sigilla nostra

apposuimus ; et ad majorem securitatem venerabilis pater episcopus et capitulum silvanectense sigilla sua apposuerunt.

Actum anno Domini millesimo ducentesimo tricesimo nono, mense Augusto.

(Archives de Senlis, AA. IX, fᵒ 18 vᵒ. Cartulaire enchainé.)

XIII

Avril 1243

Accord entre le chapitre de l'église de Notre-Dame de Senlis et la commune sur le droit d'épave dans la terre du chapitre et sur la vente sur la place de Notre-Dame des objets soumis au tonlieu.

Johannes de Montibus, canonicus silvanectensis, et Guido de Sotemonte, major communie silvanectensis, universis presentes litteras inspecturis in Domino salutem. Cum inter decanum et capitulum silvanectenses ex una parte et communiam silvanectensem ex altera fuisset orta contentio super eo, quod eadem communia dicebat se habere in terra capituli apud Silvanectum *l'espave,* dicto capitulo hoc infitiante, item super eo quod dicta communia volebat habere theloneum a vendentibus in platea ecclesie beate Marie, capitulo asserente in contrarium dictam plateam et vendentes in ipsa ab hujusmodi prestationibus liberos et immunes ; tandem super querelis predictis utraque pars compromisit in nos duos, firmiter promittens, quod, quicquid nos arbitri, inquisito utriusque partis jure, super dictis querelis pace vel judicio dixerimus vel protulerimus ratum, habebunt et firmum.

Nos autem, receptis juramentis bonorum virorum et inquisita super dictis querelis diligentius veritate, dictum nostrum protulimus in hunc modum.

Dicimus arbitrando, quod in dicta platea ecclesie silvanectensis non vendentur res aliquæ de quibus debeat solvi theloneum, et, si forsitan aliquis vellet ibi vendere res aliquas de quibus deberet solvi theloneum, ad requisitionem thelonearii, decanus ecclesie vel aliquis de canonicis super hoc requisitus tenebitur injungere hujusmodi venditori, quod res suas alibi vendat, ubi thelonearius suo theloneo non fraudetur.

Si qua vero, de quibus non debet solvi theloneum, ven-

dantur in dicta platea, licite hoc fieri poterit, si dicti decanus
et capitulum voluerint sustinere.

Super alio vero articulo dicimus arbitrando, quod communia silvanectensis in terra ecclesie silvanectensis nichil
juris habet en *l'espave* ; set eo decedente, omnia bona ejus
mobilia et immobilia cedent in jus capituli, hoc tamen communie salvo, quod, eo vivente, justiciabit eum et mobilia sua,
si talis fuerit, qui sit justiciabilis communie supradicte.

Hec autem dicimus, salvis cartis hinc inde usque ad hoc
tempus obtentis. In cujus rei testimonium, presentes litteras
sigillis nostris fecimus communiri.

Actum anno Domini millesimo ducentesimo quadragesimo
tertio, mense aprili.

(Archives de l'Oise, fonds du Chapitre de Senlis, cote 60, n° 1, art. 17).

XIV

1264

*Arrêt du Parlement taxant à quatre cents l. t., payables par
la ville de Senlis, les amendes encourues pour deux mauvais jugements prononcés par le maire et les conseillers de
la commune. Le maire et les conseillers ne pourront remplir aucune fonction municipale pendant cinq ans.*

Emendaverunt major et jurati silvanectenses domino Regi
pravum judicium quod fecerant contra Johannem, dictum
Neret, civem silvanectensem, quod, per curiam cessatum et
irritum, denuntiatum fuit, prout superius exprimitur. Emendaverunt etiam eo quod quemdam clericum ab eis petentem
quod eum facerent assecurari, jus faciendo, a quodam de
communia sua, noluerunt facere assecurari, quia clericus erat.
Ipsum etiam clericum noluerunt facere assecurari, ad requisi-
cionem cujusdam laïci, fratris sui, quia idem clericus absens
erat, licet frater suus paratus esset eum adducere coram eis, si
sibi prestarent securitatem de subditis suis in veniendo, cum
idem clericus sine conductu non audiret venire. Preterea
emendaverunt domino Regi, quia dictum fratrem ipsius clerici
laicum et de communia sua, petentem assecurationem, jus
faciendo, noluerunt facere assecurari, nisi ipsum fratrem suum
clericum forjuraret, quod et eumdem facere oportuit, ante-

quam assecuracionem haberet; ex quia quidem denegacione
assecuracionis grave maleficium fuit subsecutum, nam pre-
fatus clericus a quibusdam de villa silvanectensi graviter
fuit et proditorie verberatus, prout hoc asserebat silvanectensis baillivus. Taxate fuerunt emende iste per dominum
Regem et consilium suum in hunc modum, videlicet quod
villa silvanectensis solvat domino Regi propter hoc quadrin-
gintas libras turonensium de emenda, et quod major et con-
siliarii ville qui dictum pravum judicium et premissa fecerunt
non possint habere majoriam nec alia officia ville usque ad
quinque annos.

(Archives Nationales, reg. Olim. I. fⁿ 140 vᵘ; édition Beugnot, I,
page 587).

XV

1273

*Arrêt du parlement pour le maire et les jurés de Senlis
contre le bailli* (1).

L'en de l'incarnacion Nostre Seingneur mil cc soisante et
treze, Pierres de la Porte, meres à ce tans, quelques gins, qui
meuret en ceste ville, fu batuz en ceste ville d'un homme de
Creilg; li gins fu plaintiz au bailli de ce. Li bailgliz par sa
vollenté tint la joustice de ceste chose. Li mères requist la
joustice de ce au bailgli et dist que elle appartenoit ne pas
au roi. Li bailgliz ne la vout rendre au mayeur; de ce nous
fumes plaintiz au mestres en plain parlement dou bailgli et
fu juchié des mestres que la joustice estet nostre et com-
mandèrent au bailli que il nous la rendist.

A ce juchement fère furent présent l'abé de Sain Denis,
le seingneur de Neelle, Mestre d'Ulgli, Jahan de Monluçon,
Mestre Gautier de Chambeli, Mestre Fouquet de Coudun,
Mestre Felipe de Caours, evesque d'Evreeues.

(Archives de Senlis, AA. IX, sur la première garde.
Cartulaire enchainé)

(1) Cet arrêt ne se trouve pas dans les actes du Parlement de Paris,
analysés par M. Boutaric, ni dans la restitution de M. L. Delisle.

XVI

1277

*Arrêt du Parlement condamnant à l'amende les bourgeois
de Senlis, pour avoir indûment confisqué les biens d'un
bourgeois, qui s'était frauduleusement imposé à la taille.*

Cum ballivus Silvanectensis occasionaret majorem et juratos Silvanectenses super eo quod ipsi retinuerant, tanquam
sibi commissa, bona cujusdam jurati sui qui, per juramentum
suum, se male tailliaverat; ipsis majore et juratis dicen-
tibus quod hoc facere poterant per cartam suam et se super
hoc usos esse : visa carta sua, visis etiam probacionibus
suis, super dicto usu productis, pronunciatum fuit, per judicium quod major et jurati, nec in proprietate nec in posses-
sione, jus habebant retinendi predictam ; et emendaverunt,
quod dicta bona ad jus domini regis spectancia, presump-
serant occupare.

(Archives nationales, Reg. Olim. II. 35 v°.)

XVII

14 octobre 1297

*Le lieutenant du maire nomme un curateur aux enfants
d'Oudard de la Porte.*

Universis presentes litteras inspecturis, Radulfus de Foro,
custos majoriæ silvanectensis ad præsens vacantis per mor-
tem defuncti Oudardi de Porta, ejusdem majoris silvanectensis locum tenens et vices gerens majoris, juratique villæ
et communiæ silvanectensis, salutem in Domino.

Noveritis quod nos, causa cognita, damus; constituimus
puberibus liberis et hæredibus defuncti Oudardi de Porta,
quondam civis et majoris silvanectensis, curatorem quantum ad res, causas et negotia eorumdem et specialiter quantum ad causam motam in curia remensi inter dictum Oudar-
dum defunctum et reverendum patrem et dominum silvanectensem episcopum, videlicet Johannem de Porta,
civem silvanectensem, patruum eorumdem. Qui Johannes

onus hujusmodi curationis in se suscepit coram nobis et
juravit corporaliter quod res, causas et negotia, tam in
judicio quam extra, ad eorum utilitatem et commodum bona
fide custodiet et salvabit, et eorum utilia procurabit et inu-
tilia et quod rationem se et sua bona quantum ad hoc dictis
pubéribus coram nobis obligando in præmissis sollempnita-
tibus quæ in talibus adhiberi consueverunt et debent. Nos
attendentes causa cognita præmissa facta esse pro utilitate
dictorum puberum eisdem . . . .
interposuimus . . . . et decretum
maxime cum hæc nobis competent tam de jure quam de usu
et consuetudine approbatis antiquis etiam a tempore a quo
memoria non existit.

In cujus rei testimonium, præsentibus litteris sigillum
communiæ silvanectensis prædictæ duximus apponendum.

Datum anno Domini 1297, die lunæ post festum Beati
Dyonisii.

(Afforty, I, 444.)

XVIII

1311

Statuts des Tisserands.

Y fu dit et par droit au temps sire Pierre de Montengny,
maire à ce tems, que l'usage et la coustume du mestier des
tisserans, que nus ne pu avoir que un aprentis avec li et
esconvient que il le tiengne quatre ans au mains.

Item que nus ouvriers du mestier ne puet ouvrer en ceste
ville ne en ville de lay, se il n'a servi quatre ans en ville de
lay, ou se il n'est fius de mestre de ville de lay et monte en
ville de lai ; et se il fet du linge et du leinge il ne puet ouvrer
en ceste ville, se il ne renonce an quel que sort par la coutume dessus dite.

Et fu récordé ainsi de sire Oudard le Drapier, mère l'an XI,
présens Mestre Tyart Saurin, Guillaume de Plalli, Oudart le
Gaaingneur, Sire Renier le Courtois, Messire Bertrant de
Saint Cointin, Robert Saquati, clerc et plusieurs autres.

(Archives de Senlis, AA. IX, fº 80 vº. Cartulaire enchainé.)

XIX

Statuts des Lingers.

Veci le status du mestier du linge par l'acort de jostiche et dou commun du mestier.

Il convient que à tous ceus qui thienent mestier en leur meson qu'ils aient XVI livres de plont pour peser et que toutes pierres soient estrangies.

Ne nus ne puet mestier lever en la ville que ce ne soit par le sceu de la jostiche et le informacion des regars à savoir se il seroit suffisans de ce faire ; et se il estoie ainsi que nus nule levast mestier en la ville san le sceu de la justiche et des regars, il est à V s. d'amende, moitée à la ville et moitée à regars.

S'il estoit sceu que nus ne nule engagast chaiennes ne fil d'autrui, il pert le mestier et la ville à tous jours.

« Sire, nous disons, nous qui sonmes regars, par nos seremens que ce est bon à faire. »

Et fu fais cis estatus au tans sires Pierre de Montegny maires pour le tans.

(Archives de Senlis, AA. IX, f⁰ 84 v⁰. Cartulaire enchaîné).

XX

31 décembre 1315

Charte de non-préjudice pour le droit d'abatis de maison.

A tous ceux qui ces présentes lettres verront et orront, les maires, pers et jurés de la ville de Senlis, salut. Comme nous avons esté et soions et comme nous disons et maintenons estre en bonne saisine et possession de tel temps qui soufit et doit souffire de bonne saisine acquerre, retenir et garder, de faire découvrir les maisons de nos bourgeois, espéciallement des clercs, pour les tailles sur eux assises, quant il sont défaillans et contredisans de payer, quant nous ne

trouvons pas meubles de quoy nous nous puissions payer et
de continuer tels exploits, par manière de justice tant que
satisfaction nous soit faite de nos tailles, en usant et continuant cette saisine nous eussions à faire descouvrir en jus-
tissant la maison Renier le Chat pour ses tailles esquelles il
estoit tenu à nous, et honorables hommes et discrets doyen
et chapitre de l'église Notre-Demme de Senlis se soient op-
poséz au contraire, pour ce que ladite maison meut de eux
et de leur église et que l'exploit que nous avons encommencés
à faire dessus dit estoit au préjudice de leur juridiction foncière et qu'ils estoient et sont en saisine de eux opposer au
contraire de l'exploit que nous faisions et de faire cesser tel
exploit en ce lieu et semblable, quand il estoient venus à
leur connoissance, si comme ils disoient ; et le dessus dit
doyen et chapitre se soient assentis et accordés que nous
l'exploit dessus dit commencé pour ladite maison parfacions,
afin que nous soyons payé ; scavoir faisons que nous volons
et consentons que la souffrance que ils nous font en cette
partie ne leur face préjudice en saisine ne en propriété de
justice, ne par ce nouvel droit nous soit acquis, sauves les
raisons et les deffences des parties en toutes choses.

En signe de cet acort, nous avons scellé ces lettres dou
séel de notre commune.

Donné l'an de grâce 1315, le mercredi après la Nativité
de Notre Seigneur

(Afforty I, page 59).

XXI

*Fragments de la minute, écrite sur tablettes de cire, d'une
enquête faite lors de la suppression de la commune sur la
gestion des dépensiers de la ville depuis 1309.*

1ʳᵉ TABLETTE.   [C'est lestre des] debtes que la ville devait quant sire
[Robert du Murat] leisa la merie et Estienne Barre leisa la
despense [l'an M. IIIᶜ] et IX, le jour de feste Saint-Pierre et
Saint-Pol et que sire [Estienne] dou Canje entra en la merie,
quite XXX l. pour les cous.

Remen deniers en garde

[au M] asles la chate IIᶜ XXXX l., dont elle a l'estre de

III^c l. [fo]rt monnoie : de se elle doit pluziex tailes, quite XXX l. pour ces tales de devant. Item paié par la main Rogier le Baseannier XX l. à Jacques de Fontaines pour les taillies Renier [le Chat], Froment et Robert, ses frère, du tems sire Robert le..................

.....nelle, fille Guillaume Lormier XLI l. et V s. fors, mes elle doit plusiex tailles, mes on li doit rabattre XII l. pour ces [tai]lles par l'accord de son mari et demeurent XXIX l. et V s.. Paié les XXIX l. et V s. à sire Robert du Murat.

Au Boulengier VIII^{xx} l. for, dont il a lestres.

Au fil Gille de Laon II^c LXII l. fors.

Au fil Alesandre Levert IIII^c flebles qui vallent à fort VI^{xx} XIII l. VI s. et VIII d., dont Guiart..... a la lestre, les quiex IIII^c l. furent mis à feuble et il deuzent estre mis alla fourt et ainsinc en les i doit fours, touz fours, pour se qui furent prêtés en l'an mil II^c IIII^{xx} et XVIII.

Drouet de Mentengni II^c l. pretés l'an M et III^c qui vallent à la fourt VIII^{xx}XVI l., de laquelle somme on a baillié C l. à Marie d'Avesnes et à Simon Pongeri du commandement sire Jehen de Montengni et vallent les C l. bailliés au dessus nommés IIII^{xx} VIII l. VI s.

A Sire Renier de Creilg IIII^c l. flèbles, qui vallent à fort VI^{xx} XIII l. VI s. et VIII d.; de se il doit LX s. faibles de sa talle dou tans sire Lambert. Item trois tailes viex dou tans sire Henri dou Cange et deux dou tans sire Robert dou Murat qui vallent LX l. fors. Item une tale dou tans sire Estienne dou Cange qui mont XL l., canc la seuvension la raine d'Engleterre, qui monte XX l.

A la fame Pierre Roussel et à ses enfans V^c et XXX l. flebles, qui vallent à fort VIII^{xx} XVI l. XIII s. et IV d. Paié XL l. à deux fois à Henri le Cardier forin. Item paié LXVl s. et IV d. pour despens. Item paié XL l. fors à Estevenin Roussel [en rembour]sement de la somme, environ la Pentecoute l'an XI par la main Rogier le Bazannier, paières, don la ville a letres de Henri dou Marchié, qui est ès huches. Item C l. fours par Jaque le Fruitier.

A sire Renier le Courtois II^c flebles, qui vallent à fort LXVI l. XIII s. IIII d., dont il a lestre, qui palle de fleble monnoie, paié par la main Rogier le Basannier à Jaque de Fontaines, pour la taille dudit sire Renier et de Renaut son fiuz XXVII l. du temps sire Robert le Parmentier.

A sire Pierre de Montenni XIIII^{xx} V l. flesbles, qui vallent à fort IIII^{xx} XV l. tout paié.

A Pierre de Creelg IIIIe l. flesbles, qui vallent à fort VI^{xx} XIII l. VI s. et VIII d., paié par la main Rogier le Basannier, dont il a les lestres,

.....chen le Mersier .....VI l. et VIII s. et II d. fors, de se il doit..... les derrainement passées qui vallent CIIII l. X s..... [des]quelles quatre tailes il en i a deux qui ne furent pas mises..... uelleurs, si est a savoir Robert le Chat et Pierre Polin, qui..... XLIII l. II s. et VIII d.

.....Raoul Barre XVII l. fors.

2e TABLETTE r^o. A mesire Estienne Macaire IIII^{xx} et XI l. et V s. fors, mes on doit rabatre XXX l. pour la taille Jehen l'Orfèvre. Item, paié XXVIII l. et XV s. à sire Robert le Parmentier. Item, paié LXXIIII l. XVIII s. et IIII d. par la main Roger le Basannier ; et est à savoir qu'en devoit au dit mesire Estienne plus XIII l. ... VII s. et VIII d. fors que Estienne Barre ne balla en dete à la ville quant sire Estienne entra en la merie et est à savoir que le dit mesire Estienne est tout paiés.

A la fame Robert de Saint-Vincent et à ses enfans V^c l. fors, dont Oudart le Drapier a la lestre de V^c XL l.

A Jaques l'Aquapie pour la dete Aubri le Juif de Rains III^c XXXVII l. de feble, qui sont à value au fuer de marc à VIII^{xx} l. ou environ.

A Henriet de Montenni CXVII s. VIII d. fors, dont il a lestres, dont XI s. ; tout paié.

La ville a reseu des vins Adans dou Pleissier VIIII^{xx} et XVIII l. ; tout paié.

A sire Gile de Laon VIII^c l. à paier à Noël qui sera l'an mil et III^c et XIII, forte monnoie, ou dan tele monnoie et ausit souffisant et à la value au fuer du marc, ou qui le vallie, comme elle estoit l'an mil III et dix le mardi après la Saint-Remi et valoit au temps de III^c et dix un florin à la masse XXIIII s. VI d., un estellin IV d., une mallie IV d., un flourin à la roine XVII s. Paié VII^{xx} V l. tournois, dont Jaque le Fruitier a lestre.

A Jehen de Bores XXXII l. à poier à la Chandeleur, dont il a lestre de l'an XI, et est à savoir qu'il est quites de toutes les tailles de qu'au jour d'ui.

A mesire Raoul de Compinne XXIIII l. p., dont il a lestres.

Se sont deniers à cous, que la ville devoit quant sire Robert dou Murat leisa la meirie.

Au enfans Amis de Vilers XXXII l. Item paié seur le principal VII l. et X s. Item VI l. Item IIII l. fors par la main Rogier le Bazannier l'an XI. Item IIII l. par la main dou dit Rogier et demeure qu'on li doit X l. seur le tout. Item paié XL s. par la main Jaque le Fruitier.

Renaut le Courtois C l, flebles. Item X l. pour cous, qui vallent à fort XXXVI l. XIII s.et VIII d. Item paié VI l.

A Jehan le Carie, de Rains, IIII^c et IIII^{xx} l. principal et VI^{xx} l. pour cous à poieier au huitiènes de Paques l'an XII Somme VI^c l.

A Pierre le Damoisel et Jehan Millart, de Gouvius, pour les 2e TABLETTE v°. enfans Millart III^c L l. Item XLII l. pour cous, tout de fleble, qui vallent à fort CXXX l. XIII sous et VIII d. et cheent le touz à paier à la mi-ous..... Poieiés XIV l. paricis fors ; poieiés à Jean Milart..... environ la Pentecoute l'an XI par la main Rogier le Bazannier dépensier à ce tans et demeure C et XVI l. VIII s.

Au enfans Simoun l'Ofèvre IIII^{xx} l. fors et XX l. pour quous à paier au Branndouns, l'an XII. Somme IIII^{xx} l. (sic)

Au enfans d'au Masles la Chate II^c l. et XX l· pour les cous, les quiex XX l. en doit rabatre à Jaque de Fontaines de la talle dou tans Robert le Permentier. Poié C l. par la main Jaque le Fruitier, l'an XI.

A Ernoul de la Source XLVIII l. enpruntés l'endemain de feste saint Critofle et les cous.

A Oudart le Drapier II^c l. enpruntés le jour de feste saint Cennen en uiver l'an XI. Item au dit Houdart VI^{xx} et VI l. de prinsipal empruntés le semendi après la Chandelleur l'an XI.

Item au dit Houdart IIII^{xx} et XV l. XVIII s., que il prêta alla ville pour fère la dépense, au tans que il estoit mères, en parllement et aillieurs, l'an XI. Paié au bailgli de Senlis CII l. dont le dépencier a lestres. Item paié IIII^c l. à sire Robert le Parmentier, par forse de roi.

Item LX s. à Pierre de Treis Molins.

Au millars de Gouvieu C et XII l. dunt il on letres contens et rabattu de toutes chouzes et en chet le terme alla setenbresche, l'an XII.

Se sont les testes qu'en devoit à la ville quant sire Robert dou Murat leisa la mérie, l'an IX, et que sire Estienne dou Canje i entra et Estienne Bare leisa la dépence dont le dit Estienne Bare n'estoit pas carchiés.

Mesire Jehan de Biaumont, chevalier, XLVI l. par ses lettres qui parlent de feu Jehan Runge-Mallie.

Item li dis mesire Jehan XL l. par ses lettres dont feu mesire Jehan Choisel fu plege et rendeur par ses lettres qui parlent ou non de feu Robert de la Soongne.

Giefroi le Courtois VI l. pour Jehan Rungemallie.

Item li diz Giefroi X l. paricis pour Pierret le Bel.

Item li diz Giefroi LXII s. pour Richeut du Murat.

Aubri le Drapier VI l. IIII s. IIII d. pour la debte Jehan Runge-Mallie.

Jaque l'Orfevre X l. pour amendes d'un roule qui li fu baillié à cueillir.

Item li diz Jaque XX l. pour l'ameinde de la vilenie faite à Guiart le Féron, compnegnon le mère.

Les filliez Guiart Grenier XI l. V s. pour la carche...... Thiébaut le Gaaingneur.

Guiart le Féron IX l. IX s. pour amendes qui li furent bailliez à cueillir.

......Roi VIII l. pour le blé que ses gent prinrent...... le monnier au moulins jumiaux.

Dreue Roucel XX s. pour la tallie dont sire Robert dou Murat fu carchiéz.

3e TABLETTE r°. Le comte d'Artois XII l. dont on a sa lestre.

Jehan Ronge-Maille IIII l. X s. que Jehan du Puis...... aux exécuteurs Jehan du Pont.

Item XLV s. VI d. pour Thiebaut le Gaaingneur.

Rogier de Balengni VIII l. VI s. pour amendes qui li furent baillées à cuellir.

Somme des debtes dessuz dites IX^{xx} XVII l. XX d. et sont ces debtez ancianes.

Item autres deues à la ville au temps que li dit sire Robert lessa la mairie dont Estienne Barre ne fu pas carchiéz.

Pierre le Cartier XLIII l. XVIII s. flebles qui vallent à fort XIIII l. XII s. VIII d.

Guillaume le Vaier LXI l. X d. feblez qui vallent à fort XX l. X s. du temps sire Pierre Roussel.

Jehan Ansout LVII l. XII l. XI s. feblez qui valent à fort XIX l. IIII s. III d. du temps Pierre Roussel.

Pierre Faisan V c. LXI l. V s. VI d. feblez qui valent à fort IX^{xx} V l. VIII s. VI d, de la taillie au clers.

Guiart Bibère XLI l. XXVIII d. feblez, qui valent à fort XIII l. XIIII s. I d.

Jaque du Cange XXXV l. IIII s. V d. feblez pour amendez qui valent à fort XI l. XIIII s. X d.

Oudart du Pont XII l. fors.

Robert le Basennier IX l. feblez qui valent à fort LX s.

Robert Vincent VII l. II s. feble qui valent à fort XLVII s. IIII d.

Renaut Paon VII l. XVI s. fort.

Robert du Cange CXII s. feblez qui valent à fort XXXVII s. IIII d.

Pierre Hervoise XVII l. VI s. IX d. feblez qui valent à fort CXV s. VII d., pour la coutume du poisson.

Simon le Tionlais XX l. febles qui valent à fort VI l. XIII s. IV d.

Robert Bibère XVII l. II s. feblez qui valent à fort XCXIIII s. pour amendes.

Jehan le Picart IIII^{xx} VII l. XIIII s. VI d., pour amendez du temps sire Robert du Murat. Paié XII l. au dépensier. Item paié IIII l. au dépensier.

Jehan Ferri LXXII l. X s., pour amendez du temps sire Robert du Murat. Paié IV l.

Somme de ses parties IIII^c XLVIII l. XII s. V d.

Somme des detez dessus dites VI^c XLV l. XIIII s. II d.

Gervaise de Crespi XVII l. II s. IIII d. du remanant..... 3e TABLETTE v^o. Adam du Plessier. Paié au dépencier X l. XX d. Item... VII l. qui furent rabatues pour le renplage des vins Adam du Plessier. Tout paié.

Item, autres debtes qu'on devoit à la ville au temps que Estienne Barre lessa la despence, l'an IX, le jour dessus dit, quant li diz sire Robert lessa la mairie, dont li diz Estienne estoit carchiés.

Premièrement dut du restant de son derain conte XIX^c XVII l. XI s. II d. Item li diz Estienne dut VIII l. des prez du roi, qu'il reçut de Froment le Chat, les quiex VIII l. il ne compta pas en sa recepte. Item li diz Estienne dut VI^c LII l. XX d., qui compta en ses despences, les quiex il ne paia pas, qui estoient deuez au persones ci dessouz escriptes :

Premièrement, à la fame Jehan de la Porte LXX s. ; paiez.

A Marie la Barrée XXXI l. VI s. VIII d. ; paiez.

A Hersent de Balengni XXII l. III s. VIII d.; paiez.

A Jehan de Borres [XXX]VIII l. ; paiez.

A Jehanne de Paris IIII^{xx} XIII l. IV d. ; paiez.

A Pierret Boutart XXI l., de III annéez de sa rente à vie ; paiez.

Au II fillies sire Simon de Montengni VIII l. ; paiez.

A la fame sire Jehan de Montigni VII l. XII s. ; paiez.

Pierre Frans XXIV l. XIII s.

Pierre Chabaudour de Crespi XXI l. ; paiez.

Oudart Marchart de Reins XXV l. ; paiez.

Ernouf de la Serve de Crespi, XXXI l. V s. ; paiez.

Lorin le Tisserant L s. pour sel pris pour le roi; paiez.

Gile de Rains LXXVI s. pour auz pour le roi ; paiez

L'église de Chaalit LX l.; paiez.

La communauté de Borrès XII l. ; paiez.

La chapelerie de Borrès XII l. ; paiez.

Messire Bertaut de Saint Cantin L l. ; paiez.

Oudart du Pont et Renaut Paon VIII s. ; paiez.

Roguet Mulet de Barron LX s. ; paiez.

Guibert Néret V s. VII d. ; paiez.

Lois de Feus XXV s. ; paiez.

Oudart le Gaaigneur IX l. XIIII s. VI d. ; paiez.

Sire Lambert Boutart XIIII l. ; paiez.

L'ospital XL s. IX d. ; paiez.

Mesire Jehan Choisel XLV s. ; paiez.

L'église de Chaalit LXXV s. ; paiez.

Mesire Gefroi LX s. ; paiez.

Estienne du Cange XII l. pour la voie de Poitiers ; paiez.

Jehan le Mercier XIX l. XVIII s. pour vin présenté au roy ; paiez.

Simon le Tionlais pour présens de vins et de viandes, XVIII l. VII s. XI d. ; paiez.

Item XXVIII s. au compengnons qui présentèrent le vin au roy ; paiez.

4ᵉ TABLETTE rᵒ. Lois le Tullier XLIIII l., paièz; et toutez les paiez des dessus [dits] deniers ont esté faites du tans sire Estienne du Change......

Estienne du Cange et Guiart le Voier et au Milars de Gouvius XXI l. pour les enfans Milar.

Renier le Chat XI l.

Sire Robert du Murat IIII l. XIII s. VIII d. du remanant de XX l. qu'on li doit pour la mairie.

Pierre de Creelg C s....... de Creilg.

Marie la Grue V s., paiez.

Somme que li diz Estienne Barre dut, quant il lessa la despence et que li diz sire Robert du Murat lessa la mairie, tant de son restant dessus dit, quant des personnes dont il avoit compté en sa despence et ne les avoit pas paiez : II^m V^c LXXVII l. XII s. X d. fors.

Ce sont les personnes que Estienne Barre a ballié en debte à la ville en paiement dou restant dessus dit ;

Maci de Malassise du temps sire Lambert Boutart, l'an VI, pour II gués de coi il fu carchièz de tallie ; c'est assavoir la place au Charons et le Chatel, XXXVII l. XX d.

Item, li dit Maci pour la tallie de II gués, c'est assavoir le gué dou Chatel et de Rue Bellon et de Villemaintrie LXIIII l. X s., du temps sire Henri du Cange l'an VII.

Item, pour II tallies du guet de Viitel, faites du temps sire Robert du Murat, l'an VIII, II^c XIX l. XVIII s. II d.

Item, li diz Maci doit pour amendes du temps sire Henri du Cange, l'an VII, LXII l. VIII s.

Somme seur le tout que le diz Maci doit III^c IIII^{xx} III l. XVII s. X d., puis paya XVII l. et demeure qu'il doit III^c LXVI l. XVII s. X d.

Simon l'Orfèvre pour II talliez du guet de Rue Bellon du temps sire Robert du Murat, l'an VIII, II^c XV l. VIII s. VI d. ; puis paié XXVII l. VII s. IIII d. ; demeure IX^{xx} VIII l. et XIIII d. Item, paié XXVIII l. dou tanns sire Lanbert, l'an XII, par la main Jaque le Fruitier.

Robert le Chat doit du temps sire Henri du Cange, l'an VII, d'une tallie du guet du Marchié XXXII l. XII s.

Item, pour II tallies du temps sire Robert du Murat, l'an VIII, du guet du Marchié XIIII^{xx} l. XXXII s. IX d.

Somme seur le tout que li diz Robert doit III^c XIIII l. IIII s. IX d. ; puis a paié LX l. VII s. II d. Item, XIIII l. XII s. VIII d. Item, LI l. III d. pour II tallies du temps sire Robert du Murat, quitiez à sire Estienne du Cange pour sa merie, et demeure IX^{xx} VIII l. XXIII d.

Rogier le Basennier doit de la tallie sire Henri du Cange, 4e TABLETTE v^o. l'an VII, de II gués du guet dou Bourg Saint Vincent dedens et dehors et du guet de Viitel CIIII l. XVI s. IIII d.

Item, pour II tallies du guet du bourc Saint-Vincent du temps sire Robert du Murat, l'an VIII, III⁰ VIII l.

Somme seur le tout que li diz Rogier doit IIII⁰ XII l. XVI s.; puis paié IIIIˣˣ et X l. ; item, XX l. Item on doit rabatre pour les...... Oudart le Drapier CII l. X s. dont il estoit carchiez et demeure II⁰ XIII l. XIX s. IIII d. Item paié XX l.

Jehan Ansout doit de la tallie sire Lambert Boutart, l'an VII, pour les gués de Viitel et de rue Bellon, XXII l. II s.

Item, VII l. pour le remanant du vinage, l'an VII.

Somme seur le tout que li diz Jehan doit XXIX l. II s,

Jehan de Normendie doit de la tallie sire Lambert, l'an VI, pour le guet de rue Parisie dehors et dedenz LIII l. IIII s. VIII d.

Jaques de Fontaines doit pour amendes et deffaus du temps sire Renier de Creelg, l'an V, dont Estienne Barre fut carchiez, l'an VI, XI l. II s. VIII d.

Pierre le Courtois doit de la tallie du temps sire Henri, l'an VII, pour le guet de rue Parisie, XL l.

Item li diz Pierre doit pour II tallies du temps sire Robert du Murat, l'an VIII, du guet de rue Parisie II⁰ LVIII l. V s. IIII d.

Somme pour les tailles dessus dites II⁰ IIIIˣˣ XVIII l. V s. IIII d. Puis paié LIII l. ; item, paié XXIX l. XIII s. IIII d. Demeure II⁰ et XV l. et XII s. Item, paié IIII l. et XV s. par la main Robert le Chat le guenne à Jaque le Fruitier ou temps sire Lambert, l'an XII.

Guillaume Lorence doit de la tallie du temps sire Lambert, l'an VI, IIIIˣˣ XVII l. XVIII s. IIII d.

Item li dit Guillaume doit pour deffaus et amendez du temps sire Pierre de Montengny, dont Estienne Barre fu carchié, l'an VI, X l. XVI s. IIII d.

Somme seur le tout que li diz Guillaume doit CVIII l. XIIII s. VII d. ; de ce l'on doit rabattre de la taille Oudart le Drapier et ces neveus du tàns cire Lambert, l'an VI, IIIIˣˣl. flebles, qi valent à fort XXVI l. XIII s. et IIII d. Item, pour ces neveus XII l. flèbes, qui vallent à fort IIII l. Item, paié VII l. à Jaque le Fruitier, ou temps sire Lambert, l'an XII.

Guiart l'Orfèvre doit pour la tallie du temps sire Henri, l'an VII, du guet de la Place aux Charons XXV l. VII s. VI d.

Jehan le Parmentier doit pour amandez du temps sire Henri,

l'an VII, LIIII l. XII s. ; paié VII l. à Jaque le Fruitier, ou
temps sire Lambert, l'an XII.

Pierre du Plessier doit pour amendez et deffaults du temps
sire Henri, [l'an] VII, CXIII l. VIII s. VI d. ; puis paié

Pierre du Plessier doit pour amendez et deffaults du temps **5ᵉ TABLETTE rᵒ**
sire Henri, [l'an] VII, CXIII l. VIII s. VI d. ; puis paié
LXVII s. [Item, paié] XXXII l. pour l'amende Guillaume le
Bouchier de Plalli et demeure LXXVIII l. XVIII d. que il
doit.

Oudart le Drapier IIIIˣˣ l. pour amendez, qu'il acheta du
temps sire Robert du Murat, l'an VIII, les quiex sont rabatus
sur la dete, que l'en doit à ces neveus.

Pierre Poolin doit de la tallie du marchié du temps sire
Lambert, l'an VI, XXII l. VI s. X d.

Item pour II tallies du temps sire Robert du Murat, l'an
VIII, pour II gués du guet du Marchié et du guet du Chatel
IIᶜ LXVII l. VI s. VIII d.

Item li diz Pierre doit pour amendez du temps sire Renier
de Creelg XXXII l. XV s.

Somme seur le tout que li diz Pierre doit..... tant de tallies quant d'amendes IIIᶜ XXII l. VII s...... puis paié L l.
XIII s. VI d. Item paié IX l. ..... demeure XIIIˣˣ l. et LVI s.
Item, paié XVI l. à Jaque le Fruitier..... sire Lambert,
l'an XII.

Robert du Parc C s. pour les estaus de la boucherie,
paié.

Les hoirs sire Robert de la Soongne VI l. pour le remanant
de XX l. qu'il devoient ; les quiex Renier l'Echanson doit.

Simon le Tionlais XII l. VI s. VIII d. pour les amendes
du temps sire Lambert, l'an VI, en rabat de la somme de
CXVII l. XII s.

Item ..... l. VIII d. de coi débas est entre le dit Simon et
Guillaume Lorence.

Robert Vincent XIX s. X d.

Oudart Raimbert doit XXI l. pour l'asise qui fu fête en
plusieurs villes de la dépence, qui fu fête à Poitiers.

Poiei IIII l. Item VI l.

Pour cens non paié a la ville XXXVIII l. X s., de la quele
somme Jaque de Fontaines en doit XIIII l. VIII s. III d. pour
III termes, et ceuz qui tiennent les estaus de la Boucherie en
doivent IX l. II s. pour VII termes, si comme Estienne Barre
dit ; paié a Rogier, despencier, par la main la femme Tioul

XXXV s. Item. par la dite femme VI s. Item de Marie la
Trebonde III s. Item paié IIII l. XIIII s. Somme du paiement
depuis fet VI l. XVIII s. Le remanant des IX l. II s. quitéz
au diz bouchers. Froment le Chat XXVI l. XIX pour le
tranras. Estienne Barre XXIIII l. VIII s. V d. dou remennan
de son restans sans les cous d'une année ou de deux qu'il a
contés en dépanse des deniers mesire Estienne Marcangie.

7e TABLETTE r° Rogier le Basennier rendi conte à la ville et se parti de la
despence [l'an mil III° et] XI la vellie de feste Saint Pierre et
Saint-Pol que sire R[obert le Parment]ier issi de la mairie et
sire Oudart le Drapier i entra..

L[iquel Rog]ier dut à la ville du temps du dit sire Robert
le Parmentier de son restant VII°° XVIII l. IIII s. X d. Item
li dis Rogier a receu XXII l. IIII s. X d. de la demie tallie,
dont il n'estoit pas carchiez, plus qui n'avoit conté en recepte.
Item li dis Rogier a receu XX l. des talliez, dont il estoit
carchiéz dou temps sire Henri dou Cange et sire Robert du
Murat, lesqueles soumes dessuz dites montent à II° l. IX s.
IIII d. Item li dis Rogier avoit conté en ses despences, qu'il
n'avoit pas paiéez, XII°° XV l. IX s. V d.

Somme seur le tout des partiez dessus ditez, IIII° LV l.
XVIII s. IX d.; de laquelle somme li diz Rogier a ballié à la
ville, en aquit de la somme dessus dite, certainez personnes, dont il estoit carchiéz, dont la somme monte V° VIII l.
XII s. IIII d. et demeure que la ville doit au dit Rogier LII l.
XIII s. VII d. Desquelez personnes, que li diz Rogier a baillié
en aquit à la ville, sont contenuez en un roule, qui est en
l'écrit au séel, dont li mères et li despenciers en ont le tancrit.

Item oun doit au dit Rogier XXIIII l. que Jaque le despen-
sier a reseus de Renaut Goulet, lesquieus ettaent le dit Rogier.
Item XXVI l. et VI s., que la ville doit au dit Rogier, que
Jaque le Fruitier a reseus de Simoun L'Ofèvre pour le travers,
les quieus ettaent le dit Rogier, dou terme de l'Asencioun
l'an XI. Poiei LV l. par la main Jaques le Fruitier, dépancier.

Jaque le Fruitier, nouvel dépensier, conta à la ville, le
venredi devant la Saint-Clément, l'an XI, de la recepte et
despence, faite depuis feste Saint Pierre et Saint Pol, duquez
au jour dessus dit et demoura que la ville dut au dit Jaque, la
despence rabattue, III° X l. XVII s. VIII d. et obole.

Jaque le Fruitier dépensier conta alla ville le seumendi devant feste Saint Rieulle et Saint Gourge, tant de resetes coume

Héliog. Dujardin.   Eudes. imp

Tablettes de cire de Senlis.
Recto de la XII.e p. 298

de mises, l'an XII et doit alla ville de se conte VII^{xx} et VI l.
XVII s. VII d. et en li devoit du conte, qui fu fait le venredi
devant la Saint-Climent l'an XI, III^c et X l. et XVII s. VIII d.
et obole. Et demeure, rabattu les VII^{xx} et VI l. l. XVII s. VII
d. desus dis, que l'en doit au dépensier, VIII^{xx} IIII l. et III d.
et il est à savoir que en a pas conté en resete les amendes
du tans Houdart le Drapier.

Jaques le Fruitier, despencier, conta à la ville le mardi
devant feste Saint-Pierre en Février l'an XII, tant de receptez
comme de mises, et demoura, la recepte rabatue, que la
ville dut au dit dépencier III^c IIII^{xx} XIIII l. parisis. Et est à
savoir qu'on n'a pas conté en receptez les amendes du temps
Oudart le Drapier et de sire Lambert Boutart, ne les présens
de vins du temps du dit sire Lambert ne de la foire Saint-
Martin l'an XII.

Ce sont les destes que la ville devoit au tans que cire Lambert 8e TABLETTE r^o
lessa la merie l'an M et III^c et XIII, le jour de feste Saint
Pierre et Saint Pol.

Denier en garde.

A Jan de Borez IIII^{xx} et XII l., dont il a lestre de IIII^{xx} l.
pour l'en à regas de ca rente à vie dont le despencier a conté
à ca despense. LX pour rente à vie pour II anés.

Au Etcescéquiteurs Raoul Barre XL et VII l.

A Drouet de Montangni VIII^{xx} XVI l. dont il a lestre, de la
quele somme l'on l'a [donné] au moine de Compine IIII^{xx}
VIII l. VI s. les quis sire Jan de Montangni doit.

Sire Renier de Creilg IIII^c l. flaibes qui valent à fort VI^{xx}
XII l. VI s. VIII d. ; de ce il doit LX s. flaibes dou tans sire Lambert Boutart l'en VI. Item III tales l'une dou tans sire Henri dou
Cange l'en VII, qui vaut XXX l. fort, et les autres II, dou tan
Robert dou Murat l'an VIII, qui monte LX l. fort. Item dou tams
sire Hestine une tale l'an IX, qui monte XL l. fort, tant le prest,
tant la cuvension la raine. Soume des tales deçus distes VI^{xx}
XI l. et demeure VI s. VIII d. que la vile dust de remanant, quant
sire Estienne dou Cange lessa la merie l'an X, lesqueles tales
sont descontées au cuilgeur, les ceugleurs, qui en estoient
cargiés.

C'est à cavoir que li dis Reniers doit les tales depuis le
tans, que sire Estine lessa la merie, c'est à savoir XX l. de
la cuvension la raine d'Engleterre. Item pour la tale dou tans
sire Robert le Parmentier l'an X, XXVI l. Item dou tant

Houdart le Drapier l'an XI, XXX l. Item pour la tale sire Lambert l'an XII, XXX l., lesqueles tales ne sont pas descontées au cueilglieurs.

Ettivenin Roucel VII l. dou remanant de X l. et de ce il doit ces tales de X ans. Paié CX s. par la main Jaque le Fruitier dou tans sire Henri dou Change l'en XIII.

Sire Renier le Courtois XXXIX l. XIII s. IIII d. dont il a lestre de II^c, dont il doit pour li et pour Renaut cen fius de la tale Oudart le Drapier l'an XI XXXI l. Item dou tans sire Lambert l'en XII XVI l.

A mesire Raoul de Compine XXIIII l. dont il a lestre.

Au enfans Robert de Saint Vincent V^c l., dont Houdart le Drapier a lestre de V^c et LX l., seur laquelle summe le dit Houdart et ses neveus doivent V tallies, le une du tans sire Lambert l'an VI, la seconde du tans sire Henri du Cange l'an VII, la tierse et la quarte du tans sire Roubert du Murat l'an VIII et la sincième du tans sire Estine du Canje l'an IX; lesqueles taillies desus dites montent VIII^{xx} XII l. X s., lesquelles taillies sont descontées, ce est à savoir une à Guillaume Laurenze XXX l. XIII s. IIII d. Item..... taillies pour Rouger le Bazannier..... et II l. et X s. Item Houdart de Fontaines, qui monte XL l...... il devoit du tans de devant les dites V taillies desus dites, puis l'an M III^c, duques allan M III^c et VI, et sans la taillie du tans le dit Houdart l'an XII, qui montent LVI l. Item VI l. pour les taillies ses neveus. Item IIII^{xx} l. d'amendes que il acheta au tans sire Roubert du Murat. Item la ville devoit au dit Houdart, que il prêta au tans que il fu meres, III^c l. de une part. Item il prêta VI^{xx} et VI l. d'autre. Item il prêta IIII^{xx} et XV l. et XVIII s. pour la dépenze, que il fit à Paris en parllement, ou temps que il fu meres, le quiex IIII^{xx} et XV l. et XVIII s. le dit Houdart avoit empruntés à plusiers personnes, qui devoient à la ville de taillie et d'autres chozes; des quiex sommes le dépensier en a paié par fourze de roi V^c II l. au bailli et à Roubert le Parmentier, pour amendez que le dit Houdart devoit au roi. Item LX s. paiez à Pierre de Trois Moullin pour le dit Houdart et ainsint demeure rabattu les parties dessus dites tan de taillies comme d'autres chouzes, ezeté les taillies, que l'en dut au dit Houdart C II l. VIII s. se ezeté que les taillies, que il devoit de l'an M III^c duquez à l'an M III^c et VI ne sont pas rabatuez, ainsi les doit encoure.

A Gille de Laon VIII^c l. à paier à Nouell, qui sera l'an

10° TABLETTE r°

m III^c et XIII fort monnoie, ou en telle ou ausint souffisant et alla value et au fuer du marc, ou que il vallie comme elle valloit l'an M III^c et XI le mardi après la Saint-Remi et valloit pour le tans I flourin alla maze XXIIII s. VI d. I etellin IIII d., et une obole blanche IIII d., et I flourin alla Roume XVII s.

Au enfans Simon l'Ourfèvre XX s.

Au filg Amis de Vuilers L s.

A Jaques de Fontaines XII^{xx} l., les quiex deniers la ville doit fère pourter à Prouvins au cous de la ville alla Mazellainie et ce en telle monnoie et par le pris que il les baillia. Paié VII^{xx} X l. de tournois et demeure IIII^{xx} X l. tournois, qui valent à parisis LXXII l. par l'acort des parties.

......rot l'éfans Alisandre le Veer IIII^c l. Paié C l. parisis fors par la main Jaque le Fruitier au tans sire Henri du Change l'en XIII. Item paié C l. par la main Raoul le Mestre au tans sire Lambert l'an XIII. Item VI l. par la main dudit Raoul. Item C l. par la main dudit Raoul du tans sire Henri l'an XV. Item XLVIII l. par la main Garin le Courtois l'an XVI. Paié X l. par la main Oudart de Fontaines.

Deniers à cous.

Au Millars de Gouviex C et XII l. Item, XVIII l. pour cous 10e TABLETTE v^e à paier à setenbresche l'an XIII, dont il ont letres.

A Renaut le Courtois XXXVI l. XIII s. et VIII d. pour cous et pour tout.

A Hue le Large de Rains VI^c l. et C et L l. pour cous dunt terme échera à Paques Clouzes l'an XIIII, dont il a lestres. Paié les couz du terme de l'Ascension l'an XVI.

A sire Lambert Boutart et à Hébert des Etans XL l. que il empruntèrent la seurviellie de fète Noutre Demme des Avens sans les cous, dont il ont letres.

A sire Henri du Cange et Jaque de Florinnes et Rouger le Basennier C l. que il empruntèrent pour la ville la surviellie de faite Noutre Demme des Avens sans les couz, dont il ont letres.

A Roubert le Chat le Viel et Gautier Janbart XL l. empruntés pour la ville la seurvieillie de faite Noutre Damme des Avens, sans les couz.

A Jehan de Bourès et Rouger le Basennier et Jaque le

Fruitier XXX l. que il empruntèrent pour la ville le samedi devant faite saint Toumas l'an XII, sans les couz.

A Gervèze de Crepi et sire Hanri du Cange C l. empruntés par la ville la vieillie de Nouel l'an XII, sans les cous, dont il ont letres.

A Guibert Néret et Houdart le Guenneur XII l. empruntés pour la ville le senmedi après les outaves de la Chandelleur, sans les couz, l'an XII.

A sire Roubert du Murat et sire Henri du Cange, XL l. empruntés pour la ville le seumedi devant faite saint Pierre en février l'an XII, sans les cous, dont il ont letres.

A Gervèze de Crepi, Jaque le Fruitier C l. empruntés le mardi après...... saint Pierre en février l'an XII, sans les couz.

A Jehen le Mercier le Viel V^c XLVI l. XVI d. empruntés à Paris. Item XLVIII l...... II d. pour couz à poier à la Mazellainie l'an XII.

Henri du Cange et Pierre le Courtois XXX l. empruntés le premier...... l'an XIII, sans les couz.

8e TABLETTE v°. Item ce sont les personnes à qui Jaque le Fruitier doit, lesquelez il avoit [contées en sa] despence et ne les avoit pas paiéez.

A...... le Hersent de Balengni LXXV l. tournois pour sa rente à vie de III annéez de l'an XI, de l'an XII, de l'an XIII. Item à la dite Hersent VI l. V s. tournois pour le crois de sa rente à vie de la darraine année que fu contée à parisis.

Item, à la fame feu sire Jehan de Montengni VIII l. X s. tournois que l'en li doit pour II annéez seur la meson de la ville au terme de la Saint-Remi, c'est à savoir de l'an XII et de l'an XIII.

Item, à la fame Guiart le Voier XXV l. parisis qui valent à tournois XXXI l. V s. pour sa rente à vie du terme de la Saint Nicolas d'iver, l'an XIII.

Item, à Marie de la Porte LXIX s. parisis qui valent à tournois IIII l. VI s. III d., de remanant de IV l. pour la commune du terme de la Saint Jehan, l'an XIIII.

A Arnou de la Serve, de Crespi, CXVIII s. tournois de remanant de sa rente à vie de III annéez du terme de Paquez, l'an XII, l'an XIII, l'an XIIII.

Item, aux hoirs sire Renaut de Saint Vincent XXX s.

parisis qui valent à tournois XXXVII s. VI d. pour la commune du terme de l'Ascension l'an XIIII.

Item, à mestre Gauthier de Moi X l. tournois pour sa pension de l'an XIII.

Item, à Jehan de Borrès XXX l. parisis qui valent XXXVII l. X s. de tournois par sa rente à vie du terme de la Chandeleur, l'an XIII.

Item, à Lois de Feus XXV s. parisis qui valent à tournois XXXI l. III d. pour la commune du terme de la Saint Jehan l'an XIV.

Item, à mestre Jehan de Paris, clerc, LX s. tournois.

Item, à Godefroi l'Alemant L s. tournois pour besongnes qu'il fit à la ville ou temps sire Henri du Cange.

Item, à Guillaume le Potier X s. tournois.

Item, à Simon l'Orfèvre XIII s. tournois.

Item, à Rogier le Basengnier XVIII l. XI s. VIII d. tournois pour présans de vins pris en sa meson.

Item, à Jaque du Murat IIII l. XVII s. tournois pour présens de vins pris en sa meson.

Item, à Benoit LII s. tournois pour présens de viandes pris en sa meson.

Item, à Raoul du Chatel L s. VIII d. pour présens de vins pris en sa méson.

Item, à Renier le Chat LX s. V d.

Item, à Jehan le Changeur XI l. IIII s.

Item, à Guillaume le Tionlais, XXXI s. IX d.

Item, à Guillaume Flamiche, serjant de Villemaintrie, XVIII s. IX d. pour son salaire.

Somme XII^{xx} XVII l. IX s. VII d. tournois.

Somme de toutez les debtez desus ditez que li diz Jaque doit XVI^c XL... l. VI s. III d. tournois.

Ce sont les personnes, dont li dis Jaque le Fruitier estoit ₉ₑ TABLETTE v° carchiéz, qui estoient tenus à li, lesquels il ballia à debte à la ville en li aquitant de son restant et des personnes, qu'il avoit contées en despence, lesquelez il n'avoit pas paiéez, quant il issi de la despence l'an XIII.

Estienne du Cange, fius sire Estienne doit de la taillie, faite ou temps Oudart le Drapier du guet du Marchié LXIX l. XIX s.

Raoul le Mestre doit de la tallie du temps dudit Oudart du Guet de la Place XLI l. et III d. Item, il doit de la première taillie du temps sire Henri du Cange l'an XIIII, pour les gués du Chatel, de Rue Parisie et de Rue Bellon VI^{xx} X l. XVI s. III d. De ce le dit Raous a paé XXXII l. V s. de tournois.

Pierre du Cange doit de la taillie du temps du dit Oudart du guet du bourg Saint Vincent XXIX l. II s.

Henri Boutart doit de la tallie du temps du dit Oudart du guet de rue Parisie IIII^{xx} VII l. V s.

Gautier Jambart doit de la tallie du temps du dit Oudart dou guet de Viitel...... Item de la taillie du temps sire Lambert Boutart pour les guez de rue Parisie, du Marchié, de la Place et du Chatel VIII^{xx} XII l. VI s.

Jaque du Cange doit de la tallie du temps du dit Oudart du guet du Chatel XXVII l. XVI s.

Arnoul de la Soongne doit de la tallie du temps du dit Oudart du guet de Rue Bellon. Item, de la taillie sire Lambert Boutard des guez de Rue Bellon, du bourc Saint Vincent, de Viitel, de Villemaintrie et des Forains XI^{xx} III l. et V s.

Renier de la Porte doit de la tallie première du temps sire Henri du Cange des guez du bourc Saint Vincent et de Viitel. Item de la seconde tallie du temps du dit sire Henri, des guez du Chatel, de Rue Bellon, de Viitel et de Villemaintrie III^c XII l. XVI s. III d.

Jehan le Picart doit de la première tallie du temps sire Henri du Cange des Forains XII l. XIX s.

Jehan Ausout doit de la première tallie du temps du dit sire Henri des guez du Marchié et de la Place aux Charons IIII^{xx} XIIII l. VII s. Paié C...... et II s. de tournois à Raoul le Metre, les queus Raoul le Metre a conté en sa resete.

Jaque de Fontaines doit de la seconde tallie du temps du dit [sire Henri] des gués du boure Saint Vincent, de Rue Parisie, du Marchié et de la Place V^c VII l. XIII s. VII d. Paié XXXI l. et IIII s......

Oudart le Drapier VII l. VI s. V d...... qui demourèrent...... II^c l. qu'il presta a la ville

......doit au dit Jaque XVI s. de la tallie faite ou temps Oudart le Drapier...... et de Villemaintrie qu'il cuelli de....., qui n'avoient...... ne trouvoit que penre.

Somme XVIII^c VII l. VIII s. de tournois. Ainsi demeure que la ville doit au dit Jaque, rabatu ce qu'il......

C'est la vente que la ville a faite des mestiers.

Sire Lambert Boutart acheta la coutume du pa[nnier de poisson] l'an VIII à un an VIˣˣ 1. à paier à II termes à l'Ascension la moitié et à la Saint Nicolas d'iver l'autre. Paié LX 1...... Autre paie. Item une paie à Rogier du terme de la Saint-Nicolas d'iver l'an X. Item une paie. Item une paie. Item une paie LX 1. du tans Houdart le Drappier l'an XI du terme de la Saint Nicoullas d'iver et demeure...... Lambert doit du darain terme.

Guiart Bibère prist le grant tonlieu à la saint Nicolas d'iver l'an VIII à III ans pour VIIˣˣ 1. l'an à paier à II termes chacun an la moitié à l'Ascension et l'autre à la Saint-Nicoulas d'iver. Pleges et rendeur Jehan Ferré le Vielg et Robert Bibère. Paié une paie...... paié à Rogier le [Basennier. Item une paie. Item...... de la Saint Nicolas d'iver l'an X...... Item...... de la Saint Nicolas d'iver l'an X...... Paié...... et de cette dairaine paie il a retenu IX 1. VIII s. IIII d......, qu'il a paiéz à l'évêque, tant pour principal comme pour painez et III mines de sel de XVIII s., pour le descort d'une paie qui devait avoir esté faite du temps, que sire Lambert la tenoit, laquelle il tient du commandement le mère et des compengnons de lors.

Robert le Chat le Vielg prist le minage l'an IX à III ans, et doit commencer à recevoir à la Saint Martin d'iver, l'an IX, pour C et V 1. l'an, et les doit paier le jour de l'Ascension ensuiant et, se la ville a domage par défaute de son paiement, il est tenu à rendre le damage. Plège et rendeur, Raoul l'Orfèvre. Paié C et V 1. Item, une paie. Item, une paie.

Estienne Barre prit la pécherie, l'an IX, à II ans, par C s. l'an, à paier à II termes, à Noel et à la Saint Jehan. Paié une paie. Item, une paie. Item, une paie pour le terme de Noel l'an X. Item, une paie.

Estienne Barre prit les estaus de la boucherie l'an IX à II ans, pour C s. l'an, à paier à II termes, à Noel et à la Saint Jehan. Paié une paie. Item, une paie. Item, une paie du terme de Noel l'an X. Item, une paie.

Simon l'Orfèvre prist le travers à la feste Saint Pierre et Saint Pol, l'an IX, à II ans, pour IXˣˣ et V 1., chacun an, à paier à III termes, à la Touz Sains le premier, à la Chandeleur le secont, et à l'Ascension le tiers. Paié une paie. Item, une paie. Item, une paie. Item, une paie. Item. une paie. Item, une paie. Item, une paie.

6° TABLETTE v° Jehan de Blangi prist les canges à la feste Saint Pierre et Saint Pol l'an IX à un an pour VIII l. l'an à paier à II termez la moitié à Noel et l'autre à la Saint Jehan. Paié VIII l. Paié une paie de IIII l. Item, le terme de...... Item, IIII l., l'an XI.

Jehan le Cangeur prist le cange de la monnoie et un des canges pour IIII l. à un an à paier à II termes à Noel et à la Saint Jehan...... pour le terme de Noel l'an X. Item, XL s. à la Saint Jehan.

Jehan le Mercier le Jeune prist le cange de la monnoie à un an pour XL s. Item paié XX s. à la Saint Jehan, l'an XI.

......l'endemain de la penthecouste l'an VIII...... C l. chacun an à paier à IIII termes paié à sire...... C l. d'une année. Item poié à Rogier le Basannier...... XLIIII l. l'an IX......

Heli de Saint Vincent prist le minage la vellie de la Saint Pierre et Saint Pol l'an IX, à III anz, chacun an LXX l. a paier à III termes, à la Toussainz, à la Chandeleur et à l'Ascension ; paié XX l. Item, paié une paie. Item, une paie. Item, une paie. Item, une paie. Item, une paie. Item, une paie. Item, une paie.

Robert le Chat le jeune prit le travers à la feste Saint Pierre et Saint Pol l'an XI, à III anz, pour le pris de VIII[xx] V l. par chacun an, à paier à III termes, à la Touz Sains le premier, à la Chandeleur le secont, et à l'Ascension le tiers. Plège et rendeur, Robert le Chat le Viel. Paié une paie. Item paié une paie. Item, une paie. Item, une paie. Item, une paie de l'Ascension l'an XIII. Item, une paie. Item, une paie. Item, une paie.

7° TABLETTE v° Jehan de Blangi print les Changes l'an XI à la feste Saint Pierre et Saint Pol, par VIII l. l'an à poier à II termes, la moitié à Nouel et l'autre alla Saint Jehen. Paié une paie. Item, une paie.

Gefrai le Besgue print les estaus de la boucherie à faite Saint Pierre et Saint Pol, l'an XI, à III ans, pour C et V s. à paier à II termes, à Nouel et à la Saint Jehan chacun an. Poié une paie. Item, une paie. Item, une paie. Item, une paie du terme de la saint Jehan l'an XIII. Item, une paie. Item, une paie.

Gefrai le Bègue print la pêcherie de l'iaue à faite Saint Pierre et Saint Pol l'an XI à II ans pour IIII l. l'an, à poier chacun à II termes, la moitié à Nouel et alla Saint Jehan.

Paié une paie. Item, une paie. Item une paie du terme de la Saint Jehan, l'an XI. Item, une paie. Item, une paie.

Gefrai le Bègue print la coutume du panier de poizon à la Saint Nicoullas d'iver l'an XI à III ans pour IIII^{xx} et V l. l'an, à poier chacun an à II termes, la moitié allacenzion et l'autre alla Saint Nicoulas d'iver. Paié IIII^{xx} et II l. et X s. dou terme de l'Acensioun l'an XII. Item IIII^{xx} II l. X s. dou terme de la Saint Niquolas d'iver ensivant. Item, IIII^{xx} II l. X s. dou tans de l'Asancion l'an XIII. Item IIII^{xx} II l. X s. du terme de la Saint Nicolas d'iver l'an XIII. Item IIII^{xx} II l. X s. dou terme de l'Acansion l'an XIIII. Item IIII^{xx} II l. et X s. du terme de la Saint Nicolas d'iver l'an XIIII.

Gefrai le Bègue print le grant tonllieu à la Saint Nicolas d'iver l'an XI à III ans pour VI^{xx} et XI. chacun an à paier la moitié allassenzion et l'autre à la Saint Nicoullas d'iver. Paié LXV l. dou terme de l'Asancioun l'an XII. Item, LXV l. tou terme de la Saint Nicollas d'iver ensivant. Item, LXV l. dou terme de l'Asancion l'an XIII. Item, LXV l. dou terme de la Saint Nicolas d'iver l'an XIII. Item, LXV l. dou terme de l'Asancion l'an XIIII. Item, LXV l. du terme de la Saint Nicolas d'iver l'an XIIII.

Gefrai le Bègue print le minage à faite Saint Pierre et Saint Pol l'an XII à III ans par LX et XV l. chacun an à paier à III termes alla Touzains et alla Chandelleur et allasenzion. Paié XXV l. la velgle de la Tousains l'an XII. Item, poiei XXV l. dou terme de la Chandeleur ensivant. Item, XXV l. dou terme de l'Asancion ensivant, l'an XIII. Item, XXV l. dou terme de la Tousains l'an XIII. Item XXV l. dou terme de la Chandeleur l'an XIII. Item, XXV l. du terme de l'Asansion l'an XIIII. Item, XXV l. du terme de la Tousains l'an XIIII. Item, XXV l. du terme de la Chandeseur l'an XIIII. Item XXV l. du terme de l'Asancion l'an XV.

. Jehen de Blengi print les changes à faite Saint Pierre et Saint Pol l'an XII à un an par VIII l. à paier la moitié à Nouel et l'autre alla Saint Jehen. Paié IIII l. dou. terme de Noel. Item poiei IIII l. dou terme de la Saint Jaun l'an XIII.

Jehen le Chengeur print le change de la monnoie et des changes à faite Saint Pierre et Saint Pol l'an XI par IIII l. et X s. l'en à poier la moitié a Nouel et alla Saint Jehen. Paié une paie. Item, une paie.

Jehan le Changenr print le chanche de la monnoie et des changes à faite Saint Pierre et Saint Pol l'an XII à un an par C s. à poier à Nouel et alla Saint Jehen. Paié L s. dou terme de Nouel. Item, paié L s. dou terme de la Saint Jann l'an XIII.

Jean le Mercier le June print le change de la monnoie l'an XI à un an par XL s. à paier la moitié à Nouel et l'autre à la Saint Jehen. Paié une paie. Item une paie.

. . . .

. . . .

ᵉ **TABLETTE** rᵒ.   Une paie dou terme de l'Asencion l'an XIIII. Item paé CV l. du terme de l'Asencion l'an XV.

Gefroi le Besgue acheta les blés de la ville de la Saint Jehan l'an XIIII duques à la Saint Jehan l'an XV par VIˣˣ XV l. parisis.

Guillaume le Picart print la pescherie de l'iaue à II anz à la Saint Jehan l'an XIIII par CV s., à poier à II termes au Noel et à la Saint Jehan. Paé LII s. VI d. du terme de Noel l'an XIIII. Item, LII s. VI d. du terme de la Saint Jehan l'an XV.

Renardet le Bouchier print les estaus de la boucherie l'an XIIII, à III anz.pour VI l. l'an à poier à II termez, au Noel et à la Saint Jehan. Plèges et rendeurs Alixandre li Vielg et Guiot son fillatre. Paé LX s. au terme de Noel l'an XIIII. Item, paé LX s. au terme de la Saint Jehan l'an XV. Paié LX s. dou terme de Nouel l'an XV. Item, paié une paie du terme de la Saint Jehan en l'en XVI. Item, paié une paie du terme de la Saint Jehan l'an XVII.

Robert le Chat le Jeune print le travers à la Saint Piere et Saint Pol à III ans par VIIˣˣ et V l. l'an à poier à III termes, le premier à la Tousains, le secont à la Chandeleur, et le tiers à l'Asencion. Plège et rendeur Robert le Chat le Vielg. Paé XLVIII l. VI s. VIII d. du terme de la Tousain l'an XIIII. Item, XLVIII l. VI s. VIII d. du terme de Chandeleur l'an XIIII. Item, XLVIII l. VI s. VIII d. du terme de l'Ascension l'an XV. Item, poié XLVIII l. VI s. VIII d. de la Touzains l'an XV. Item, poié une paie du terme de la Chandeleur l'an XV. Item, paié une paie du terme de l'Ascension l'an XVI. Item, une paie de la Touzains l'an XVI. Item, une paie du terme de la Chandeleur l'an XVI. Item, paié une paie du terme de l'Ascension l'an XVII.

Guillaume le Picart print la pêcherie de l'iaue à feste II Saint Jehen l'an XIIII, à trois ans pour CV s. l'an, à paier à

Il termez a Noel et a la Saint Jehen. Paié LII s. VI d. du terme de Noel l'an XIIII. Item paié LII s. VI d. du terme de la Saint Jehen l'an XV. Item, paié une paie. Item, paié une paie. Item, paié une paie.

(Archives de Senlis, CC.)

XXII

16 février 1320 (n. s.)

Arrêt du Parlement de Paris portant suppression de la commune de Senlis.

Philippus, Dei gratia Francorum et Navarre rex, universis presentes litteras inspecturis, salutem. Notum facimus quod, cum datum fuisset nobis intelligi quod inter majores ex una parte et minores habitatores ville nostre silvanectensis ex alia magna erat et periculosa dissentio super eo quod major pars habitatorum ipsorum diceret communiam dicte ville esse inutilem et dampnosam toti reipublice dicte ville et petebat eam penitus amoveri, et alii, asserentes eam esse utilem toti statui et reipublice predicte ville, contrario requirerent quod ipsa communia remaneret in statu suo, nos, volentes super hoc de opportuno remedio providere, commisimus et mandamus magistro Petro Poncii, cantori silvanectensi, clerico, et Johanni Roberti, militi et fideli consiliario nostro, quod, ipsis vocatis predictis habitatoribus et aliis evocandis et eorum rationibus auditis, inquirerent cum diligentia veritatem utrum dicta communia esset utilis vel non reipublice dicte ville et aliis circomstanciis universis pertinentibus ad predictam et inquestam quam super hoc facerent nobis referrent quantocius vel sub sigillis suis mitterent interclusam.

Facta igitur per dictos commissarios, dictis partibus vocatis, super premissis inquesta et nostre curie reportata et, auditis predictis partibus, ad judicandum tradita ac postea visa et diligenter examinata, quia constitit nobis per ipsam inquestam et relationem dictorum commissariorum ore tenus super hiis nobis et curie nostre factam, quod dicta communia est inutilis penitus vel dampnosa statui et toti reipublice dicte ville et quod omnes et singuli habitatores dicte ville, paucis duntaxat exceptis, qui, sicut dicti commissarii nobis retulerunt, ipsius ville regimen, retroactis temporibus, habuerunt et se male in dicta administratione sua gesserunt, consentiunt quod major et scabini et jurati dicte communie et omnes status ipsorum et ipsa communia et omnia que ad statum communie predicte pertinent amoveantur omnino et quod dicta villa et omnes habitatores ejusdem per prepositum gubernentur; nos, premissis diligenter attentis, per judicium nostrum majorem, scabinos, juratos et communiam dicte ville, sigillum, archam communem, beffredum et campanam et omnem statum majoris, scabinorum et juratorum ipsorum, et omnia predicta pertinentia annullamus et amovemus et ordinamus quod dicta villa et illi qui solebant esse de dicta communia et ceteri omnes habitatores predicte ville amoveri teneantur et regantur in prepositura per prepositum a nobis inibi deputandum.

In cujus rei testimonium presentibus litteris nostrum fecimus apponi sigillum. Actum Parisius, in Parlamento nostro, decima sexta die februarii, anno Domini millesimo trecentesimo decimo nono.

(Archives de Senlis, original. AA. I. 4. Gallia Christiana, tome X, preuves, col. 485 et Recueil des Ordonnances, XII, p. 476).

XXIII

28 septembre 1320

Accord entre les habitants de Senlis et les clercs
sur les tailles.

A touz ceus, qui ces présentes lettres verront ou orront, Jehans Blondel, bailli de Senliz, salut. Sachent tuit que comme descort feust meus entre les procureurs des lays habitans et demourans en la ville de Senliz, d'une part, et les clercs de la dite ville dont les noms s'ensievent, d'autre part ; c'est assavoir Jehan de Nantueilg, seillier, Jehan de Veely, Jehannot l'Orfèvre, Jehan Lenglois, Robert du Change, Robert du Port, Estienne de Saint-Vincent, Estienne du Change, Pierre d'Ogier, Estienne de Malassis, Jehan Néret, Pierre le Cordier, Robert le Cordier, Renaut Blondin, Lambin le Tavernier, Robert le Charon, Oudin de Vitel, Chassin de

Villevert, Jehan, filg de feu Oudart de la Porte, Guiart de Moucy, Estienne l'Espicier, Jaque Pic d'Argent, Robin le Tonnelier, Geoffroy Bien-Dieu, Jaque du Murat, Fermin le Mercier, Fromont le Chat, Jehan Cler Berbier, Robert de Borrès, Jehan la Grue, Jehan de Montingny, Aubert Malet, Jehan Vaflart, Guillaume le Chandelier, Thiebaut le Chat, Phelippe le Chandelier, Robert d'Atainville, Huet le Tavernier, Jehan l'Orfèvre, filg Geffroy, Renier de Creeilg, Dreue de Montingny, Jehan le Voier, Robin le Voyer, Jehan le Basennier, Josse le Gantier, Gille de Marli, Jehan le Poissonnier, Guiart de Balengny, Symon Mouillet, Pierre Ferry, Jehan de Saint Vincent et Jehan Jolif, par devant nos seigneurs de la court, seur ce que les diz clers disoient et affermoient yceulz estre et devoir estre frans et exens de tailles et imposicions faites et assises en la dite ville, pour reson d'un acort fait des uns aus autres par devant maistre Jehan de Oisy, bailli de Senlis, pour le temps, et sire Symon de Montigny, bailli de Troies, les quiex devoient ordener des descors, meus entre les dites parties pour reson des dites tailles, ne ne povoit on tailler les diz clercs dusques à tant que les diz baillis en eussent ordené, sentencié et determiné, si comme les diz clers disoient ; et les procureurs des diz lays disans et affermans le contraire et contendans yceulz clers estre et devoir estre taillables de très lonc temps et ancien en la forme et en la manière, que l'en taille les diz lays en la ville de Senliz, sans faire division les uns aus autres. Et pour ce que le dit maistre Jehan, baillif, nostre prédécesseur, avoit trouvé et suffisaument avoit esté parue la saisine que les diz lays maintenoient estre tele comme il affermoient, c'est assavoir de tailler les clers toutes fois que taille se asseoit en la dite ville, en la fourme et en la manière que l'en tailloit les lays ; et pour ce que les diz clers ne prouvèrent pas l'acort estre tel comme il maintenoient, il dit et prononça yceulz clers estre et demourer taillables et commanda par ses lettres au prévos de Senliz que il contrainssissent les diz clers à paier les sommes ès quelles il estoient mis et assis pour reson des dites tailles, non contraitant opposicion que il meissent au contraire. Pour reson de laquelle chose, les diz clers firent appeler nostre dit prédécesseur bailli et le procureur des diz lays devant nos seigneurs de Parlement, par devant les quiex plusieurs fois resons furent proposées d'une partie et d'autre ; les quiex fais et resons nos diz seigneurs nous

envoièrent enclos par faire accomplissement de justice. En
la parfin les parties estans par devant nous en jugement, d'un
acort, consentement et volenté se acordèrent les uns aus
autres en la fourme et en la manière qui ci après s'ensuit.

C'est assavoir que les clers marcheans demourans en la ville
de Senliz et les clers non marcheans, fiex de juré ou de
jurée, seront et demourront taillables de la dite ville ou temps
avenir en la fourme et en la manière que sont les lays de
la dite ville, nulle division faite quant au fait de la taille de
clers et de lays. Et encore acordèrent les diz clers que toutes
fois que taille, imposition ou assiete sera faitte, mise ou
assise en la dite ville pour quelconque cause que ce soit et
de ycelle taille, imposition ou assiete il soient rebelle ou
contredisant de paier la somme, sus eulz mise et assise, que
nous les contraingnons ou facions contraindre de par le roy
par la prise de leurs biens muebles et de tout leur temporel
dusques au res de la somme, qui sus eulz sera mise et assise.
Lequel acort fu fait sus ceste condition que de la taille faite
en la dite ville environ la Toussains, qui fu l'an mil trois cens
et vint, nous puissions ordener à nostre volenté, le chantre de
Senliz appelé avecques nous. De laquelle taille nous orde-
nasmes en la maniere qui ci après ensuit. C'est assavoir
que pour eschiver matière de plait et pour ce que les diz clercs
et lays feussent tout un en toutes choses, et pour ce que la
dite ville peust et deust demourer en bonne pais et transqui-
lité, que les diz clers d'ycelle taille paieroient la moitié et de
l'autre moitié il demouroient quites et delivrés ; et des tailles,
imposicions ou assiètes, qui desormés seroient mises imposées
et assises en la dite ville, les diz lays et les diz clercs
demourroient et demourront conjointement compaingnons,
nulle division, faite en la ville quant au fait de taille de clers
et de lays, si comme dessus est dit, et ces choses estre faites
et demourer ou temps avenir perpétuelment en la fourme et
en la manière que dessus est dit, les diz lays et les diz clers
estans par devant nous en jugement loèrent, gréèrent et
acordèrent. Et nous de nostre auctorité yces choses lòons,
gréons et acordons et par nostre dit prononcasmes yceux
clers estre, demourer et devoir demourer compaingnons et
taillables des tailles, frais, missions de la dite ville en la
fourme et en la manière que dessus est dit. En tesmoing de
ce, nous, Jehan Blondel, baillif de Senliz et nous, Pierres
Poncin, chantres de la dite ville avons seellées ces lettres de

nos seaulz. Ce fu fait et donné le lundy veille de feste saint Michiel, l'an de grace mil trois cens vint et un.

(Archives de Senlis, original. CC. 3, 3).

XXIV

Vers 1324

Les habitants de Senlis supplient le roi de leur rendre les droits et les biens qu'ils avaient acquis de leurs deniers avant la suppression de la Commune.

Au roy nostre sire supplient li habitans de la ville de Senlis, que, comme, au temps qu'il avoient estat de commune, il de leur propre eussent fait plusieurs acqués, et après ce, par le consentement et requeste de la plus grant partie d'eulz, la ditte commune ait été annulée et mise au nient par le dit seigneur et par le jugement de sa cour pour le pourfit commun de la dite ville, sans ce que la dite commune feist condamner ne abattre pour aucun meffait des dis habitans, et le dit seigneur tiegne en sa main les dis acqués et ne laisse joir les dis habitans, que il plaise au dit seigneur à leur rendre et délivrer les dis acqués, comme, selon droit raison, il ne les doient mie perdre, pour ce que la dite commune a esté mise au nient par leur acort et à leur requeste et ne soient mie venus les dis acqués au dit seigneur pour condempnacion ne confiscacion et il conviegne aus dis habitans porter grans frais et grans charges pour l'estat de la dite ville.

(Archives de Senlis, original. AA. I, 4).

XXV

15 juin 1324

Vidimus du règlement affectant au paiement des dettes laissées par la commune le revenu d'une partie des droits et des biens, qu'elle avait acquis.

A tous ceulx qui ces lettres verront et orront, Jehan de

Meaulx et Simon Prévost, gardes des sceaulz establis de par nostre seigneur le roy en la prévosté de Senliz, salut.

Sachent tuit que nous avons veu, tenu et leu unes lettres scellées du contre scel du roy nostre sire saines et entières contenans la fourme qui s'ensuit :

Ce sont les aqués que la ville de Senliz ha fais durant le temps que il y avait commune qui seront receus par le bailli de Senlis et en fera les paiemens aux personnes à qui la ditte ville doit rente à vie.

Premièrement, le grant tonlieu achaté à l'eveschié de Senlis qui vaut bien environ cent livres parisis dessus la redevance que l'en doit au dit évesque ; lequel tonlieu est loué aucune fois plus et aucune fois moins.

Item, le vinage achaté des religieuz de la Victoire, qui vault environ quatre vins livres, plus que la redevance que l'en doit aus dis religieuz.

Item, les prés que la dite ville acquesta du prieur de Saint-Nicholas, qui sieent en deuz pièces et valent environ quatorze livres.

Item, un moulin, qui rent environ sept muis de blé au petit mui et n'a que six setiers ou mui.

Item, une halle ou les pelletiers vendent, qui rent environ quatre livres.

Autres acqués fais par la ditte ville ou temps dessus dit, qui dès maintenant tourneront par devers le roy et non pas en aquit de la dite ville ; premièrement, la foire de la ville, qui vault environ cent soulz.

Item, un lieu que l'on dit Les Changes, qui rent environ quatre livres plus que la redevance que il doit.

Escript à Paris, le XV jour de juing, l'an de grace mil ccc et vint et quatre.

Et nous, Jehan de Maus et Symon Prévost, dessus nommés, avons scellé ces presentes lettres des sceaulx dessus diz. Ce fu fait le juedy devant la Tyefaine, l'an de grâce mil ccc trente et cinq.

(Archives de Senlis, original. CC. 218).

XXVI

1327 (n. s.)

Les attournés refusent de suivre un procès engagé par la commune contre Saint-Nicolas avant l'arrêt de suppression.

L'an de grâce mil trois cens vingt six, le jeudy après les Brandons, par devant nous Estienne de Villers, chantre de Montbrison, clerc notre seigneur le roy, et Ogier d'Aulibon, bailly de Senlis, commissaires nommés dou roy nostre seigneur par ses lettres sur les débats et discors meus ou temps passé entre relligieux hommes et honnettes le prieur et couvent de Saint-Martin-des-Champs de Paris, pour cause de la prieuré de Saint-Nicolas, en tant que ce le touche d'une part, et li maire et juréz de la ville de Senlis, ou tems que elle estoit en commune d'autre part, estoient adjournés li dis religieux d'une part et le procureur du roy nostre seigneur et les pairs ou atournéz de la dite ville de Senlis par Renier de Borrest, sergent le roy, qui nous certiffie par ses lettres annexées dedens nostre citation à lui commise de par nous pour aller avant en cause selon la teneur de notre commission, si comme raison devroit.

Auquel jour se comparurent Oudart le Courtois, Jean Messier, Jean l'Orfèvre, atournéz, et Oudart le Gruyer, procureur de la communaulté de la dite ville de Senlis, si comme il appert par une procuration, scellée des sceaux de la baillie, que nous veismes; liquels atournéz et procureur, en la présence dou procureur dou roy et des dits religieux et d'autres bonnes personnes, dirent en jugement par devant nous que ce n'estoit pas l'intention de la ditte ville ne de eus de deffendre ne de procéder en riens ès dittes causes contre les dits religieux, ne à eux appartenoit désormais, mais au roy nostre seigneur appartenoit, qui avoit prins par devers luy la ditte commune à tous les prouffits et émoluments d'icelle et ainsint la charge et la deffense de toutes les causes appartenoit à luy et ses gens ne plus en entendoient à faire, si comme il disoient. Donné sous nos sceaux, l'an et jour dessus ditz.

(Afforty, XVII. 551).

XXVII

11· juillet 1339

*Procès-verbal de l'élection de six attournés faite devant le
bailli de Senlis par les habitants de la ville.*

A tous ceulz qui ces présentes lettres verront et orront,
Guillaume Gormon, bailli de Senlis et de Valois, salut. Sachent tuit que par devant nous, pour les choses ci après
dénommées et exprimées faire et accorder, se assembla, vint
et comparut la gregneur partie, la meilleur et la plus saine
tant en numbre, en quantité, quant en valeur et en faculetés,
de tous les habitans résidens et demourant en la ville de
Senliz, tant de clers comme de lais, et à celle assemblée vin-
drent et furent presque tous les habitans de la ditte ville; les
quiex habitans de commun assentement, accort et volenté,
nulz d'yceulz contredisans, mais tous ensemble concordans,
pour renfourmer la ville dessus ditte et mettre en bon estat,
prindrent et eslùrent et establirent certaines personnes de
entre eulz les plus suffisanz, les plus convenables, à leur avis
et à leur escient, pour maintenir et gouverner toutes les
choses qui appartiennent et pueent appartenir à la réformation
et au bon estat de la ditte ville, desquiex les noms ci après
ensuivent : c'est assavoir Jaque du Murat, Jehan Messier,
Pierre de la Porte, Oudart le Courtois, Guiart Choron et Jehan
le Gaengneur ; auxquelles personnes [les] dessus dis habitans
donnèrent povoir, selonc ce qu'il leur loisoit de faire et en
tant comme il leur touchoit et appartenoit et povoit touchier
et appartenir en quelconque manière que ce feust, de oir, voir
et regarder les comptes de la ditte ville, des receptes des
mises et des despens, qui ont esté fais depuis le temps que la
ditte ville fu en la main du roy nostre sire, c'est assavoir depuis le temps que gardien fu establis en la ditte ville de par le roy
nostre sire, et que prévos fu mis et institués en ycelle ; et en
seur que tout les dessus nommés habitans ordenèrent et establirent par devant nous les personnes dessus nommées tous
ensemble et chacun d'eulz par soy et singuliérement procureurs généraux et certains messages espéciaux en toutes les
causes, besongnes et querelles que toute la communauté de la

ditte ville a, puest et pourra avoir meues et à mouvoir tant
par eulz comme contre eulz, tant en demandant quant en
deffendant, contre tous leurs adversaires et par devant tous
juges de quelconque povoir et auctorité que il usent, espécialement par devant le roy nostre sire, son noble conseilg et les
maistres de sa court tenant le parlement toutes fois que mestier en sera ; voulans, consentans et accordans que tout ce
qui par les dessus nommés sera fait, passé et accordé vaille
et porte plaine fin de compte sans ce que désoremès les dis
habitans puissent requerre ou demander compte ou raison
des receveurs de la ditte ville, de leurs receptes ou de leurs
mises, de chose nulle qui ait été passée et accordée par les
dessus nommés ou par la gregneur ou suffisant partie d'iceulz ;
mès voudrent et accordèrent que tout ce qui par les dessus
nommés éleus ou par la gregneur partie d'iceulz sera fait,
passé et acordé, procuré, défendu et pourchassié, vaille,
tiengne et demeure en vertu et porte fin de compte et plaine
absolucion aus receveurs de toute leur administration ; et
voudrent encore les dis habitans que les dessus nomméz
éleuz puissent baillier lettres de quittance envers touz ceulz
dont il seront à acort. Et avec ce les dessus noméz habitans
donnèrent plain povoir aus dessus només éleus, et à ce espécialement les establirent, de maintenir et gouverner la ditte
ville, de faire ou faire faire despenses, frais ou missions pour
la dite ville, de abrégier les dettes de la ditte ville ae quelconque temps que elles soient deuez, soit du temps que la ville
estoit en commune ou depuis que elle fu mise en la main du
roy nostre sire, de pascefier, traitier ou accorder aus créanciers ou aus debteurs d'icelle, de faire et establir autres
procureurs toutes fois que mestiers en sera au nom de eulz
et de toute la communauté soit devant le roy nostre sire ou
ailleurs et de faire toutes choses qui appartiennent ou pueent
appartenir au commun des dis habitans et à la communauté
dessus ditte aussi et en telle manière comme se tous les dis
habitans y estoient présens, chascun en sa propre personne, à
faire les dittes besongnes ; voulans encore les dis habitans,
consentans et acordans que tout ce qui par les dessus nommés
éleus sera fait, despendu, passé et acordé, il auront ferme et
estable en la manière que dessus est dit et acordèrent que
tout ce qui sera mis, fait et despendu dedens le temps de
l'administration des dessus nomméz, lequel temps il voudrent
que il durast jusques à la Saint-Jehan-Baptiste prochaine

venant et de toutes les autres despences, qui seront faites en
la ditte ville durant le dit temps, que les dessus nomméz
éleus puissent oir le compte et recevoir, sauf et réservé que,
quant le receveur de la ditte ville voudra compter de sa
recepte, de la despence, frais ou missions de la ditte ville et
les dessus dit éleus voudront oir le compte, il seront tenu à
faire loi savoir publiquement à tous les habitans de la ditte
ville tant par semonce à eulz faite en leurs hostiaus par les
sergens comme par loi faire crier enmi la porte ; ce fait, les
dessus nomméz éleus ou la gregneur partie d'iceulx pourront
oir et recevoir le compte et bailler lettres de quittance du
receveur, viengnent ou non les dis habitans, et vaudra autant
comme se tous y estoient présens, yceulz premièrement
appelés et sommés, si comme dessus est dit, et paieront la
chose adjugiée, se mestiers est. Promettans que contre les
choses dessus dittes et acors dessus dis, les dessus nommés
habitans ne venront ne feront venir par eulz ne par autrui,
mais auront et tenront ferme et estable et valable tout ce que
par les dessus nommés éleus sera fait, ordené, procuré et
despendu en la manière que dessus est dit. Et ces choses
dessus dites faites et acordées en la manière que dit est, les
dis habitans nous supplièrent et requirent que nous auz dis
atournéz voussicions donner povoir et auctorité de faire ce en
quoi il estoient establis pour la réformacion et le bon estat
de la ditte ville, nous, convoitans et désirans à nostre povoir
la réformacion, pais et tranquilité de la dite ville et de tous
nos autres subgez, descendans à la ditte supplication et requeste des diz habitans, donnasmes et avons donné et encore
donnons plain povoir, licence et auctorité de par le roy
nostre sire aus dessus nommés atournéz de faire et ordonner
toutes les choses ausquelles ils sont ordonéz et establis du
consentement et volenté des dis habitans. En tesmoing de ce
nous avons seellé ces lettres de nostre propre séel duquel
nous usons. Ce fut fait le diemenche prochain après feste
Saint-Martin d'esté, l'an de grâce mil ccc trente et nuef ou
mois de juillet.

(Archives de Senlis, original. AA. I, 5).

XXVIII

7 août 1383

Procès verbal des délibérations de l'assemblée générale des
habitants de Senlis concernant une taille à lever pour
payer le don fait au roi et divers autres objets.

Assemblée faitte en la maison de la ville de Senlis, le
venredi VII jour d'aoust, l'an mil IIIe IIII^{xx} et III, en laquelle
assemblée furent présens la plus grant et la plus saine partie
des habitans d'icelle ville, lesquels ou la plus grant et saine
partie d'iceulx furent d'accort que pour le don, que on a
aujourd'hui fait au roy nostre sire pour le paiement de ses
gens d'armes, qui monte à 650 l. p., et pour plusieurs autres
frais, que on a faits pour icelle ville, tant pour le présent de
deux queues de vin, que on a présentées au roy à sa deraine
venue, et pour les gaiges du capitaine d'icelle, que on cueil-
list une taille sur les habitans d'icelle de la somme de
1200 frans, et que icelle taille se cueille par l'assiette et selon
la taille, qui fu faitte derrein en la dite ville pour le casse-
ment des gens d'armes envoiés en Flandres, porveu que
icelle taille sera corrigiée et récolée par Jacques Chabre,
Jehan le Charron, Raoul de Cuisy, Simon Courtain, Jehan le
Borgne, auxquels Robert du Murat, prévost de Senlis, fist
fère le serment en tel cas accoustumé.

Et après le dist serment fait, vaquèrent et entendirent les
dis comis par plusieurs journées à récoler et corrigier la
ditte taille, laquelle se monta en somme toute à 948 l. 10 s.
parisis, qui valoient à frans, franc pour 16 s. p., ci
1179 fr. 6 s.

(Archives de Senlis, BB. I, f° 4.)

XXIX

16 avril 1385

Réclamations présentées à l'assemblée générale des habitants
par les attournés, retenus prisonniers par le receveur des
aides pour le retard du paiement d'une taille royale.

Ausquelz dessus nommés fu dit et desclaré par iceulx

atournés, que il estoient détenus prisonniers, pour la somme
de 57 francs et 8 sols, qui sont encore deus de reste à Guillaume Queraille, receveur des aides, pour la taille de mille
francs assise et imposée sur les habitants d'icelle ville pour le
roy nostre sire, envers Noel derrein passé ; laquelle taille a
esté cueillie par Jehan le Borgne, sergent, qui ycelle a
receue jusque à rez de 10 francs ou environ ; maiz il dit que
la ville lui doit par la fin de ses comptes du temps qu'il a
été collecteur d'icelle ville la somme de 36 livres et 8 sols, si
vouloit estre paié d'icelle somme et de 30 francs, qui vouloient
avoir pour sa paine de cueillir icelle taille, avant que il
baillast l'argent que il avoit d'icelle taille. Sy soy veu que
l'on fera de ce que dit est.

(Archives de Senlis. BB, I, f° 23, v°).

XXX

23 juillet 1385

*Les habitants de Senlis décident en assemblée générale que la
ville devra plaider contre tous ceux qui refuseraient de
payer leurs tailles.*

Ausquelz dessus nommés fu dit et exposé par les dix
atournéz que le roy nostre sire estoit de nouvel mariéz et que
la royne devait estre bien brief à Creilg et aussi povoit venir
en ceste ville, si faloit adviser quel don on lui pourroit donner
à sa bienvenue ; par lesquels dessus nommés fu répondu que
ilz estoient d'accort que les attournéz appelassent avec eulx
le conseilg de la ville et une douzaine des notables personnes
d'icelle ville, et que ils consentoient que les dessus nomméz
en ordenassent à l'honneur d'icelle ville et promirent avoir
agréable ce qui par eulx en sera fait.

Item fu ordené par les dessus nommés que pour poier le
don que on fera à la royne soient cueillis II mois de forteresse par l'assiette faitte d'icelle forteresse.

Il fu ordené par les dessus nommés tous ensemble que il
vouloient et estoient d'accord que tout homme demourant et
habitant en la dite ville paiassent les frais de la ditte ville
comme les autres habitants d'icelle, et, se aucuns se oppo-
soient, il vouloit que la ville plaidat à eulx.

(Archives de Senlis, BB. I, f° 30.)

XXXI

24 août 1386

*Le roi demande aux habitants de Senlis de lui envoyer le
plus d'arbalétriers qu'il leur sera possible pour l'expédition qu'il veut faire en Angleterre.*

Ausquelz dessus nommés fu leu un mandement du roy
nostre sire par lequel il est mandé que la ville feist le plus
d'arbalétriers que elle pourra pour envoyer oultre la mer ou
voiage que le roy nostre sire entend à fère ou païs d'Engleterre. Par lesquelz dessus nommés fu répondu que il estoient
tout près de obéir au dit mandement et que les diz atour-
niéz parlassent au plus notablez de la ditte ville et que de
ce il eussent leur conseilg, afin de en ordener et fère tout le
mieulx que l'en pourra et il le auroient agréable.

(Archives de Senlis, BB. I, f° 37.)

XXXII

2 septembre 1386

*L'assemblée générale des habitants de Senlis nomme un
député chargé d'obtenir une diminution sur le nombre
des chariots exigés par le roi.*

Ausquelx dessus nommés furent leus deuz mandements du
roy nostre sire, l'un faisant mencion que le roy mande à la
ville que elle lui fist le plus grant nombre d'arbalestriers bien
abillès, que elle pourra pour aller avec lui ou voiage que il
entend à fère en Angleterre, et l'autre adrecié à monseignéur
le bailly de Senlis, faisant mencion que le dit monseigneur le
bailly lui fist pourveiance en son bailliage de .X. chariots,
oultre ceuz qui lui doivent service ; et pour ce fu ordené
par les dessus nommés que, en tant que touche les arbalestriers, la ville s'entendra garnie de deux, ainsi comme autrefois a fait ; et en tant que touche le mandement des charios,
pour ce que le dit monseigneur le bailly en demande un aux
riches bourgeois du dit Senlis, il a esté ordené par iceulx
que, pour raison de ce, on envoierait par devers monseigneur
le chancelier et par devers messire Pierre d'Orgemont à fin

que on peust avoir lettres d'eux adreciées au dit monseigneur
le bailly, faisant mencion que trois charios, que il fallait
encore avoir de reste des .X. dessus dits, fussent prins sur
l'ancien ressort du dit bailliage, et pour aler devers les
dessus nommés ont esleu Gile Picart.

(Archives de Senlis, BB. I, f° 43.)

XXXIII

26 septembre 1386

*Serment prêté par les arbalétriers recrutés par la ville de
Senlis pour servir le roi dans son expédition d'Angleterre.*

Le merquedi 26 jour de septembre l'an mil 380 et six, en
la présence de Henry de Rully, lieutenant, et les atournéz Clément Erembaut, M° Robert d'Orgny, Jehan le Borgne, Soudée
Blondelet, Jehan Prieur, Robin Costerel, Jehan d'Albiche,
firent le serment Perrin de la Rivière, Guillot de Rully dit
Luillier, Jehan Bérout, Jaquin Morel, Jehan du Bois, Jaquet
Boinart, arbalestriers, que bien et loialment ils serviront le
roy et la ville au voiage d'Engleterre et ailleurs, où il plaira
au roy nostre dit seigneur à les ordener ; et aussi les dessus
nomméz confessèrent avoir eu des habitans de Senlis par la
main de Pierre Sorin, dépensier d'icelle ville, la somme de
sept frans et huit sols parisis par chacun pour leurs gaiges
d'un mois.

Item, ce dit jour, présens les dessus nommés Jehan le
Vrain et Guiot Poupart, varlés des dessus nommés, firent le
serment comme dessus est dit et aussi confessèrent avoir eu
des diz habitans, c'est assavoir le dit Jehan II frans et le dit
Guiot III francs.

(Archives de Senlis, BB. I, f° 45 r°).

XXXIV

25 mars 1387 (n. s.)

*Une assemblée générale autorise la levée d'une taille de la
forteresse et nomme des commissaires pour fixer la somme
à percevoir et reviser les rôles.*

Ausquels dessus nommés fu dit et exposé par les dessus

nomméz attournéz que la ville avoit mot fraié et despendu
depuis le jour de la Saint-Jehan-Baptiste derrain passé, tant
pour les gaiges du cappitaine d'icelle ville, pour dons et présens de vins fais pour la ditte ville depuis la Saint-Jehan-
Baptiste derrain passé, pour les frais des arbalestriers envoiés
en Flandres au mandement du roy nostre sire, comme pour
pourchassier que la ville ne envoiast point un chariot en
Flandres ; pour lesquelles choses on avait fraié et despendu
certaine grant some d'argent, qui montait bien à 233 l. p. ou
environ, qui estoient deus à plusieurs personnes, qui leur ont
aujourd'hui esté leues et monstrées par un raoule, et aussi fu
dit aus dessus nommés par les diz atournéz, que par l'estat,
qui leur fu baillié par les dessus diz atournéz à la ditte
Saint-Jehan-Baptiste, la ville devoit 200 l. p. ; et par ainsi
la ville povoit devoir en somme toute 433 l. p. ou environ, et
que ils advisassent entre eulz comment la dite somme sera
paiée.

Lesquels dessus nommés furent tous d'accort que la dite
somme soit cueillie par manière de forteresse et selon l'assiette que d'icelle forteresse a esté autrefois faitte et que
pour ordener comment la dite taille se ceulera et savoir
quant mois de forteresse il conviendra cueillir pour ce paier,
ils esleurent Clément Erembaut, Guiart de Creilg, Jehan le
Maire, Robert le Maire, Robert Potier, Guillot le Clère,
Mahieu le Tondeur, Guy Thiboust, Jehan de Biauviez, Jehan
de la Ruelle, Chardin Cariel, Jehan de Roissy, Jaquet Courtin, pour veoir et récoler la ditte taille et asseoir ceulx qui
sont nouveaux venus ou cas que aucuns y en aura ; lesquelz
ordeneront comment et à quantes fois la ditte taille se ceuldera et aussi verront l'estat d'icelle ville, tant du collecteur
comme autrement, et aussi leur sera baillé par cédule par les
atournéz toutes les personnes qui peuent devoir aucune chose
à la dite ville, pour tout ce reporter par devers les habitants
d'icelle ; et de tout ce fère donnèrent pouvoir aux dessus
nomméz et chacun d'iceulx ensemble ; et pour les choses
dessus dites fère doivent les dessus nomméz s'assembler jeudi
prouchain venant.

Item ont ordené les dessus nomméz, que tout ce qui se
ceuldera, pour ce que dessus est dit, sera levé et converti à
paier ce que dessus est dit et non aillieurs.

(Archives de Senlis, BB. I f⁰ 53).

XXXV

28 Septembre 1393

Compte arrêté entre le clergé et les habitants de Senlis pour les dépenses de la forteresse.

Le dimanche 28ᵉ jour ou mois de septembre l'an mil 393, par nous Pierre le Clerc, Jehan Judas, Arnault du Mouton et Gille Picart atournéz et gouverneurs à ce temps de la ditte ville fu compté à messire Pierre la Ronde et messire Thomas Poquet, commis par le clergié de la dite ville, et de tous lez frais fais par les habitants de la ditte ville pour raison de la fortiffication d'icelle et du capitaine d'icelle et de son lieutenant fais depuis le jour de la Saint Jehan Baptiste mil trois cent quatre vingt et neuf jusques au jour de la ditte Saint Jehan Baptiste mil 393 après ensuivant. Desquelx frais nous avons fait apparoir aus dessus nommés par lez comptes des despenciers qui ont esté durant le dit temps et par leurs mandements fais sur iceulx frais, lesquelx mandements lez dessus nomméz ont veuz et visités sur chacun chappitre des dis comptes ; et aussi avons compté aus dessus nomméz de XI livres XI sols II d. que le dit clergié devoit pour un certain compte qui fu à eulx fait dèz le 5ᵉ jour d'avrilg 1388 et de certains autres frais fais par la dicte ville depuis le dit Vᵉ jour jusques au jour de la Saint Jehan Baptiste ou dit an 1389, et tant que finablement le dit clergié doit à la ditte ville par la fin du dit compte, rabattu au dit clergié tout ce qu'il ont paié depuis le dit temps sur les diz frais et aussi leur part de la vente du viez merrien, des viez eschiffles d'icelle, la somme de 74 livres 2 sols 4 deniers et obole.

Mémoire que en ce compte ne sont pas compris les cens et rentes deubs à Notre Dame.

Item ce dict jour fu appointié que d'ores en avant à toutes lez besoignes qui seront à fère pour raison de la fortiffication de la dicte ville lez gens d'esglise seront appellés et par espécialement à fère les marchés dez ouvragez et iceulx clorre et où cas que ils n'y voudroient venir ou comparoir non obstant l'on procédera à la perfection des dis ouvrages.

(Archives de Senlis, BB. I, 145).

XXXVI

28 Février 1400

Sur l'ordre du bailli une assemblée générale ordonne la répa-
ration de la forteresse et vote la levée d'une taille pour y
subvenir.

Assemblée faitte en la maison de la ville de Senlis, le dimenche derrein jour de février mil trois cent quatre vingt dix
neuf, en la présence et du commandement du lieutenant etc. ;
Messire JehanVetier, dean de Saint Rieulle, Jehan Potel, dean
de Saint Framboust, messire Mahiet de Saint Morice, messire Siquart de Saint Morice, pour Saint Morice, messire
Jehan Bovart pour Notre Dame et pour monseigneur l'évêque, monsieur l'abbé de Saint Vincent, messire Jehan Durant,
chanoine de Senlis et plusieurs autres habitans de la dite
ville jusques au nombre de II^c personnes et plus pour ce
assemblés en assemblée générale et publique par cry royal
et à son de cloche.

Ausquelx dessus nommez furent leuez et exposées unez
lettres du roy nostre sire, par lesquelles il estoit mandé à
monseigneur le bailli de Senlis ou à son lieutenant que tantost et sans délay ils feissent veoir et visiter toutez lez villez,
chasteaux et forteresses dudit bailliage, pour savoir quelles
reffections et réparacions il y avoit à fère et icelles feissent
fère tantost et sans délay ; et pour ceste cause, se estoit le
dit lieutenant naguères transportés entour la forteresse de
la dite ville, appellez avecques lui le maistre des œuvres et
plusieurs autres ouvriers en ce congnoissant, avecques lez
attournez, et avoit trouvé que en icelle forteresse avoit plusieurs resparacions et reffections à fère très neccessaires, tant
de charpenterie, massonnerie, plastrerie, couverture comme
de ferronnerie, qui se montoient bien à la somme de deux
mil et cent livres parisis ou environ. Et pour ceste cause il
faisoit et fist commandement de par le roy nostre sire à
tous les dessus nommez et à chacun d'eulx, pour tant comme à
lui touche, que icelles reffections et resparations ils feissent
tantost fère, par quoy aucun inconvénient n'en peust venir.
A quoy fu répondu par lez gens d'église dessus nommez que
de ce ilz parleroient voulentiers au dit monseigneur l'évêque,

à leurs chapitres et collèges et en réponderoient mardi prouchain venant, lequel jour leur fu assigné. Et en tant que touchoit les habitans de la dite ville, il fu dit et ordonné que ilz
estoient tout près, en tant que leur povait toucher, de obbéir
aux dites lettres et pour visiter et fère lez dites reffections
avec lez attournés ils esleurent Guiot Thiboust, Pierre
Frigon, Simon Courtin et Oudart Choron et vouldrent les dis
habitans que les quatre dessus nomméz par eux esleux fassent
fère lez dites réfections, et que l'argent, qui pour ce fère
sera cueilly sur eulx, soit distribué et paié par l'ordenance
des atournéz et des quatre dessus nomméz esleux ou de deux
d'iceulx avecques les diz atournéz et non autrement, et pour
recevoir la taille qui pour ce fère sera mise sus ilz esleurent
Mahiet le Chandellier ; et oultre vouldrent et ordenèrent que
pour fère ce que dit est, il soit assis tant sur eulx comme
sur le clergié la somme de cinq cens livres parisis, dont le
dit clergié paiera le quart, et se asserroit sur nouvel inventoire et se cueuderoit à deux fois. Et pour icelle asseoir ilz
ont esleux Pierre Sorin pour Saint Vincent, Jehan de Roissy
pour le Marchié, Arnaut du Mouton pour le Chastel, Oudin
le Borgne pour la place aux Charrons, Robin le Marie pour
Rue Parisie, Guiot le Convers pour Rue Bellon, Pierre Trup-
pel pour Vitel.

Item, y fu dit aux sept dessus nomméz que y ne seront
point comparés, mais seront assis par les quatre atournéz et
les quatre esleux dessus dits et ont juré les dessus nomméz
en la présence du dit lieutenant de bien fère lez choses dessus
dites.

CREIL.

(Archives de Senlis, BD. I, fᵒ 138, vᵒ.)

XXXVII

30 mars 1405

Les attournés, les officiers du roi et les délégués du clergé
prennent un arbalétrier ou armurier aux gages de la ville
sur l'ordre du capitaine Oudart du Breuil.

Item le lundi pénultième jour du mois de mars l'an mil CCCC
et IIII, en l'église de Notre Dame de Senlis par honorables

hommez et saiges Jehan le Charon, lieutenant général de monseigneur le bailli de Senlis, Guillaume Buffet, procureur du roy notre sire, maistre Pierre Leclerc, Oudin Choron, Arnaut du Mouton, atournéz de la dite ville, messire Jehan Durant, messire Jehan Costart, chanoines de Senlis et Jehan Thierry sergent, demourant au dit Senlis, fut retenu à la pencion de la ditte ville Colart Larchier à six livres parisis par an et si doit avoir logis d'avantage sur l'une dez portez d'icelle ville au frait d'icelle et disoient lez dessus nommés Arnaut et messire Jehan Durant que Oudart du Brueilg, escuier, cappitaine de Senlis, leur avoit commandé que en icelle ville eust un arbalestier pour soy prenre garde et remettre à point l'artillerie d'icelle et pour ce avoient fait venir le dit Colart et ne commenceroient ses gaiges à courir jusques ad ce que son mainage soit venus à la ditte ville, lequel il a promis de faire venir dedens six sepmaines; et a fait le dit Colart serment solemnel de bien et léalment servir la ditte ville, garder lez secrez et faire le prouffit d'icelle en tous estas et promis que point ne s'en partira pour quelconque pencion que autres lui veillent donner ne pour quelque cause, sanz le consentement des habitans d'icelle ville; et oultre lui ont accordé lez dessus nomméz que pour chacune journée qu'il ouverra de son mestier pour lez besongnez communez de la ditte ville il aura III s. p.

CREIL.

(Archives de Senlis, BB. II, f° 3, r°.)

XXXVIII

31 mars 1405

Procès-verbal des délibérations d'une assemblée générale relative à l'arbalétrier de la ville.

Assemblée faite en la maison de la ville de Senlis le mardi derrein jour du mois de mars l'an mil CCCC et IIII, en la présence de honorables hommez et saiges m° Pierre le Clerc et Roulant Morel atournéz de la ditte ville, en laquelle assemblée furent présens les personnes qui ensuivent :

Primo Jehan le Charon, lieutenant ;

Jehan de Roissi,
Jehan Roucel, orfèvre,
Mahieu le tondeur,
Colinet le mercier,
Jehan Durant,
Guillaume de Sâint Maard,
Gilot Danel,
Jehan de la Ramée, cousturier,
Pierre de Beaurain,
Jehan Labbe, chaussetier,
Jehan Branchot, mercier,
Jehan de Beauvez l'ainsné,
Jehan Maillart, monnier,
Jehan Cotin, fèvre,
Perrin Cappin,
Guy Thibout,
Etc. '.

Item fu dit et exposé aux dessus nomméz par le dit maistre
Pierre comment par le commandement du dit cappitaine ilz
avoient fait venir le dit Colart Larchier et le avoient retenu
aux gaiges de la ditte ville pour le pris et manière que si devant est escript. A quoy fu répondu par la plus grant partie
des absistans tous à une vois que ne le vouloient point avoir à
gaiges et que à peine pouvoient-il paier leur taille. Et lors
le dit lieutenant commença à demander aus plus notables
personnes, qui estoient à la dite assemblée, à l'un après
l'autre leur oppinion de ce, et s'il estoit bon que le dit Colard
eust les dis gaiges, afin qui demourast en la dite ville ; lesquelles notables personnes furent d'accort que, pour une année seulement, le dit Colart eust les dis gaiges par la manière que contenu est cy-dessus ; maiz ce non obstant, les
povrez personnes qui là estoient présens, disoient tousjours,
qui n'en vouloient point avoir ; mais, ce non obstant, y demoura par la manière dessus dite pour une année seulement.

CREIL.

(Archives de Senlis, BB. II, fᵒ 3, vᵒ.)

¹ Il y avait 53 personnes présentes avec les atournéz.

XXXIX

9 Décembre 1408

Les attournés donnent leur démission, parce que les habitants refusent de voter une taille pour subvenir aux besoins de la ville.

Assemblée faite en la maison de la ville de Senlis le dimenche IX° jour de décembre mil IIII° et huit, présens M° Jehan de Beaufort, Guiart Thibout, Pierre Frigon, à ce temps gouverneurs de la dite ville, en la quelle assemblée furent présens les personnes qui ensuivent :

Primo, Jehan le Charon,

M° Pierre le Clerc,

Robert Gentilg,

Pierre Ansoult,

Pierre le Veule, etc.

Ausquelx fut dit par la bouche dudit maitre Jehan de Beaufort que la ville avoit mout fraié et despendu et faloit fraier tant pour le procès que la ville a contre le seigneur de Chantilly, pour lez dons et présens de vins fais par icelle ville aux seigneurs passans par icelle, comme pour plusieurs ouvrages neccessaires que y fault faire en la forteresse d'icelle ville, et pour ce convenoit avoir une grant somme d'argent pour paier ce que dit est, et que autrement on ne povait gouverner la dite ville. Lesquelx, tout d'un commun accord, dirent et répondirent que leur intencion n'estoit point que l'en asseist taille sur eulx jusques ad ce que premier et avant toute œuvre ilz eussent veu l'estat de touz lez despenciers qui n'avoient pas afiné leurs comptes ; à quoy leur fu répondu par lez dessus nomméz atournéz que ilz vouloient bien et estoient tous d'accort que ilz lez veissent, mais, non obstant ce, y faloit adviser de pourveoir à ce que dit est ; et lors ilz dirent tous ensemble, que ilz ne paieroient point de taille jusques ad ce que ilz eussent veu lez dis estas ; et adonc les diz atournéz, en la présence de tous les dessus nomméz, se deschargèrent du gouvernement d'icelle ville, en leur disant et desclarant que plus ne s'en mesleroient, et que, au surplus ilz feissent ainsi comme ilz cuideroient que bon feust, en mettant les cléz d'icelle ville seur le buffet.

(Archives de Senlis, BB. II, f° 19, r°.)

XL

31 août 1410

La ville de Senlis engage à ses frais huit arbalétriers pour servir à l'armée royale.

Le dimanche, derrein jour du mois d'aoust mil IIIIe et dix, en la présence de noble homme et saige Pierre de Précy, escuier, baili et cappitaine de Senlis, de Jehan Seroine, Pierre de Normendie, Alain Joucourt et Arnaut du Mouton, atournéz d'icelle ville, furent présens les personnes qui ensuivent.

Primo, Guillaume Buflet, procureur du roy nostre sire ;

Me Pierre le Clerc ;

Regnault de Creil ;

Pierre de Foix ;

Me Guy Gentilg ;

Me Flourens de Boucaut ;

Oudart Choron ;

M^o Jehan de Beaufort ;

Et plusieurs autres des habitans de la dite ville jusques au nombre de IIe personnes ou environ.

Ausquelx dessus nomméz furent leuez lez lettres du roy nostre seigneur, par lesquelles il estoit mandé que la ville envoyast au mandement du dit seigneur dedens le XVe jour de septembre prouchain venant XXX arbalestriers arméz et pavaisiéz suffisamment ou tant que bonnement la ville en pourroit faire et que ilz advisassent entre eulz, ce qui en estoit à faire ; lesquelx tous d'un commun accord répondirent que de corps et de chevance ils estoient prèz de obéir au mandement du roy nostre dit seigneur et de loy servir en tous cas.

Et après ce, par l'avis dez assisetans et gens de conseilg, fu ordonné que la ville feroit VIII arbalestriers pavaisiéz bien et suffisamment pour envoyer devers le dit seigneur et lors se présentèrent pour aller ou dit voiage, comme arbalestriers, Simonnin de Pont, Estienne de Beauvoisins, Jaquot de Barrons, Jehannin Luillier, Jehannin Mausaint, Philippot de Saint Martin, Mahiot Tarbé et Michelet de Buef, lesquels dès lors firent serment devant mon dit seigneur le bailli de bien deuement et léalement servir la ditte ville ou dit voiage,

eulx suffisamment arméz et abilléz comme arbalestriers, pourveu toutevoiez que la ville leur aidera des armeures d'icelle
ville ; et si fu fait marchié à eulz que pour chacun mois qui
serviront la ville ou dit voiage ilz auront de gaiges chacun
XII escus d'or par ce qui livreront à leurs frais IIII varlés qui
les pavaiseront, un chariot atelé pour mener leur cariage et
un varlet pour mener le dit chariot et ce fait ilz esleurent
pour estre cappitaine d'eulx Jehan Luillier, auquel ils promirent obéir.

(Archives de Senlis, BB. II. f° 26, r°.)

XLI

11 octobre 1411

*Procès-verbal des délibérations d'une assemblée générale des
habitants de Senlis, concernant les réparations à faire aux
fortifications et l'inscription des contribuables sur les rôles
de la taille.*

Assemblée faite en la maison de la ville de Senlis le dimenche XI° d'octobre IIII° et XI, en la présence de noble
homme Troullart de Maucroix, bailli et cappitaine de la ditte
ville, en la quelle assemblée furent présens lez personnes
qui ensuivent :

Guillaume Buffet, procureur du roy nostre sire ;
Guillaume Queraille ;
M° Jehan de Beaufort, advocat du roy ;
M° Pierre le Clerc ;
Pierre de Normendie ;
M° Florens de Boucaut ;
Honoré Grileu ;
Jehan Durant ;
Mahiet d'Encre ;
Messire Jehan Postel ;

et plusieurs autres habitants jusques au nombre de II° per-
sonnez ou environ.

Ausquelx dessus nomméz furent monstrées et leues certaines reffections qui avoient esté advisées à faire en la forteresse de la ditte ville par le dit monseigneur le bailli et
cappitaine et leur feust commandé par lui que sur toute la
foy et lealté que ilz devoient au roy nostre sire, ilz feissent

faire très hastivement les dittes reffections et resparacions selon
ce que elles estoient contenues en un roule sur ce fait, et, ou
cas que de ce faire ilz seroient reffusans, il s'en yroit plaindre
au roy nostre dit seingneur. Et après ce ilz furent tous d'accort que lez dittes resparacions se feissent le plus tost que
l'en pourroit ; et pour avoir argent afin de lez faire, il ordenèrent et accordèrent que sur eulx feust assise et cueillie
bien et diligemment la somme de mil livres tournois, et
se assieront de nouvel par Oudart le Barbier, Robert le Plat,
Guiart Thibout, Jehan de Warmond, Regnault de Cuisy,
Thevenot Noel et Jehan Aubery.

CREIL.

Item, les dessus nomméz ordenèrent que II mandemens du
roy nostre seigneur feussent impetrés l'un pour contraindre
toutes les gens forains, qui se sont retrais en la ville, à contribuer aux frais de la forteresse et l'autre pour y contraindre
tous çeulx qui ont rentes et héritages en la ditte ville et ou
terrouer d'icelle, non obstant que leurs corps ne mesnages
n'y soient pas demourans.

CREIL.

(Archives de Senlis, BB. II, f° 32, r°.)

XLII

6 avril 1412

Les habitants de Senlis nomment en assemblée générale les
répartiteurs chargés d'établir les rôles d'une taille de 900 l. t.
imposée sur la ville par les élus, pour la part des 4,000
francs demandés à l'élection sur les 600,000 francs levés
sur tout le royaume, et le receveur chargé de la perce-
voir.

Assemblée faite en la maison de la ville de Senlis le merquedi VIᵉ jour du mois d'avrilg après Pasques communiaux
l'an mil IIIIᶜ et XII, en la présence de honorables hommes et
saiges Oudart Choron, Alain Joucour, Regnault de Creilg, et
Guillaume le Fruittier, attournéz et gouverneurs de la ditte

ville, en laquelle assemblée furent présentes les personnes qui s'ensuivent : [1]

Honoré Grileu, procureur de la ville ;

M⁰ Jehan de Beaufort ;

Jehan Seronne ;

Jehan Diacre, masson ;

Raoulet d'Escotegny ;

Pierre Aubery ;

Jehan Honoré, tenneur, etc.

Auxquelx dessus nomméz fu dit et exposé que le roy nostre sire pour soustenir sa guerre avoit ordonné un aide de VI⁰ mil frans estre cueillie ou royaume de France tant en Langue d'Oc, comme en la Langue d'Oilg, et pour lequel aide le diocèse de Senlis a esté tauxé à II^m francs dont la ville de Senlis a esté assise à IX⁰ l. t. par les esleux du dit Senlis, qui ont fait commandement de par le dit seigneur que icelle somme soit tantost et sans délay cueillie et icelle bailliée à Robert de Méraumont, commis à icellui aide recevoir ou dit diocèse, et pour icelle somme de IX⁰ l. t. asseoir en la dicte ville de Senlis ont esleu les personnes qui s'ensuivent, c'est assavoir Robert le Marje, Jehan de Noray pour rue Parisie ; Robin d'Iverny, Thévenot Mettelet pour le Marchié ; Martin de la Seraine, Jehan Porier pour la place aux Charons ; Arnaut du Mouton et Jehan le Picart pour le Chastel ; Lancelot Paale et Jehan Andrieu pour Rue Bellon ; Jehan Eveillart, Colin le Clerc pour Saint Vincent ; Pierre Cretel, Hennequin de Poix pour Vitel et pour la recevoir Thévenot Noël.

Creil.

(Archives de Senlis, BB. II, f⁰ 34, r⁰.

XLIII

13 mai 1414

Sur la demande du roi, la ville se prépare à faire partir en masse pour le siège de Soissons tous les hommes capables de porter les armes.

Ausquelx dessus nomméz furent leuez unez lettres du roy nostre sire faisant mencion que le roy nostre dit seigneur

---

[1] Au nombre de 65 personnes.

mande aux habitans de la ditte ville que ilz lui envoyassent
à son siège devant Cessons la plus grant foison de gens d'armes, de traict et de mennouvriers qui pouront finer, avec canons, manteaulx, pics, piez de chevre et autres abillemens
pour guerre, se aucuns en avoit en icelle ville, le plus haste-
ment que faire se pourra; et pour ce leur fu signifié le contenu ès dittes lettres afin que chacun feist son devoir de l'entérinement des dittes lettres; et ce fait, les diz attournéz
firent mettre par escript lez archers et arbalestriers de la
ditte ville et lez gens d'armes d'icelle, pour monstrer au lieutenant du bailli, pour faire la contrainte du contenu ès dites
lettres ainsi que raison devra.

(Archives de Senlis, BB. II, f° 51.)

XLIV

27 septembre 1415

Sur la demande du roi de lui envoyer, pour reprendre Har-
fleur sur les Anglais, tous les hommes d'armes qu'ils pour-
raient, les habitants nomment des députés chargés de re-
présenter au chancelier la misère de la ville et, néanmoins,
donnent l'ordre de dresser la liste de tous ceux qui de-
vraient partir, en cas de besoin.

Assemblée faitte en la maison de la ville de Senlis, le vendredi 27° jour de septembre mil IIII° cens et XV, en la
présence de maitre Nicolas Bauliart, maitre Guy Gentilg,
Jehan Audry et Jehan Aubery, atournéz et gouverneurs de
la ditte ville; en laquelle assemblée furent présens les personnes qui s'ensuivent, etc..... et plusieurs autres personnes
habitans en la ditte ville et jusques au nombre de deux cents
personnes ou environ.

Ausquelx furent leuez II paires de lettres patentes du
roy nostre sire, seelléez de son grant séel en queue pendant
et de cire jaune, les unes adreciées à monseigneur le bailli de
Senlis et les autres adreciées aux habitants du dit Senlis,
faisant mencion de la prinse de la vile de Harfleu et pour ce
mandans à tous nobles et gens qui ont acoustumé de eulx armer et qui sont puissants de porter harmes, que incontinent
ilz alassent devers lui pour recouvrer la dite ville de Harfleu

et combattre les Englois et aussi mandant aux habitans du dit
Senlis, que ilz lui envoiassent tant de gens d'armez et de
traict comme ilz pourront finer avecques tous engins pour
guerre que on pourra finer ; et sur ce voulaient avoir leur
oppinion assavoir quels réponces l'en pourra donner sur le
contenu ès dittes lettres et pour ce furent d'accord que très
hastivement l'en envoiast devers monseigneur le Chancellier
deux hommez pour lui remonstrer l'état d'icelle ville et que,
ce pendant, l'en voie quellez gens arméz et de deffense il a en
la ditte ville afin de le montrer au juste, se mestier est.

(Archives de Senlis, BB II, f° 62.)

XLV

25 juin 1420

Compte arrêté entre la ville de Senlis et le fermier du droit
de chaussée, chargé de l'entretien des rues.

Le mardi XXVᵉ jour de juing, l'an mil IIIIᶜ et vint, nous Siquart de le Canel, advocat, licencié en loys, Robert le Plat,
Robert le Marié et Simon Hérouart, atournéz, après ce que
nous nous sommes informés des pertes, dommages et intérêts,
que a euz, soustenus et souffers Pierre le Natier, fermier de la
chaussée de la dite ville de Senlis durant le temps de deux ans
et demi qui feniront au jour de la sainte Luxe IIIIᶜ et vint prochain venant, par l'advis et délibération de Mahieu de Normendie, Geffroy de Cuisy, Jehan Aubry et autres pour ce présens et appellés, avons advisé en noz consciences que au
dit fermier len puet bien rabatre de sa dite ferme, qui se
monte VIˣˣ l. p. pour le dit temps durant, les deux pars
d'icelle somme qui se monte IIIIˣˣ l. p. ainsi ne reste que XL
l. p. qu'il devera de sa ditte ferme.

Sur quoy il a fait cent et cinquante toises de chaussée,
depuis l'ost levé de devant icelle ville, tant à la porte parisie,
devant l'ostel Robert le Plat, devant le puis de Saint Hilaire,
devant l'ostel du Roy hors Senlis, à la barrière de la porte
Saint Rieulle, à la rue du coing d'icelle porte et refait avant
icelle ville plusieurs trouz jusques à aujourd'hui, lesquelx
cent cinquante taises de chaussée se montent à XXX l. p.
Ainsi reste qu'il devera à la fin de sa ditte ferme dix l. p.

et XXIIII s. p. qu'il avait receu de Guillaume de Rully sur
la façon de la chaussée du puis Saint Hilaire. Ainsi doit en
somme toute XI livres IIII s. p. Fait le mercredi XXVe
jour de juing l'an mil quatre cens et vint.

DUCHANGE.

(Archives de Senlis, BB. II f° 112, v^o.)

XLVI

31 décembre 1423

*Sentence du baillage de Senlis, obligeant les propriétaires
du droit de minage à respecter les priviléges des bourgeois
issus des anciens membres de la commune supprimée
en 1320.*

A tous ceux qui ces présentes lettres verront ou orront
Guillaume Buffet, bailly de Senlis, salut. Comme descort et
procès feust ja pieçà meu et encommencé par devant nostre
prédécesseur bailli de Senlis entre religieuses et honnestes
personnes les religieux, abbé et convent de la Victoire lèz
Senlis, les religieux, prieur et convent de Saint Maurice dudit Senlis et les maîstre, frères et sœurs de l'hôtel-Dieu d'i-
celle ville conjointement comme divisément et pour que
tant à chacun d'eux touche et pouvoit touchier demandeurs
d'une part et Robert Choron deffendeur d'autre part . . . . .

. . . .
Et au contraire de la partie du dit deffendeur eut été dit
et proposé que jadis en la ville de Senlis avait eu mairie et
commune en laquelle plusieurs gens de bien bourgeois et
autres étaient receus pour jouir du dit privilège d'icelle commune et par ce juroient garder les droits franchises et libertéz
d'icelle commune, et que les dis communiers quant ils avoient
rendu la mairie au roy, ils avoient retenus ce droit de estre et
demourer francs du dit minage et des lors avoient joy du privilège et franchise d'icelui minage eux et leurs successeurs
qui étoient descendus d'eux tant par ligne masculine comme
féminine et que ainsy en avoient usé l'en communément en
la dite ville de Senlis.

Disoit outre le dit deffendeur que ainsy par la forme et manière que dit est en devoit jouir et user par ce qu'il étoit communier venu et yssu par loyal mariage de gens de la commune qui en leur temps avoient juréz icelle. Et pour monstrer ce estre vray disoit que en l'an 1313 un nommé Henri du Change fut maire de la ville de Senlis, lequel maire avoit reçu en son temps plusieurs communiers lesquels avoient fait le serment accoutumé de faire en tel cas pour jouir des droits de la dite commune et aussy pour supporter les frais et charges d'icelle, duquel Henri étoit venu et descendu par loyal mariage Pierre du Change et d'icellui Pierre étoit venu Estienne du Cange et une sienne sœur qui fut mère de feu Oudart Choron l'aisné qui étoit allé de vie à trespassement passé à seize ans ou environ et d'icelui Oudart Choron et Marie sa femme étoit venu et yssu par loyal mariage Oudart Choron à présent vivant, père naturel et légitime du dit deffendeur. Disoit outre que il étoit vrai que un bourgeois qui jadis fut nommé Jehan Jolis fut conjoint par mariage à une femme qui étoit commune et venue et descendue de gens de la commune de Senlis, duquel mariage étoit venu et yssu feu Oudart Jolis et d'icelui Oudart Jolis étoit venu par mariage feu Thibault Jolis et une sienne sœur qui fut femme du dit Oudart Choron l'aisné desquels Oudart l'aisné et sa dite femme étoit venu et descendu le dit Oudart Choron à présent vivant père légitime du dit deffendeur et ainsy et par ces moyeus apparoit le dit deffendeur être descendus et yssu par loyal mariage de deux côtés de gens bourgeois venus et anciennement extraits de la commune de la ville de Senlis ; le dit Oudart père du dit deffendeur avoit choisi à la foire à la septembre, qui estoit accoutumé de tenir à Saint Ladre, estal à vendre ses draps avant autres qui n'étoient pas de la commune, .

Disoit outre icelluy deffendeurs que comme communiers les dis Henri du Change, Pierre du Change et Estienne du Cange et sa sœur, qui fut mère du dit Choron l'aisné, et pareillement les dis Oudart Jolis, Thibaut Jolis et la femme du dit Choron avoient tous leurs temps jouy et possessé des droits et prérogatives octroyées aux dis communiers, c'est a scavoir du droit de non payer minage et autres drois dessus dis toutes et quantes fois qu'ils avoient vendus leur blé ou acheté d'autre blé mesmement en plein marchié de Senlis. . . . .
. . . .

Scavoir faisons que veu et oy ce que dit est et du consentement et accord des dittes parties, comparans comme dessus, nous au dit deffendeur avons adjugé et adjugeons ses dits faits et conclusions dessus requises et déclarées et avons condamnéz et condamnons les dits demandeurs à luy payer pour ses despens laditte somme de six livres parisis par notre sentence deffinitive et par droit. En tesmoing de ce nous avons mis à ces présentes le scel aux causes dudit bailliage et ce fut fait et prononcé en jugement ou dit Senlis le vendredy derrain jour de décembre l'an mil quatre cent vingt trois.

(Afforty, XX. p. 695.)

XLVII

17 janvier 1424

Une assemblée de notables exempte les gens d'église du guet de nuit jusqu'à nouvel ordre à la condition de faire chaque jour une procession pour la conservation de la ville.

Assemblée faite en l'ostel de la ville au commandement de nous Jacques Vivien, Oudart Choron, Flourens de Saint Just et Michel Bugnée atournéz le jeudi XXVII⁰ jour de janvier l'an mil IIII⁰ et XXIII.

Le cappitaine,
M⁰ Nicole du Santouer,
Messire Jehan Guodeffroy,
Le commandeur de Saint Jehan,
Messire Jehan de Beauves,
Messire Ancel Mergel,
M⁰ Siquart de le Canel,
Guérart d'Arlay,
M⁰ Flourens,
Jehan Malet,
Jehan Gouyn,
Regnault de Cuizy,
Mahieu Dencre,
Honoré Grilleu,
Simon Hérouart,

Robert Choron,
Ynocent Lefèvre,
Jehan Dencre,
Jehan Brassin,
Mahieu Quede,
Robert Huache.

A laquelle assemblée fu faitte une requeste par les dites gens d'église, envoyéz par tout le clergié, comme ilz disoient, que il pleust aux habitans de la ville à les supporter du guet de la nuit, à quoy on les vouloit contraindre, pour ce que ilz ne pourroient faire le service de l'église et aler au guet ; et après ce par les dessus nommés fut conclud et accordé que sans préjudice ilz seroient encores déportés, se plus grant fortune ne survenoit, ou aucune cause raisonnable, parmi ce que ilz feront chacun jour certaine procession et par espécial prière à Dieu pour la conservacion de la ville, laquelle ils souloient pièçà faire ; et à ce faire et pour estre le dit jour ou dit hostel de la ville avoit esté fait commandement par Colin Lemercier, sergent, à XXX des plus notables.

(Archives de Senlis BB. II, fᵒ 137, vᵒ.)

XLVIII

13 février 1424

Une assemblée générale, à laquelle assistent sur convocation spéciale des membres du clergé, vote l'envoi de huit arbalétriers, demandés par le régent anglais, ainsi qu'une taille pour faire des réparations aux fortifications.

Assemblée faicte en l'ostel de ville de Senlis par Guillaume Buffet, bailli de Senliz, Jaques Vivien, licencié en loys, Oudart Choron, Flourens de Saint Just et Michel Bugnée, attournez, le dimmenche XIIIᵉ jour de février IIIIᶜ XXIII.

Flourens de Saint Just a certifié par serement que il s'est transporté en l'église de Senliz et a signiffié à messire Jehan Chandeillier, mᵒ Arnoul Lavieille, maistre Nicole du Sautouer, messire Jehan Guodeffroy, que ilz feissent à savoir au clergié que ilz feussent en l'ostel de la ville à deux heures après disner pour conclure sur certaines lettres envoyées par le Régent, faisant mencion que on envoye VIII arbalestriers et les pavaisseux, que il leur convient, pour aler devant Compaigne, où le dit Régent se vouloit exposer pour le recouvrement du dit Compiengne.

Honoré Grilleu,
Mahieu Dencre,
Jehan Gouyn,
Jehan Dencre,
Guillaume Morlaye,
Jehan de Meraumont,
Regnault Cordeillier,
Simon Chandeillier,
Maxiot de Borres,
Jehan Diacre,
Jehan Moreillon,
Colin Chappelle,
Messire Raoul Eveillart, déan de Saint Rieule,
Pierre de Gournay,
Drouet Maresne,
Messire Gilles Danleu,
Etc.

En la presence desquelx a esté conclue que pour envoyer, se besoing en est, VIII arbalestriers pavaisiéz au dit siège et pour refaire et reparer la porte de Paris et avecques ce pour faire certaines hayes sur les dos d'asnes des fossés d'icelle ville et pour plusieurs autres réparacions, qui sont à faire nécessaires et promptement en icelle, l'en mettra sus iceulx habitans pour leur conte une taille montant à la somme de IIII l. p. et pour asseoir icelle ont esté ordonnéz et esleuz Robert Huache, Mahieu Dencre, Colin Costerel, Guillaume Morlaye, Pierre Beu, Jehan Sorin et Pierre Cretel.

(Archives de Senlis, BB. II, f⁰ 138, r⁰.)

XLIX

18 juillet 1428

Une assemblée générale augmente l'indemnité habituelle-
ment accordée aux attournés, pour l'un d'eux, Pierre Beu,
qui avait déjà servi deux ans, afin qu'il veuille faire une
deuxième année, ce à quoi il ne pouvait être contraint.

Assemblée faitte en l'ostel de la ville de Senlis au com-
mandement de monseigneur le bailli de Senlis le dimenche
XVIII° jour de juillet l'an mil IIII° et XXVIII, présens
Pierre Beu, Jehan de Méraumont, Clément Morlaye et Colart
Costerel.

M° Flourens Boucaut,
M° Siquart de le Canel,
M° Jaques Vivien,
Honore Grilleu,
Oudart Choron,
Jehan de Warru,
Jehan Pasquier,
Pierre Choron.

Item et pour ce que le dit Pierre Beu avoit servi la ville
en office d'attourné par deux ans continuelz finis à la Saint
Jehan derrein passé et ne s'en vouloit plus entremettre
quant à présent ne aussi n'y povoit estre contraint de raison et s'en vouloit descharger pour plusieurs causes et ex-
cusacions par lui remonstrées, fut requis de encores demourer
ou dit office pour ceste année pour ce que il y avoit plusieurs
comptes de despensiers et autres besongnes à faire pour le
fait de la dite ville en quoy il pouvoit mieulx besongner et
savoir l'estat des choses que autres et pour ceste cause lui
fut ordonné estre paié pour ceste présente année pour ses
gaiges, qui d'ordinaire ne sont que de IIII l. XVI s. p. pour
chacun attourné, la somme de VIII l. p.

(Archives de Senlis, BB. II, f° 151.)

L

16 octobre 1429

Le comte de Vendosme et Guillaume Jouvenel, commissaires du roi, demandent une aide aux habitants réunis en assemblée générale.

Assemblée faitte en l'ostel de la ville au commandement de Jehan de la Ruelle, Mahieu Dencre, Robert Choron et Polet Canterel attournéz, le merquedi XXVIe jour de octobre l'an mil CCCC et XXIX.

Guillaume le Fruitier,
Me Siquart de le Canel,
Guillaume Buffet,
Oudart Choron,
Jehan de Warru,
Me Jacques Vivien,
Pierre Beu,
Honoré Grilleu, procureur du roy,
Lorin Sorin,
Berthelemet Fortier,
Jehan Cousinot,
Clément Morlaye,
Etc. [1]

A laquelle assemblée fu exposé que monseigneur le conte de Clermont, lieutenant général du roy nostre sire en ces parties de ca la rivière de Saine, avoit commis monseigneur le comte de Vendosme et messire Guillaume Jouvenel de parler et remonstrer aux habitans de ceste ville les affaires du roy affin d'avoir aucun aide pour l'entreténement des gens d'armes du roy et pour les grans affaires qu'il a de présent; laquelle chose a esté grandement remonstrée par les dits seigneurs de Vendosme et Jouvenel, requérans l'aide dessus dite jusques à la somme de mil livres tournois, se faire se povoit bonnement. Sur quoy a esté conclu que, considéré la povretté et affaires de la ville et les grans frais, mises et despens, que elle a eulz à supporter à la venue du roy et à son

[1] 93 personnes

occasion, la ville ne pouvoit supporter si grant charge et a en conclu que la ditte ville fera la ditte aide jusques à la somme de quatre cent l. tourn., en ce non comprins le clergié d'icelle ville.

Ce fait a esté ordonné que avecques la dite somme de IIII^c l. t. seront cueillis et assis sur les habitans d'icelle ville autres IIII^c l. t. pour acquitter la ville de partie de ce que elle doit et pour les affaires d'icelle.

(Archives de Senlis. BB. II, f° 155.)

LI

1435-1466

Etat de la ville de Senlis, présenté aux habitants en assemblée générale par les attournés sortant de charge à la Saint Jean-Baptiste.

C'est l'estat de la ville de Senlis, baillé aux habitants d'icelle par honorables hommes et sages, Guillaume le Fruittier, maistre Siquart de le Canel, Jaques Vivien, licenciés en loys, et Polet Canterel, qui ont esté attournés et gouverneurs de la ditte ville depuis le jour saint Jehan Baptiste l'an mil quatre cent et trente cinq jusques au jour de la Saint Jehan Baptiste mil quatre cent et trente six en cest an.

Colinet HÉBERT, despencier.

Et premièrement s'ensuivent les héritages que la ville a et ce que ilz doivent par an de cens et de rentes annuelles et perpétuelles.

Au terme Saint Remi

A Notre Dame de Senliz pour le droit cens de la maison de la ville.   III l. XV s. p.

A la ditte église pour partie du droit cens des champs du marché [1].

Aux religieuses abbeesse et couvent du Moncel pour les hoirs Cordellet Poulet pour l'autre partie des diz champs
IIII d.

A Saint Frambould de Senliz pour la place qui est soubz l'auvent au bout de la grant Boucherie joignant à la maison

---

[1] L'humidité a fait disparaitre les chiffres.

qui fu David Harle et qui de présent appartient à Michel
Bugnée de rente   XIII s.

Au seigneur du Plessier Choizel pour la place achetée de
lui hors la porte parisie devant l'abruvouer aux chevaulx et
outre icellui abruvouer. Paié au Plessier Choisel   XII d.

    Au terme de Noel

A Notre Dame de Senliz pour le seurcens que Jehan d'Avregny souloit prendre sur la maison de la ville   VII s.

Aux religieuses, abbeesse et couvent du Moncel pour le
droit cens de la grange de la ville et du jardin, qui y joint,
qui fut Robert Cappessainte, assise en Vitel, où est le molin
à chevaulx de la ville   XV s.

    Au terme de la Thiphaine

A Notre Dame de Senliz pour le seurcens que Jehan
d'Avregny souloit prendre sur la maison de la ville   II s. VI d.

    Au terme d'Assencion

A Notre Dame de Senliz ponr les menues dismes XXIIII s.

    Au terme Saint Jehan Baptiste

A Notre Dame de Senlis pour le seurcens que souloit
prendre Jehan d'Avregny sur la maison de la ville   VII s.

A l'ospital Saint Jehan de Senliz pour partie du droit cens
des champs du marché   IX d.

A Saint Ladre de Senliz pour le seurcens de la maison, qui
fu au comte de Porcien, qui fait partie de la porte parisie
du costé de la Mallemaison   X s.

A Saint Rieule de Senliz pour la terre de l'ardillère, qui
est uzée, au long des murs des vignes de chappitre   IX d.

Aux religieuses du Moncel pour le droit cens de la grange
et jardin de la ville, qui furent à Robert Capessainte, en
Vitel   XV s.

Au roy nostre sire, paié à son receveur de Senliz le jour
Saint Jehan Baptiste de droit cens pour les fosséz et ille, qui
ont esté acquestez de Guillaume le Fruittier et de Jehanne
la Dampleuve, séans hors la porte de Paris, entre la porte aux
asnes et la tour des bouticles, joignant au long les murs de
ville d'une part et d'autre au préz de la fontaine d'arainez,
appartenant à monseigneur l'évesque de Senliz, au dit Guillaume le Fruictier et aux héritiers de la ditte Jehanne Dam-
pleue, jusques à la rivière du roy, aboutans du bout d'en
haut aux grans fosséz et aux arrière-fosséz de la ville endroit la porte aux asnes et de l'autre bout à la rivière du roy.

Item la ville doit chacun an au roy nostre sire à cause des

paturages, que la vacherie de la porte Saint Rieul a eñ la forest de Halate la somme de X s. p., appellée le denée de may et l'a accoustumé de recevoir le clerc de la grurie de Halate chacun an au terme de mi-may.

Pencions, guages et salaires de cappitaine, advocat, procureurs, atournéz, clerc, sergens et autres officiers estans de présent aux guages de la ville.

A messire Anthoine des Essars, chevalier, commis par monsieur de Gaucourt à la cappitainerie de la ville de Senliz au lieu de monseigneur de Vendosme, cappitaine d'icelle ville, par an   XXXII l. p.

A Hue du Bois et Jehan du Plesier, mis à la garde des portes, c'est assavoir le dit Hue à la porte parisie et le dit Jehan à la porte Saint Rieulle, de don par an   XVI l. p.

A maistre Flourens Boucaut, conseiller de la ville, par an de pencion   VI l. p.

A Pierre Beu, procureur d'icelle ville de pencion par an VIII l. p.

A Guillaume le Fruictier, maistres Sicart de le Canel, Jaques Vivien, licenciés en loys, et Polet Canterel, atournéz pour la dite année   XXXII l. p.

A Jehan du Change, clerc de la ville, de pencion pour an   XII l. p.

A Jehan le Clerc, sergent de la ville, de pencion pour an   VIII l. p.

A Jehan Louvet, sergent du guet, de sa pension pour an   IX l. XII s.

A Oudinet Baillet, guette de nuit au beffroy, pour sa pencion   IX l. XII s.

A Pierre Ponnet, arbalestier, pour sa pencion, chacun an   IIII l. p.

Au dit Jehan Louvet, sergent du guet, commis à aler sur les murs au tour de la ville depuis le guet monté ou clocher Notre Dame jusques après les portes ouvertes et que l'en ait descouvert, pour an   VI l.

A Pierre le Clerc, guette de jour ou clocher Notre Damme de Senliz, pour les guages de lui et de son filz, qui y furent commis le premier jour de may l'an mil quatre cent et trente cinq au pris XVIII s. p. pour chacune sepmaine ; c'est pour an au dit pris   XLVI l. XVI s. p.

Après s'ensuit l'estat des causes de la ville.

Deux causes contre Regnaut le Chaussier, qui a appellé du prévost forain de Senliz pour raison de l'aide, que les habitans du dit Senliz prennent sur le vin vendu à detail en icelle ville par don et octroy du roy nostre sire fait aus dis habitans, lesquelles appellacions il a relevées aux prochaines assises de Senliz.

Après s'ensuit la déclaracion des rentes et héritages appartenant à la ville.

Premièrement l'ostel de la ville, ainsy qu'il se comporte, joignant à la grant Boucherie d'un costé et d'autre à Hostelin de Lassus, aboutant par derrière à l'ostel de l'image Saint Martin.

Item la maisonnette et le selier de la porte parisie du costé des bons hommes, que a tenue de la Saint Jehan Baptiste quatre cent et trente cinq jusques à un an ensuivant Jehan Péchin parmi XXVIII s. p. et à la Saint Jehan Baptiste quatre cent et trente six, fut baillée jusques à un an ensuivant à Toussaint Cuvelier parmi   XXVIII s. p.

Item la tour d'icelle porte du costé de la Malemaison, laquelle n'est point baillée.

Item la place d'entre l'abruvouer aux chevaulx hors la porte parisie et les fossez de la ville, tenant au jardin qui fut à Mettelet d'un costé et d'autre au fossé, où siet la maisonnette aux portiers.

Item l'autre place de devant icellui abruvouer, tenant ou dit abruvouer d'une part et d'autre à la rue, qui maine en la Bretonnerie, aboutant au jardin Jehan Faverel d'un bout et d'autre au fossé, où siet la maisonnette des portiers.

Item la place de dessoubz l'auvent de la grant boucherie, au bout de l'ostel Pierre Truiart, joignant à la maison Michaut Bugnée, qui doit par an XIII s. à Saint Framboust et n'est point baillé, pour ce que personne ne l'a mis à pris.

Item à la porte de rue Bellon, une place, où souloit avoir jardin, dont Jehan du Change rendoit VIII s. par an, tenant à Clément Morlaye d'une part et d'autre aux murs de la ville et à la ditte porte et aboutant au clos de Saint-Vincent d'un bout et d'autre à la rue, laquelle place est vague à présent pour la guerre.

Item une grange, court et lieu, assise derrière les Cordelliers, en Vitel, acquestée de Jehan Cappessainte, en laquelle est le molin à chevaulx, laquelle avecques un jardin joignant à icelle, que print piéça à rente Jaquemin Queminée et que tient Jehan de Giresme, à cause de sa femme, fille du dit Jacquemin, doit par an aux religieuses du Moncel XXX s. p.

de cens. Laquèlle grange est occupée du dit molin et des gaignisons de la ville et pour ce n'est point bailliée.

Item XIII s. p. de rente que doit Jehan de Giresme à cause de sa femme, fille de feu Jaquemin Queminée pour le jardin de la ditte grange dont il y a lettres en l'ostel de la ville et pour ce de rente par an.   XIIII s. p

Item un grant arpent de terre séant au coing des vingnes de chappitre, duquel l'en a fait ardillère et est tout usé, que la ville a eu par eschange de l'Ostel-Dieu.

Nᵃ. De III autres arpents VI perches achetés l'an IIIIᶜ et XXXVII.

Item les fosséz, eaues et dos d'asnes d'entre la porte aux asnes et la tour des bouticles, tenant aux murs de la ville d'une part et au long des préz de monseigneur l'évesque de Guillaume le Fruictier et de messire Gilles Damleu d'autre, que a tenu pour l'année escheue à la Saint Jehan quatre cent et trente six parmi VIII l. p. de loier pour an Jehan du Change ; lesquelx sont baillés du dit jour Saint Jehan Baptiste quatre cent et trente six jusques à trois ans ensuivant à Jehan le Fruittier parmi VI l. X s. p. par an.

Nota que les eaues et fosséz appartiennent à la ville, aboutant sur la rivière du roy, ainsi qu'ilz se comportent depuis le coing des préz l'évesque, en alant droit au millieu de la tour des Bouticles, ainsy que les pieus anssiens le montrent, jassoit ce que on ait retrait la haie plus arrière pour le goulet de l'esseau, etc.

Item la ville a usage en la rivière, tel que les habitans peuvent pescher en la rivière de la porte parisie depuis la tour des bouticles jusques au moulin des bons hommes et depuis une tour quarrée, qui est entre l'endroit de la maison, qui fut Pierre Aubri en montant tout contre mont jusques à la Faloise. Item ils ont usage en la rivière du Pont Jenier depuis la porte parisie contre mont jusques à la dite Faloise et pareillement en la rivière des grans escluses.

Item parellement la ville a usage en la rivière qui vient de Chament au molin Saint Rieulle depuis Chament jusques aus molins du roy partout, sy non dedens les viviers de Saint Morice et de la Guastellère.

Item la ville a deux pièces de pré, appellées marès, à l'usage commun de tous les habitans, qui y peuvent soier et la vacherie pasturer et appellées l'un le grant marès et l'autre le petit, assis entre l'Ostel Dieu des Marès et les prèz de Saint Nicolas.

Item la ville a encore un arpent ou plus de marès, près des grans escluses, au debout des préz Saint Vincent, selon la rivière et est entre les grans escluses et la rivière du pont Genier assez près du relès.

Item les habitans de Senliz ont usage de chasser au gros et au menu et à tout harnois en la Vidamée et en la Saussoye.

Item la ville a marès entre Saint Estienne et Villemestrie et usage de soier et mettre leurs bestiaux pasturer et pareillement ceulx de Villemestrie en trois lieux, l'un à l'endroit d'une ruelle qui est entre Saint Estienne et Valjoncheuse, l'autre à l'endroit du gué, estant au bout de Valjoncheuse, entre icellui gué et la quarrière et l'autre assez près de la Faloise et y fit la ville exploicter le XIIe juing mil quatre cent et trente cinq.

Item le jour Saint Jehan Baptiste les habitans de Senliz ont usage de mettre leurs vaches et bestiaux pasturer, soier et emporter ou pré l'évesque à la fontaine d'araine.

Item pareil usage ou pré de saint Jehan lèz les grans escluses.

Item ou pré de Chalit à Vilevert que tient Simon le Chandellier et doivent estre fauchéz et vuidéz chacun an dès avant le dit jour de saint Jehan Baptiste, comme on dit.

Item la vacherie de la porte parisie a mout beau et grant païs, où elle puet et doit aller pasturer, sans mesprendre, dont aucuns sauroient bien parler et les desclarer.

Item la vacherie de la porte saint Rieule a mout beaux usages et pasturages en la forest de Halate et ailleurs, dont il y a plusieurs délivrances et lettres en l'ostel de la ville inventoriées.

Item les habitans de Senliz de leur cru ne doivent point de tonlieu, comme il appert par chartres.

Item la ville a usage de prendre sablon en la Saussoye, ès bois de la Victoire et y en a lettres inventoriées.

Item les habitans de Senliz peuvent chasser à chiens et à batons devers le Plessier Choisel, c'est assavoir depuis Ongnon jusques au Val Rotru et y fit exploicter la ville d'icellui usage en l'an quatre cent vingt sept ou vingt huit par plusieurs, présent Jaques de Villers, qui le vouloit opposer.

Item ils ont usage devers le Jariel et devers Chantilly, ainsy que l'arrest prononcé en parlement contre le seigneur de Chantilly le porte, qui est inventorié, et ailleurs en francs païs. Item devers Montgroisin. Item ès bois de l'évesque de Beauvais, comme on dit.

Item les habitans de Senliz peuvent user de voie d'arrest contre les forains par chartres.

Item la ville par chartres se puet assembler au son de la cloche.

Item la vile puet mettre une guette chacune nuit ou beffroy et oultre y entrer et envoier gens de par la ville à toutes heures pour sonner la cloche pour les affaires de la ville, soit pour effroy, feu ou pour faire assemblée et ne puet le geollier ou garde du beffroy dénier l'entrée ne l'issue à quelque heure que ce soit.

Item de tout temps le clergié de Senliz a accoustumé et doit, comme on dit, paier le quart de toutes les réparacions et garde de la forteresse de la ditte ville.

Item nul qui achette blé ou autre grain pour semer ne doit point de minaige par sentence, qui est inventoriée.

Item l'achetteur ne doit point de minage d'orge ne d'autre grain de mars, par sentence qui est inventoriée, et le vendeur non franc doit minage d'orge.

Après s'ensuivent les autres revenus muables, appartenant à la ditte ville.

Le vendage de la marée, que a tenu Robert de Nouroy depuis la Saint Jehan quatre cent trente cinq jusques à la Saint Jehan quatre cent trente six pour L s. p. pour le dit an, ne fut point baillé à la ditte Saint Jehan quatre cent trente six pour ce que on le vouloit mettre à trop petit pris à l'ocasion de la guerre. Sy couvient pourvoir au bail ou commettre personne suffisante à l'exercice. Il fut baillé à Robert de Nouroy parmi XL s. p.

La chaussée de la ville de Senliz : elle ne fut point baillée à la Saint Jehan quatre cent trente cinq, mais Henri Develle, Jehan le Clerc, sergent de la ville, et le chaussoieur y furent commis ; aussy n'a elle point esté baillée à la Saint Jehan quatre cent trente six, pour ce que on le vouloit mettre à trop petit pris, mais on a commis à icelle recueillir au nom de la ville ledit Henri Develle. Nota qu'elle fut depuis baillée pour icelle année à Jacob Muideblé parmi C s. p.

Item le forage des vins vendus à l'estaple de Senliz fut baillé à Jacob de Vertus pour un an à la Saint Jehan Bap-

tiste quatre cent trente cinq parmi VIII s. p. Et pour
ceste année présente commençant à la saint Jehan quatre
cent et trente six n'a point esté baillée pour ce que on le vouloit mettre à trop petit pris et sera cueilli en la main de la
ville par..... commis ad ce. Il fut délivré à Michel Prœu-
domme pour icelle année parmi XVI s. p.

Item le roy nostre sire octroya à la ville de Senliz un aide
sur le vin, qui en icelle ville seroit vendu à détail, à prendre
et à lever au prouffit d'icelle pour la réparation et actè-
nemant d'icelle, de chacune queue qui seroit vendue à
IIII d. p. le pot IIII s. p. et ainsy en montant et dévalant au
feur qu'il seroit vendu, du XIII° jour de mars quatre cent et
trente deux jusques à IIII ans après ensuivant. Lequel aide fu
baillé à la saint Remi mil quatre cent et trente cinq derrein .
passé jusques à un an ensuivant à Geffroy l'Orfèvre moiennant
la somme de.... ¹

Item pareillement le roy nostre sire donna pour pareil temps
et années à la ditte ville un aide de IIII s. p. à prendre sur
chacune queue vendue en gros au dit Senlis durant le dit
temps et fu baillée à la saint Remi quatre cent et trente cinq
jusques à un an ensuivant à.... parm......

Mémoire que, en l'année commençant à la saint Jehan Baptiste quatre cent et trente cinq et finissant à ceste saint Jehan
quatre cent et trente six, les eaues, appellées la grant pescherie, devant la porte parisie et la porte de Meaulx, n'a (sic)
point esté peschée; aussi ne la on point accoustumé de
pescher ne faire pescher au pourffit de la ville sans conclusion sur ce faite en assemblée de ville.

Après s'ensuivent les habillemens de guerre et les provi-
sions, que la ville a, qui sont tant en la maison de la ville, en
la granche d'icelle comme ès gardes estans au tour d'icelle.

Premièrement en l'ostel de la ville en la sale hault. Le
comptouer couvert de drap vert et d'une estandelle de toile.

Item dedens icellui comptouer le quaier de la ville tenant
à une chaienne de fer. Item deux pappiers où sont enregistrées les assemblées de la ville.

Item l'inventoire fait en pappier des lettres et chartres de
la ville.

---

¹ Le scribe a oublié le chiffre.

Item un missel sur lequel l'on fait faire les serments aux officiers.

Item dessus icelui comptouer un encrier d'estain.

Item au tour d'icellui comptouer huit fourmes à soy seoir.

. . . .

. . . .

Item enmi icelle salle quatre coffres dedens lesquelx a plusieurs comptes, estas et vielles lettres.

Item II l. d'ambre dedens le plus grant d'iceulx coffres avecques l'estendart de la ville. [1]

. . . .

. . . .

Item ou retrait de la dite salle

Sont deux grans huches ferrées dedens les quelles a plusieurs coffres, boites, lettres et chartres.

. . . .

. . . .

Debtes deues à la ville de Senliz par les personnes cy après nommées :

Jehan Vennin dit le Besgue, qui par l'estat de l'année passée devait XXX moles de buches et III esselles et deux grosses espaules doit encore de reste XXIIII moles de buche, III esselles et II espaules.

. . . .

Mémoire du clergé

Que la ville a à compter au clergié depuis l'an mil IIII[c] et XXX et aussy à abréger et à accorder avecques eulx des articles débatus du temps de paravant et aussy de tout le frest et despence du procès de Chantilly.

Debtes deues par la ville aux personnes qui ensuivent.

. . . .

A Jehan de Tibiviller, naguères despencier de la ville, comme il appert par la fin de son compte rendu en janvier

---

[1] Nous avons fait de larges coupures dans ce chapitre où sont inventoriés en détail toutes les pièces de bois, tous les morceaux de fer, tous les canons et en général tous les objets mobiliers que possédait la ville. Il tient dans l'original plus de quatorze pages in-quarto d'une écriture fine et serrée ; cette description n'est intéressante qu'au point de vue de l'archéologie militaire, mais sous ce rapport elle est très curieuse.

quatre cent trente cinq, pour plus avoir mis que receu, la somme de LXIX l. II s. III d. Sur quoy lui a esté paié par Colin Hébert, dont il a mandement du XXIXᵉ juing quatre cent trente six, XIII l. X s. p. et du surplus paier au dit Thibiviller Jehan Bocquellon, despencier pour l'an commencant à la saint Jehan Baptiste quatre cent trente six et finissant à la saint Jehan quatre cent trente sept, est chargé de paier.

Emprunt fait par la ville de Senlis aux personnes cy après nommées ou mois de septembre l'an mil IIIIᵉ XXXV pour le fait du don de VIᵉ salus fait en icellui temps par la ditte ville et par le clergé à monseigneur le connestable de France à sa revenue et retour du traictié et accort de paix final, faitte entre le roy nostre sire et monseigneur le duc de Bourgogne en la ville d'Arras, où mon dit seigneur le connestable avoit esté, comparu et assisté pour le roy nostre seigneur et dont cédulles du clerc ont esté faittes et baillées, duquel emprunt Colinet Hébert fera recepte et mise pour loy restituer.

Et premièrement,

Colinet Hébert	XV salus.
Jehan Moutardier, etc.	VI salus.

. . . .

Emprunct fait par la ville de Senlis aux personnes cy après nommées ou mois de may mil quatre cens XXXVI pour payer partie de la somme de quatre cents livres tournois en quoy la ville a esté assise pour sa cottité de la taille mise sus par le roy nostre sire pour le fait du sciège qui se doit mettre devant la ville de Creil et dont cédules en ont esté faittes et baillés du XXIIᵉ jour dudit mois de may, duquel emprunt le dit Colinet Hébert ne fera mise ne recepte, pour ce que le fait du siège de Creil n'a pas esté achevé de son temps, mais en sera chargé Jehan Bocqueillon despencier pour l'année commencée à la saint Jehan quatre cent trente six.

. . . .

. . . .

Autre emprunt fait sur aucuns habitans de la ditte ville pour parpaier la cotité de la taille en quoy la ville avoit esté imposée pour le fait du sciège de Creil et pour payer plusieurs voitures, arbalestriers, envoyés de par la ville au dit siège de Creil, tenu par monseigneur le bastart d'Or-

léans ; le dit emprunt fait ou mois de juing quatre cent
et trente six et dont cedule a esté baillée du clerc de la
ville à ceulx qui ont presté, dont Jehan Bocqueillon, despencier de l'année commencée à la saint Jehan quatre
cent trente six et fenissant à la saint Jehan quatre cent trente
sept, est chargé de restituer.

. . . .

. . . .

Somme des deux emprunts dessus desclariés mis ensemble
IIII^c LXXVI l. p., de laquelle somme Jehan Boqueillon,
despencier ordonné à la saint Jehan Baptiste mil IIII^c et
XXXVI, fera recepte.

Ensuivent les noms des personnes, qui ont baillé le pain,
qui fu porté en l'ost devant Creil ou mois de juing l'an mil
quatre cent et trente six, dont il les convient restituer et leur
rabatera Jehan Boqueillon, despencier sur leurs tailles.

. . . .

. . . .

Ci après s'ensivent les parties dont Colinet Hébert, despencier de la ville de Senlis pour un an commencant à la
saint Jehan Baptiste mil quatre cent trente cinq et fenissant
à la saint Jehan Baptiste quatre cent trente six, doit faire
recepte pour la ville de Senlis et tenu d'en rendre compte.

C'est assavoir de Jehan Pechin pour le selier et maisonnette estant à la porte de Paris du costé de devers les Bons
Hommes   XXVIII s.

De Jehan de Giresme, à cause de sa femme, pour XIII s. p.
de rente qu'il doit chacun an pour le jardin de la granche
de Vitel, qui fu Jaquemin Queminée   XIIII s.

De Jaquot Muideblé pour la revenue de la chaussée
                                                          XL s. p.

Du vendaige de la marée baillé à Robert de Nouroy
                                                          L s. p.

Du vendage de la petite pescherie, que a tenu Simon Jor-
lain pour III ans parmi XXIIII l. p., pour chacun an VIII l.,
dont la tierce et derrenière année fu et est finie au jour de la
saint Jehan Baptiste mil quatre cent et trente six pour ce
                                                          VIII l. p.

Du forage des vins vendus à l'estappe, que a tenu Jaquot
de Borens, pour la ditte année parmi   VIII s. p.

De Jehan Hennin, dit le Besgue, fermier du vin vendu à

détail en la ditte ville pour l'année commencée au jour de la
saint Remi mil IIII^cXXXIIII et fenissant à la saint Remi mil
IIII^c XXXV, au pris de IIII^c X l. par an, pour trois mois c'est
assavoir juillet aout et septembre IIII^c XXXV, pour chacun
mois XXXIIII l. III s. IIII d. p. valent C II l. X s. p.

De Colinet Hébert, fermier du vin vendu en gros en la
ditte ville pour l'année commencée du jour de la saint Remi
mil IIII^cXXXIIII et fenissant à la saint Remi mil IIII^c XXXV,
pour trois mois, c'est assavoir juillet, aoust et septembre
IIII^c XXXV, au pris de LXX l. p. par an, valent les dits
mois   XVIII l. p.

De Jehan Hennin, fermier du vin vendu à détail en icelle
pour un an commençant à la saint Remi mil IIII^c XXXV
et fenissant au jour de la saint Remi mil IIII^c XXXV au
pris de IIII^c X l. par an, pour nuef mois c'est assavoir octobre, novembre, décembre, janvier, février et mars IIII^cXXXV
et avrilg, may et juing IIII^c XXXVI pour chacun mois
XXXIIII l. III s. IIII d. p. valent les dis IX mois
                                                    III^c VII l. X s. p.

Dudit Jehan Hennin, fermier du vin vendu en gros en
icelle ville pour la ditte année au pris de XLII l. p. pour an
pour les dis IX mois, au pris chacun mois de LXX s. p.,
valent pour IX mois   XXXI l. X s. p.

De aucuns particulliers de la ditte ville, qui ont payé à
la descharge de Gui du Vivier, receveur des confiscacions,
et tant moins de ce dont il est obligé à la ville par un brevet
passé par devant Mahieu D'Encre, tabellion de Senlis, pour
le fait de Lorin Sorin   VI^{xx} IIII l. XIII s.

De plusieurs habitans de la ditte ville qui ont presté pour
le don fait à monseigneur le connestable à son retour de la
ville d'Arras, là où a esté faitte la paix entre le roy
nostre seigneur et monseigneur le duc de Bourgogne
                                                    II^c XXXVI l. VI s. p.

Des religieux, abbé et couvent de la Victoire, pour prest
XII l. p.; de messire Jehan Guodeffroy pour prest XXIIII l. p.;
de messire Nicaise Paris pour prest XII l. p.; de messire
Adam Fouques pour prest VII l. IIII s. p. pour le don dessus dit, desquelles parties mises ensemble fait la somme de
                                                    LV l. IIII s. p.

De Jehan le Barbier, serrurier pour prest à lui fait par la
ville pour soy racheter de Meaux   IIII l. VI s. p.

D'une taille cueillie en la ville de Senlis en la ditte année sur les habitans d'icelle ville pour le don de monseigneur le connestable montant VIe salus d'or et autres frès fais pour icelle ville montant à venir tout ens. XIIe XXIX l. II s. IIII d.

De Jehan Thibiviller, précédent despencier, pour ce qui lui a esté deu par la fin de son compte par lui rendu   néant.

Estat de la ville de Senlis,
Commencant à la saint Jehan IIII^c XXXV.
Et fenissant à la saint Jehan IIII^c et XXXVI.

N^a. A tous ceulz qui se verront que contre droit et contre raison les sergens de Haate se veullent efforser de prendre et empescher les habitans de Senliz, apportans bois ou may, de quelque lieu qu'ils les tiennent, dedens la ville, ce que oncques mais ne fut veu, et n'ont et ne doivent avoir quelque prinze, synon au delà des guez de Pont et au molin St Morice, appellé le molin de St Rieule, sy y soit remédié et pourveu, sy semble que bon soit.

(Archives de Senlis. Original, papier, CC. 49.)

LII

22 août 1437

Sentence arbitrale de l'official de Senlis pour la réception d'une religieuse de l'Hôtel-Dieu de Senlis à Saint-Lazare.

Universis presentes litteras inspecturis officialis silvanectensis, commissarius specialis reverendi in Christo patris ac domini, Domini Jesu miseratione divina, silvanectensis episcopi, ab eodem domino episcopo in infra scripta et alia tangentia ipsum dominum episcopum et suam jurisdictionem ecclesiasticam specialiter deputatus et commissus, salutem in Domino.

Cum magister seu rector Domus Dei silvanectensis citari fecisset et traxisset in causam coram nobis magistrum seu rectorem domus seu leprosariæ sancti Lazari silvanectensis, occasione Johannæ la Charbonniere, sororis vellatæ et professæ dicte Domus Dei ; quæ soror Johanna, prout Domino placuit, est et fuit per nos infecta morbo lepræ ; quam qui-

dem Johannam la Charbonniere dictus magister Domus Dei
dicebat gaudere et uti privilegio communitatis villæ silvanectensis, eo quod dicta Domus Dei fuit et est de communia
silvanectensi, et ideo concludebat idem magister Domus Dei
quod debebat recipi in dicta domo Sancti Lazari, tanquam
communiaria, occasione professionis per eam factæ in dicta
Domo Dei, et, super hoc ad ostendendum, quod dicta Domus
Dei est de communia, dictus vero magister domus Sancti Lazari dicebat et respondebat quod hoc tangebat illos de communia silvanectensi et quia dictæ Domus Dei et sancti Lazari sunt et pertinent seu eorum regimen et omnimodo dis-
positio ad prefatum reverendum in Christo patrem et dictum dominum episcopum, ideo nolebat contendere de hoc
nec placitare, sed petiit dilationem sibi dari ad hoc no-
tificandum illis de communia an vellent deffendere istam
causam, quæ tangit eos. Quam dilationem sibi concessimus ;
qua pendente dilatione, dictæ partes cum suis in hac parte
consiliariis ad obviandum et parcendum sumptibus ipsarum
partium concluserunt facere quandam memoriam quæ per
dictas partes accordaretur, et, visa illa memoria, et per nos
officialem consultæ ipsæ partes se referrent ad nos, habito
super hoc consilio.

Post quam quidem memoriam sic factam, nos ipsam memoriam misimus apud Compendium, eo quod in litteris regiis
facientibus mentionem de communia silvanectensi expresse
continetur quod rex dedit villæ silvanectensi communiam
modo et forma quibus dederat villæ de Compendio, ad ha-
bendum consilium super hoc et sciendum qualiter ipsi in talibus uti consueverunt. Et, responsione super hoc habita in
scriptis, dictus magister domus Sancti Lazari fecit citari ad
judicium coram nobis et evocari quam plures notabiles viros,
qui faciunt majorem et saniorem partem illorum de communia silvanectensi et omnia premissa eis per scientificum
et prudentem virum magistrum Iacobum Vivian, licenciatum
in legibus, fecit notificari ad finem quod si vellent dictam
causam deffendere contra dictam Domum Dei, quod hoc facerent sumptibus suis et quod non intendebat hoc facere
sumptibus dictæ domus Sancti Lazari.

Tandem, visa per illos de communia et consulta prout vo-
luerunt dicta memoria per ipsos et per dictas partes concor-
data, dictæ partes, assensu dictorum de communia, se retulerunt ordinationi seu sententiæ nostræ. Nobis igitur super

hoc consultis, notum facimus quod congregatis et vocatis
nobiscum plurimis jurisperitis et aliis prudentibus et sapien-
tibus viris, tam ecclesiasticis qnam secularibus, et, matura
deliberatione inter ipsos habita, sententiam nostram protulimus in hunc modum qui sequitur :

In nomine Domini, visa petitione magistri, fratrum et sororum Domus Dei silvanectensis, actorum ex una parte,
contra magistrum, fratres et sorores domus Leprosariæ Sancti
Lazari prope Silvanectum, deffensores ex altera, in quadam
causa mota et pendante, seu moveri, expendere sperata coram nobis inter ipsas partes occasione sororis Johanne la
Charbonnière, sororis vellatæ et professæ dictæ Domus Dei
silvanectensis, eo quod sit de communia silvanectensi, recipi
debere tanquam communiaria in dicta domo leprosaria
sancti Lazari silvanectensis, sicut alii communiarii silvanectenses utriusque sexus recipi consueverunt; visa etiam responsione dictorum magistri, fratrum et sororum dictæ domus leprosariæ ac litteris et monumentis hinc inde coram
nobis productis et ceteris quæ videnda erant, quæ nos et ani-
mum nostrum rationabiliter movere potuerunt et debuerunt,
possentque et debent, habitaque super hiis grandi et matura
deliberatione cum juris peritis, dicimus, declaramus et per
hanc meam sententiam diffinitivam quam pro tribunali se-
dentes solum Deum præ oculis habentes facimus in his scriptis in sententiam in hunc modum qui sequitur:

Et primo dicimus et declaramus dictam sororem Johannam morbo lepræ infectam esse de communia silvanectensi,
occasione dictæ professionis per eam, ut premittitur, factæ
in dicta Domo Dei silvanectensi, ita quod occasione hujus
magister, fratres et sorores dictæ domus Sancti Lazari tenentur eam tanquam communiariam recipere in dicta domo
sancti Lazari et sibi ministrare suum viaticum et vestitum
cum aliis suis necessitatibus, sicut uni alicui communiario
dicto morbo lepræ infecto in dicta domo Sancti Lazari
recepto.

Item, et quia dicta soror Johanna est, ut præmittitur, soror expresse professa et vellata dictæ Domus Dei silvanectensis, virtute cujus professionis, dicti magister, fratres et
sorores Domus Dei silvanectensis tenentur sibi ministrare,
quamdiu vixerit in humanis, suum victum et vestitum cum
aliis suis necessitatibus secundum facultates dictæ Domus Dei,
quod ipsi tenebuntur anno quolibet, tamdiu quamdiu dicta

soror Johanna stabit in dicta domo leprosaria Sancti Lazari tradere et assignare aut magistro dictæ domus leprosariæ pro ea quatuor minas bladi et unam flistam lardi et viginti solidos parisiensium.

Item, dicimus etiam et ordinamus quod dicti magister, fratres et sorores domus Sancti Lazari habebunt omnia bona mobilia in eorum natura existentia, quæ dicta soror Johanna secum apportavit, quando fuit recepta in dicta Domo Dei silvanectensi, vita ejusdem sororis Johannis comite et quamdiu stabit in dicta domo Sancti Lazari tantummodo.

Item et quod post ejus decessum ab hoc seculo sive recessum a dicta domo Sancti Lazari dicta hereditagia et eorum ususfructus spectabunt et pertinebunt, prout de presenti spectant et pertinent, dictæ Domui Dei silvanectensi, expensas in presenti causa seu processu aut ejus occasione factas compensando et ex causa.

Datum anno Domini millesimo quadragentesimo trigesimo septimo, die jovis, vigesima secunda mensis augusti ; presentibus discretis viris dominis Ad. Foucques, sigillifero, Roberto de Meraumont, promotore, Johanne le Bel, apparitore, Albino, notario jurato nostræ curie, domino Yvone, presbytero, magistro Johanne Agrès, in artibus magistro.

ROULEN LE BEL.

(Afforty. XXI. 135.)

LIII

26 mai 1438

Sur l'avis de l'assemblée générale des habitants, le bailli de Senlis ordonne un emprunt, dont le corps de ville serait responsable, y compris les gens d'église, ce à quoi ces derniers s'opposent.

Assemblée faite en l'hôtel de la ville, au commandement de monseigneur le bailli, le merquedi XVIᵉ jour de mars, l'an mil IIIIᶜ et XXXVII.

Pierre Choron,
Pierre de la Porte,   Attournez ;
Jehan Thibiviller,
Jehan Labour,

Le procureur du roy ;
Maistre Siquart ;
Maistre Jacques Vivien ;
Monseigneur l'abbé de Saint Vincent ;
Monseigneur le dean de Notre-Dame ;
Le prieur de Saint Christophe ;
L'abbé de la Victoire ;
Le prieur des Bons Hommes ;
Le prieur de Saint Morice ;
Messire Adam Fouques ;
Messire Nicaise Paris ;
Messire Jehan Godefroy ;
Messire Raoul Eveillart ;
Messire Jehan d'Availlon ;
Messire Jehan de Belloy ;
Messire Jehan de Bailleul le Jaine ;
Messire Jacques le Fevre ; .
Messire Jehan de Beauvais,
Messire Jacques de Layeville ;
Messire Jehan Micaise ;
Messire Henri du Four ;
Messire Henri Camus ;
Messire Michel Regnouart,
M° Flourens Boucaut, advocat de la ville :
Polet Canterel, procureur de la ville ;
Guillaume le Fruictier, lieutenant ;
Guy du Vivier, receveur ;
Jehan de la Ruelle ;
Jehan Aubry ;
Climent Morlaye
Jehan Cauche ;
Charlot Boqueillon ;
Pierre Gasté ;
Pierre Truyart ;
Jehan Mettelet ;
Jaquet Roussel ;
Jehan Boudin ;
Jehan Picquet ;
Jehan Montenron ;
Simonnet l'Evesque ;
Jehan Moutardier,
A laquelle assemblée a esté remonstré par la bouche de

maistre Siquart de le Canel, conseiller du roy nostre sire, ce requérant Honoré Grilleu, procureur d'icellui seigneur ou bailliage de Senlis, que il estoit chose très nécessaire d'avoir des blés pour l'advitaillement des habitans de la ditte ville ou autrement faulroit que le peuple se departesist, par quoy faulroit habandonner la ditte ville, et pour ce faulroit prester argent par ceux qui avoient puissance, tant d'église comme de la ditte ville, et ou cas que l'argent du blé seroit perdu que se feust aux despens des dis de l'église et des habitans de la ville et que à ce fere feussent contrains ou cas qu'ils en donroient reffus.

Sur quoy aist esté répondu par les dittes gens d'église que ilz presteroient voulentiers au mieulx que ilz pourroient, mais se il estoit perdu, ilz ne vouloient point contribuer à la perte et leur restituroit le corps de la ville.

Pour quoy monseigneur le bailli eust appointé, en la présence des dessus nomméz, que emprunt sera fait d'argent sur aucuns particuliers du corps de la ville de Senliz, tant sur aucuns particulliers ayant puissance de fere prest des gens d'église comme aussi sur aucuns particuliers lays de la ditte ville sur chacun selon sa faculté, pour tourner et convertir le dit emprunt en achat de blés pour soustenir et vivre les povres suppos et particulliers du dit corps, et, se il est que aucuns deniers du dit emprunct ou les grains, qui de ce venroient ou seroient achetés, seroient perdus par fortune de male gent ou autrement par cas fortunés ou les gens prins qui pour fere la dite provision seroient chargés, se que ja n'aviegne, le péril et la fortune de la ditte perte et la restitucion sera faitte aux dépens du corps total de la dite ville, c'est assavoir des gens d'église et autres gens lays, manans et habitans. A quoy incontinent que le dit monseigneur le bailli s'en feust parti, se comparu monseigneur le dean de Notre Dame, qui dist que à la dite ordonnance ilz ne acquesciaient aucunement.

Duchange.

(Archives de Senlis, BB. III. 10 r°)

LIV ·

17 septembre 1439

Procès-verbal de la nomination des députés de la ville de Senlis aux Etats de Tours par l'assemblée générale des habitants.

Assemblée faite en l'ostel de la ville au commandement de Jaques de la Queue, Jehan le Moutardier, Geffroy de Cuisy et Jehan Costere, attournéz, le XVII⁰ jour de septembre l'an mil IIII⁰ et XXXIX.

M⁰ Guillaume Roumain, lieutenant ;

M⁰ Siquart de le Canel ;

Etc.

A laquelle assemblée a esté remonstré comment le roy nostre sire avoit envoyé ses lettres clozes par lesquelles il rescript à la ville et mande que l'en envoye par devers lui à Paris deux ou trois personnes pour estre et assister avecques plusieurs de son sanc et lignage, barrons, prélas, gens d'église et notables hommes de son royaume, pour conclure sur aucuns avis et autres frais sur la paix entre le roy et nostre dit seigneur et son adversaire le roy d'Engleterre, en l'assemblée qui naguères a esté faitte ès villes de Gravelines et de Calais pour avoir déliberacion et advis et pour conclure sur la responce que il fault qu'il donne sur le faict de la ditte paix. Et depuis les dittes lettres envoyées par le dit seigneur monseigneur le chancellier a rescript unes autres à la ditte ville par lesquelles il escript que l'assemblée que icelui seigneur avoit mandé estre à Paris au XV⁰ jour de ce présent mois, le roy, par son conseil, l'a mise estre au dit jour en la ville d'Orléans, afin que l'on y feust. Sy a esté conclud que l'en y envoyera soit à Paris ou à Orléans, c'est assavoir maistre Siquart de le Canel et maistre Guillaume Roumain pour assister et estre avecques les autres villes de ce royaume et conclure selon le contenu ès lettres d'icellui seigneur aux périlz et fortunes et despens de la ville.

Et ce fait, toutes les personnes dessus escriptes, faisans la plus grant et saine partie de la ditte ville ont fait leurs

procureurs les dessus nomméz, ausquels ilz ont donné povoir
d'estre, assister par devers lui, donner conseil et avis sur les
[lettres] envoyées devers le roy, touchant le fait de la paix
et conclure avec les autres bonnes villes sur le contenu ès
dittes lettres.

Item, a esté conclud que l'on empruntera argent sur aucuns
puissans de fere prest en ceste ville pour en bailler aus dits
maistre Siquart et maistre Guillaume Roumain, pour aller ou
dit voyage,

(Archives de Senlis, BB. III. f⁰ 20.)

LV

6 octobre 1441

*Don par le roi d'une crue de 12 d. p. par minot de sel
vendu au grenier de Senlis, à percevoir au profit de la
ville.*

Charles, par la grâce de Dieu roy de France, à noz améz
et féaulx les généraux conseillers par nous ordonnéz sur
le fait et gouvernement de toutes nos finances, tant en langue d'oïl comme en langue d'oc, salut et dilection. Oye la
supplication de noz chers et bien améz les gens d'église,
bourgeois et habitans de nostre ville de Senlis contenant que,
tant par le fait des guerres de notre royaume que aussy par
les grandes charges que iceulx supplians ont eu par longtemps et ont chacun jour pour le fait de nos aides, ils sont
si grandement déchus de leur chevance que à grant peine
les plus riches n'ont dont leur estat soustenir et les plusieurs
sont cheuz en mendicité et avec ce, pour les dites charges
soustenir et paier nos aides dessus dis, les dits supplians se
sont grandement endettés, et, par ces causes, les murs et
autres édifices de nostre dite ville, qui est grande, sont cheus
en telle ruyne et démolicion qu'ils sont en grant péril de
cheoir et tresbucher en brief temps en plusieurs lieux d'icelle,
si hastivement n'y est pourveu, auquel cas très grans incon-
véniens et dommages pourraient ensuir à nous, aus dis supplians et à tout le pays ; et pour ce, les dis supplians avoient
advisé entre eux qu'il seroit chose très utile et prouffitable

pour ce faire, ou cas qu'il nous plairoit que tout le sel qui doré-
navant seroit vendu au grenier de la dite ville, jusqu'à quatre ans, feust vendu à la crue de douze deniers parisis pour
minot, telle crue tourner et convertir ès repparacions de la
dite ville, requérans notre grâce sur ce leur être impartie ;
scavoir vous faisons que voulans à ces choses estre hastivement pourveu, aus dis supplians de notre grace espécial
avons octroyé et octroyons par ces présentes ou cas dessus
dit, jusqu'à quatre ans prouchainement venans, à compter du
jour de la datte de ces présentes que tout le sel qui sera
vendu au dit grenier soit vendue à la dite creue de douze deniers parisis par minot, pour l'argent qui en yssira tourner
et convertir ès reparacions et affaires de la ditte ville et non
ailleurs ; Si vous mandons que par le grenetier du dit grenier
vous faites vendre tout le sel qui sera vendu au dit grenier
durant le dit temz à la dite crue et l'argent qui en yssira
bailler et délivrer aus dis supplians ou à leur procureur receveur, lequel sera ou seront tenus d'en rendre compte par
devant le bailly de Senlis ou son lieutenant ou autres nos officiers quant et ou il appartiendra et par rapportant ces dittes
présentes et quittances sur ce des dits supplians ou de leur
procureur ou receveur, nous voulons et mandons le dit grene-
fier de ce être tenu quitte et deschargié en ses comptes par
nos améz et féaulx gens de nos comptes et partout aillieurs
où il appartiendra, sans difficulté, non obstant quelconques
ordonnances, mandemens et deffenses à ce contraires.

Donné à Paris, le sixième jour d'octobre, l'an de grace mil
quatre cent quarante et un et de notre règne. le dix neuvième.

    Ainsi signé

                    Par le roy à la relacion

                      ALAIN.

                    (Afforty, XXI. 230.)

LVI

8 juillet 1445

Procès-verbal des délibérations d'une assemblée générale con-
cernant l'établissement des gens d'armes des compagnies
d'ordonnance.

Assemblée faite en l'hotel de la ville au commandement
de maistre Jehan Camus, Jehan le Charon, Jehan Menessier et
Jacques Roussel attournèz, le jeudi, VIII jour de juillet l'an
mil IIII° XLV.

Monseigneur l'abbé de Saint Vincent ;

Davis de Chavigny, prieur de Saint Nicolas ;

Maistre Jehan Baudoyn, dean de Notre Dame etc.

A laquelle assemblée a esté remonstré comment les commissaires ordonnés pour loger les dix lances envoyées par le
roy avaient intencion d'en loger les deux à L'Ille Adam, deux
en la ville de Crespi en Valois et les VI autres en ceste ville,
ce qui avoit esté débatu tant par les gens d'église que par les
habitans, disans que il suffisoit d'en avoir les quatre en la
ville et les deus autres à Creil ou à Pont ; et pour ce a esté
conclud que l'en en prengne le moins que l'en pourra.

Item, a esté remonstré comment les dits commissaires
avoient baillé pour la quotité de la ville, tant pour le clergié
comme pour les habitans la somme de quatre cens l. t. pour
trois mois.

Item a esté remonstré comment il estoit nécessité d'aler
devers le roy pour lui remonstrer comment l'évesché de Senlis estoit excessivement chargé, veu la charge que Compiègne
et le décané ont, qui n'ont que quatre lances, et pareillement
la ville et évesché de Meaulx que VI, et aussi la faulte des
vins tant de l'année passée comme de ceste présente, pour avoir
diminucion. A esté conclud par les dessus nommés que il y
ira un nomme (*sic*) d'église et maistre Siquart de le Canel en
la compengnie de monseigneur l'évêque de Senlis qui y veut
aller pour remonstrer le grant charge et povretté d'icelle ville
et du pays, affin d'avoir descharge de partie des dis gens
d'armes et faire au surplus au mieux que ilz pourront.

DUCHANGE.

(Archives de Senlis, BB. III, f° 50, r°.)

LVII

26 juillet 1445

Requête du procureur du roi près le baillage de Senlis contre l'évêque et les ecclésiastiques de cette ville, coupables de s'être révoltés contre les officiers du roi et d'avoir mis la ville en interdit pour obtenir la mise en liberté de plusieurs gens d'église arrêtés pour injures et outrages aux élus à propos de l'établissement des gens d'armes.

Le procureur du roy expose par une requeste que le roy est comme l'empereur en son royaume et qu'il a les droits impériaux, entre lesquels il marque qu'il ne loyse aux gens d'église par voye oblique d'empescher ne eux efforcer d'empescher la prinze des délinquans des choses dessus dites en la pugnition et correction d'icelles par voye de corps et faire cesser le service divin ou par quelque autre manière que ce soit, en saisine et possession que au roy appartient la prinse de fait de tous malfaiteurs soit lays ou gens d'église, pour les gens d'église, s'ils sont pour cas privilégiés, être rendus à leur ordinaire, et s'ils sont pour cas non privilégiés, dont la connoissance appartienne au roy, pour leur en rendre la détention, chargiés d'iceulx cas privilégiés, et de les amener prisonniers, en certaines et grosses peines, à touttes les journées qui par nous et autres officiers royaux leur seroient assignées pour respondre sur iceulx cas privilégiés au dit procureur du roy, à telles fins qu'il voudroit eslire, en saisine et possession que le dit révérent père en Dieu n'a en icelle ville de Senlis ne en tout le diocèse quelque appréhension ou emprisonnement de fait; en possession et saisine que le dit révérend père en Dieu et ses officiers ne peuvent ne leur loist citer ne admonester verbalement quelque personne, que ce soit, sans citation ou admonition par écrit, scellée du scel du dit révérend père en Dieu, et par espécial les officiers du roy, tant en sa jurisdiction ordinaire comme extraordinaire.

En ce tems le roy avoit envoyé dans la ville des gens d'armes et de trait et certains advitaillements ; pour éviter la pillerie et roberie, qu'ils oroient pu faire au plat pays, chaque village (*lire* élection) devoit entretenir dix lanciers et les archers ; pour lesquels entretenir et soustenir de avitaillement seroit assiz la somme de mil livres tournois, dont la ville de Senlis en corps auroit eu sa cottitté. Le nommé Michel Regnault, prestre, soy disant chanoine de Senlis et curé de Rully, environ quatre heures après midy, en plaine place de Porte-au-Pain, en la ditte ville, qui est lieu public où le peuple a coutume de s'assembler, il émut le peuple contre les eslus, disant qu'ils estoient faussaires et avoient assis plus de quatre cent francs qu'il n'estoit ordonné par le roy, en mettant dans les commissions, données par les commissaires, huit livres pour quatre et ainsy du plus ou du moins, et en requerant Dieu et despitant qu'il le croyoit ou leurs feroit rendre compte et que la chose n'iroit pas ainsy, en continuant en ces paroles bien l'espace de demye heure et plus en telle manière qu'il fit assembler plusieurs personnes populaires, povres gens et autres, pour y celui commouvoir à sédition, commotion contre les dits eslus et officiers, et desquels excès faits le dit M⁰ Michel est coutumier. Pour laquelle chose, après information faite notablement, les dits eslus et officiers donnèrent leurs commissions de l'emprisonner et mener en prison : et de fait, samedy dernier passé, vingt quatre de ce présent mois de juillet, pour ce que par avant on ne l'avoit pu trouver hors lieu saint et s'étoit desfuy pour ceste doubte, fut mis la main à luy de par le roy en luy faisant commandement qu'il rendît son corps prisonnier ès prisons du roy nostre sire, à Senlis, dont il fut reffusant en disant qu'il n'y entreroit jà et désobéissant au dit commandement ; pour lesquelles causes fut pris et appréhendé de fait par le dit sergent pour lui cuidier mener ès dittes prisons ; auxquels de tout son pouvoir il donna toute rebellion et désobéissance et non pas seulement luy, mais à son aide et renfort estoient illec présents M⁰ Jehan Bailleul l'ainsné, soy disant chanoine de Senlis, et M⁰ Yves Lamirault le jeune, chapellain de l'église Saint Rieul de Senlis, M⁰ Pierre Chardel, religieux de Saint Maurice et autres; hors des mains du dit sergent et de fait le recourrent tellement, qu'il s'en alla bien loin pour cuidier soit aller rendre en franchise, et n'eust esté les dits eslus et autres officiers, qui survinrent, il eust gagné franchise et eust été du tout hors de la main du roy nostre sire, en enfreignant la sauve garde du roy, et de fait fut mené prisonnier par les dits officiers, dont il appella.

Et tantôt et incontinent, sans quelque admonition précé-

dente, le dit révérend Père en Dieu, les doyen et chapitre de
Senlis, l'abbé de Saint Vincent, le prieur de Saint Maurice,
M° Jehan Roucel, curé de Sainte Genneviève, M° Guillaume
du Bois, curé de Saint Rieul, M° Henri Dufour, curé de Saint
Pierre, M° Jacques de Layeville, chanoine et plusieurs autres
faisants la plus grande et saine partie du clergié de Senlis,
illec assemblé de fait, en contant du dit emprisonnement et
par manière d'assemblée et monopole illicite, avoient conclu
et délibéré entre eux le cesse en l'église ; et de fait envoyèrent en l'église de Saint Aignan de Senlis deffendre de chanter vespres du samedy et encores eux assemblés s'estoient
transporté à la Porte-au-Pain où ils trouvèrent le prévost de
la ville de Senlis, auquel verbalement, sans citation ne mo-
nition par écrit ne scellée du scel de la cour, le dit révérend père en Dieu fit commandement, qu'il rendit le dit
prisonnier dedans trois heures après en ça, sur peine d'excommuniement et de quarente marcs d'argent. Et, de là, se transportèrent vers l'hostel de M° Flourant Boucault, l'un des dits
eslus, pour pareillement faire les dites monitions et citations.

Laquelle chose venue à la connoissance des dits eslus et
autres officiers du roy, se transportèrent vers la ditte Porte-
au-Pain devers le dit révérend père en Dieu et gens d'esglise pour les cuidier d'esmouvoir, ce qu'ils ne purent. Mais
estoient tellement esmeus et échauffés que ils maltraitoient
raison de justice et plusieurs d'eux répondirent aus dits officiers du roy mal gracieusement et irrévérement et arrogament,
et sur ce que par informacion il estoit apparu aus dits eslus
de l'excès et rebellion donnés par les dits M° Jehan de Bailleul, M° Yvon Lamirault et Pierre Charel, lesquels s'estoient
efforcés et de fait avoient requiersé le dit M° Michel Regnault, prisonnier, iceulx eslus les firent constituer prisonniers. Mais ils donnèrent telle rébellion et désobéissance en
regniant et malgréant Dieu, qu'ils n'y entreroient ja, pour
puissants que les dits eslus fussent, et de fait le dit révérend
père en Dieu et autres gens d'église, illec présents, s'efforcèrent de tout leur pouvoir de ce contredire et empêcher par
voye de faits. Néentmoins à l'aide d'autres que les dits officiers, qui n'estoient point assez forts, ils y furent menés dont
ils appellèrent et en les y menant et metant la main donnèrent
plusieurs coups et horions aux officiers du roy et autres qui
estoient à leur aide et finablement ils furent menés.

Et comme de laquelle chose ils ont continué de rechef ou corps de la ditte église et de faire cesser le service divin et refuser enterrements et autres choses religieuses afférans aux sacrements de l'Eglise pour cuidier par cette voye oblique et de fait contre Dieu et sainte Eglise empescher la prinse, punition et correction des dits délinquans et de fait admonester verbalement les dits eslus, prévost et autres officiers de rendre les dits prisonniers sur peine d'excommuniement et de quarante marcs d'argent, qui n'estoit pas aus dits eslus, obstant les dittes appellations par eux interjettées, et moyennant lesquelles la connoissance en estoit dévolue au roy nostre sire à son grand conseil ou au moins à la cour du parlement et aux généraux sur le fait de la justice par ressort, parce que les dits eslus ne povoient plus connoître des dits prisonniers ne en faire quelque délivrance pour doubte d'aptempter, et néantmoins, sans oir les dits eslus et autres officiers, combien qne touttes admonitions se doivent faire par écrit et doivent contenir ce qui s'ensuit, *nisi causam allegare voluerint vivum,* car proceder par voye d'excommuniement et de fait prononcer les dits eslus excommuniés en jugement, combien qu'ils eussent plusieurs causes raisonnables de ce refuser par les moyens dessus dits et de non pouvoir bailler les dits prisonniers, obstant les dittes appellations par eux interjettées, et avec ce en contempt des dits exploits fait citer Regnault le Couvreur, prévot de la ville de Senlis, Jacques Roussel, et se vantent d'en faire citer plusieurs autres qui ont esté à l'aide des dits officiers du roy et pour procéder à l'exécution des dits emprisonnements et en ces choses ont continués et continuent de jour en jour et perturbant par voye de fait la justice du roy, ou grand esclandre de toutte la chose publique et de tout le peuple d'icelle et ou préjudice des autres subjez du roy nostre sire, en abusant de leur justice spirituelle, en voulant par voye de fait empêcher les droits impériaux et la juridiccion du roy, en le troublant et empêchant en ses décrets, saisine et possession, à tort. sans cause, judiciairement et de nouvel et en luy faisant nouvelleté indue.

Pour ce est-il que nous, ces choses considérées, vous mandons et commandons, de par le roy nostre sire, que les dits révérend père en Dieu, abbé, doyen, prieur, curéz, cheveciers et chapelains et autres gens d'église, adjourniéz par devant vous au lieu *au Pain,* où les dits excès ont été faits, pour tous lieux contentieux à l'encontre du procureur du roy nostre sire ou son substitut, pour luy veoir ramener cette présente complainte, de fait veoir maintenir le roy nostre sire et son dit procureur ès dittes possessions et saisines, réparer et amender les exploits, entreprises et excès dessus dits, c'est à scavoir le révérend père en Dieu simplement par procureur, si bon luy semble, et les autres en leurs personnes, voir maintenir et garder le roy nostre sire et son procureur en ses dittes possessions et saisines, plus à plain contenues et spécifiées en cette présente complainte, en leur faisant commandement de par le roy nostre sire que les dits excès, monitions, citations et excommuniements et autres entreprinses dessus dittes, ils révoquent, rappellent et mettent du tout au néant et se cessent doresnavant de tels troubles et empeschement, en leur faisans les dittes deffenses sur certaines et graves peines à appliquer au roy nostre dit seigneur et à ces fins les contraigniez par prinse et exploittation de leur temporel, et en cas d'opposition, révocation des dits, citations, admonitions, entreprinses, excès, ouvertures des églises et moustiers et rétablissement fait, premièrement et avant toutte autre la main du roy nostre sire tenant à leur dit temporel et commissaires sur ce ordonnés et adjourner les opposans, contredisans et à comparoir, c'est à scavoir le dit révérend père en Dieu simplement, et les autres en leurs propres personnes à certain et compétent jour par devant mon dit seigneur le baillif ou vous à son siège de Senlis à l'encontre du dit procureur du roy pour voir dire et déclarer, etc.

Donné sous le grand scel aux causes du dit bailliage, le dimanche vingt cinq juillet, l'an de grace 1445.

(Afforty, XXI, 309.)

LVIII

16 janvier 1446 (n. s.)

Rapport des députés de la ville de Senlis à l'assemblée con-
voquée à Meaux par le roi pour faire un règlement sur
l'entretien des gens d'armes des compagnies d'ordon-
nance.

Assemblée faitte en l'ostel de la ville, à son de cloche et
par cry faict par les carrefours, le dimenche XVI° jour de
janvier l'an mil IIII° quarante et cinq, au commandement de
Jehan le Charon, maistre Jehan Camus et Jaques Roussel.

. . . .

A laquelle assemblée a esté remonstré par maistre Siquart
de le Canel comment lui, Jehan le Charon et Polet Canterel
avoient esté esleuz pour aler en la ville de Meaulx devers
maistre Jehan Juvenel, évesque de Laon, monseigneur évesque de Maillezès et M° Jehan Picard, général, envoyés par le
roy nostre sire pour dire et exposer à plusieurs villes estans
deçà les rivières. Lesquelx leur exposèrent plusieurs poins
tant sur le gouvernement des gens d'armes envoyés par le
roy nostre sire ès dis lieux, comme pour avoir un aide au
pays de Langue d'Oil montant à la somme de trois cens mil
livres sans les frés à payer à deux termes, c'est assavoir la
moitié le premier jour d'avrilg et l'autre moitié le premier
jour de septembre ensuivant, dont pour la cotité de la dite
ville, du decané de Senlis et de Crespy en Valois, a esté baillé
la somme de mil livres sans les frés, pour payer les grans
frès et despences que il fait tant à assembler les seigneurs de
son sang et barons de ce royaulme, cappitaines et gens
d'armes pour estre en sa compaignie pour parlementer sur le
fait de la paix avecques le roy d'Engleterre.

Sur lequel gouvernement des gens d'armes leur a esté ordonné et appointé pour chacun mois l'argent et vivres qui ensuivent; c'est assavoir pour chacun homme d'arme X l. t. et
pour ses archés et varlet de guerre autres X l. t. avecques
XX s. pour lance pour l'estat du cappitaine, qui est en
tout pour mois XXI l. t. ou fr. en argent; et pour les
dix livres tournois restans pour le paiement de la dite

lance fournie ils payeront, bailleront et délivreront pour chacun mois les vivres qui s'ensuivent, c'est assavoir une charge trois quars de blé, fourment et sègle par moitié, chacune charge pesant II^c L l. du poix de Paris, trois chartées de bois, compettans et convenables, six charges d'avoine, chacune charge pesant II^c L l. du dit poix et deux chartées de foing et paille, les deux pars foin et le tiers paille, chacune charge pesant mil l. du dit poix, ou payeront et fourniront à leur choix les gens de la ditte ville et élection aus dis gens d'armes les vivres en la manière que ils ont fait jusques à présent. Et en oultre IIII l. t pour mois pour homme d'armes, lui III^{mo} et pour deux archés ou leur coutelier ou varlet autres IIII l. t., avecques XX s. t. par mois pour lance pour l'estat du cappitaine pour la quantité des hommes d'armes qui sont logiés ès villes et élections desus dittes parmi ce que en prenant l'une de ces deux voyes par les gens de la dite élection, les dis gens d'armes seront tous jours tenus de payer leurs hostellages modérés et raisonnables.

(Archives de Senlis, BB. III, f° 53, r^o.)

LIX

3 juillet 1446

Les habitants de Senlis, réunis en assemblée générale, nomment des délégués pour former un conseil municipal et gouverner la ville.

Assemblée faitte en l'ostel de la ville, à son de cloche et au commandement de Jehan le Charon, maistre Jehan le Camus, Jaques Roussel et Jehan Mennessier, atournéz, le dimenche III° jour de juillet, l'an mil IIII^c XLVI.

Jehan Moustardier, esleu ;

Maistre Siquart de le Canel ;

. . . .

. . . .

Et plusieurs autres.

A esté aussi conclud que pour ce que l'en sonnait souventeffois la cloche pour faire les asemblées de la ville pour remonstrer les affaires que elle avoit souventeffois à faire ilz ne venoient aucuns, obstant leurs affaires, qui estoit ou grant grief, préjudice et dommaige de la dicte ville, qui pouroit estre la destruction d'icelle, qui seroient de·chacun mestier prins une personne avecques aucuns du conseil et bourgois de la dicte ville, lesquelx seroient tenus de venir au mandement des attournéz en l'ostel de la ville pour remonstrer les affaires, qui survenoient et conclure ensemble sur ce qui seroit à faire et pour ce faire et conclure avecques les dits attournéz pour ceste présente année maistre Siquart de le Canel, Geffrin de Cuizy, Asselin de Guibert, Jehan Bernard, Jehan le Couvreur, Jehan Pengnon, Jehan Bondin, Pierre Velerat, Pierre Gasté, Jehan Sausoye l'aisné, Guillaume le Barbier, Jehan le Clerc foulon, Guillot Bellin, Robinet Martine le Jeune, Jehan Costerel, Regnaut Torine, Simon le Chandeillier.

(Archives de Senlis, BB. III, 58.)

LX

19 mai 1449

Procès-verbal de l'opposition formée par les échevins et habitants de la ville de Meaux à la taxe de deux lances et demie mise sur leur ville et diocèse à la décharge de l'élection de Senlis

A tous ceux qui ces présentes lettres verront ou orront, Pierre Blandurel, garde des sceaulx de la prévosté de Meaux, salut. Savoir faisons que le samedy dix septième jour de may, l'an mil quatre cent quarante neuf, en présence de nous et de Jehan Fournier, clerc tabellion juré et·establi au dit Meaulx par le roy nostre seigneur, environ heure de huit heures du matin, en l'ostel Jehan du Valengelier, dit du Chasteau, nommé l'hostel du Gouvernault au dit Meaux, Jehan Bauliard, advocat au dit Meaux, Thierry Basin, Pierre de la Rue et Pierre Regnault, gouverneurs de la ditte ville de Meaux, quant à présent, et Gille Godart procureur et receveur de la ditte ville et communauté d'icelle, avec plusieurs des manans et habitants du dit lieu. Lequel Mᵒ Jehan Bauliart, à la requeste desdits gouverneurs et procureurs, adressant ses paroles à la personne de honorable homme et saige

M° Pierre de Brabant, conseiller général du roy nostre sire sur le fait de la justice des aides, commissaire en ceste partie, luy dit ;

Monseigneur, il est bien vray que les gouverneurs d'icelle ville ont fait assembler plusieurs des habitants de la ville qui cy sont présents et leur ont fait scavoir ce que nous avez aujourd'uy exposé et signiffié, c'est à scavoir que vostre intention estoit et qu'il convenoit asseoir et estre gouvernéz encore et par dessus le nombre des gens d'armes, qui sont en ce diocèse, deux lances et demye, à la décharge du diocèse et élection de Senlis, laquelle commission vous a été baillée par honorable homme et saige monseigneur maistre Jehan Picart, grand général de France sur le fait des finances, à la requeste des bourgeois, manans et habitants de la ditte ville de Senlis pour icelle mettre à execution, de laquelle commission nous avez aujourd'uy fait lecture et par vertu d'un mandement impetré par les dits de Senlis envers le roy nostre dit seigneur ; et après ce que messieurs que véez et en présent étez assemblés ont eus conclusions ensemble, me font dire et vous respondre que en tant que touche le fait de votre commission et que icelle ne mettiez ou faciez mettre par vous ne par autre en quelque manière que ce soit à exécution, ils se opposent à toutes fins et mesmement Gilet Godard qui cy est présent comme procureur des dits habitants, tant pour eulx que pour le diocèse et tous autrès du dit diocèse qui avecques eulx voudront être adhérans, en vous requérant que vous leur veulliez donner et assigner jour compétent pour dire les causes de leur opposition et pour eux sur ce conseiller et adviser avec ce, en vous requérans coppie de vos dittes commissions et mandements.

A quoy et après plusieurs parolles alléguées et proférées tant par le dit commissaire que par le dit Bauliard en demonstrant et alléguant la povreté grans charges et nécessitez tant du diocèse de Senlis comme de Meaux, en effet et substance que voulontiers les recevoit et recu à leur opposition, en leur donnant et assignant jour pour dire les causes de leur opposition à estre et comparoir par devant luy au lendemain ou jusqu'au lundy ensuyvant pour tout le jour.

Auquel jour et assignation par luy assigné les dits Bauliart et procureur ès noms que dessus ne voudrent pas accepter, quant pour le dimanche par ce qu'il leur sembla estre trop brief, en luy disant et demonstrant que il estoit néces-

saire faire ascavoir aux autres villes de l'évêché et élection
de Meaux les causes et pourquoy il étoit venu en la ditte ville
et que du samedy au dimanche il ne se pourroit faire, mais
que le lundy pour tout le jour ou jusqu'à midy ils le feroient
bien ascavoir aux dittes villes et lui rendroient réponse sur
les parolles cy dessus proférées tant d'une partie comme
d'autre.

Et à icelle requeste que fist ledit Bauliart au dit commissaire luy dit le dit commissaire que bonnement ne poroit pas
vacquer ne estre longuement en la ditte ville de Meaux se
non que se ceux de la ditte ville vouloient dire et mesmement
au dit jour de lundy les causes de leur opposition, que volontiers il le sorroit, non obstant que il n'avoit encore rien ex-
ploité, comme il disoit: et outre, se ceux de la ditte ville
vouloient informer au contraire du donné à entendre pour
ceux de Senlis par l'information par eux faite touchant le
fait et puissances des diocèses et élections l'un contre
l'autre, il estoit prest de comparoir et entendre ad ce
qu'ils voudroient faire et à leurs despens ; et touttes les choses
dittes et proferées tant d'une partie comme d'autre, iceulx
gouverneurs et habitans se retrahirent hors de la chambre
en laquelle étoit logé le dit commissaire et pourparlèrent ensemble et incontinent rentrèrent en la ditte chambre et fist
derechief requeste le dit Bauliart au dit commissaire de la
partie des dits procureurs et gouverneurs que il leur voulsist
donner et assigner jour jusqu'à six semaines ou un mois pour
dire les causes de leur opposition et tellement qu'ils se
peussent pourveoir et conseiller de ce qu'ils auroient à faire
avec ce copie de sa commission et mandement. Et ce fait
leur respondit ledit commissaire qu'ils retournassent par
devers luy le dit jour à heure de quatre heures après midy
ou environ et il leur donneroit jour compétent pour dire et
déclarer les causes de leur opposition. Ad ce faire furent
presens nobles hommes Parchal (*sic*) de Courtignan, escuier
et Girard du Drac.

Le mesme jour à l'heur de cinq heures après midy ou environ se comparurent au dit hotel et lieu par devers iceluy
maistre Pierre, commissaire dessus nommé, iceulx maistre
Jehan Bauliart, Giles Godart, procureur, avec les dits gouverneurs et plusieurs autres ; etc, ausquels le dit commissaire bailla et assigna jour au vingt sixième jour de ce pre-
sent mois à estre et comparoir par devant luy en ceste ville

de Meaux pour dire les causes de leur opposition. Etc. — Dont et desquelles choses cy dessus proferrées tant d'une partie comme d'autre, Arbelet Toynon, demeurant au dit Senlis nous requist lettres par manière de provision pour valoir et aidier à la ditte ville de Senlis en tems et lieu que raison donra, auquel ont été accordées et baillées ces présentes, ausquelles en tesmoing de ce nous, gardes des sceaux dessus nommés, avons mis le scel et contre-scel de la ditte prevosté, avec le seing manuel du dit tabellion juré. Ce fut fait en presence des eslus dessus nommés l'an et jour premiers dits.

Ainsy signé : FOURNIER.

(Afforty XXI, 421),

LXI

2 février 1460 (n. s.)

Les habitants de Senlis nomment en assemblée générale les répartiteurs chargés d'asseoir la taille levée chaque année pour l'entretien des gens d'armes des compagnies d'ordonnance.

Assemblée faitte en l'ostel de la ville, au commandement de Jehan Thibiviller, Asselin de Guibert, Andrieu Maresne et Arnoul de la Père, attournéz, le samedi second jour de février l'an mil IIIIᶜ LIX, à son de cloche et par cry publique par les carrefours, là où se sont comparus les personnes qui s'ensuient :

Robert de la Place, procureur de la ville ;
Etc.

A laquelle assemblée a esté remonstré par les diz attournez comment les esleuz leur avoit representé leurs lettres de commission par laquelle il leur estoit mandé qu'ilz feissent asseoir sur les habitans de la ditte ville la somme de quatre cens quatre vins et dix livres tournois franchement pour souldoier quatre lances et demie fournies chacune de VI hommes et VI chevaulx, qui se monte pour un an au pris de XXXI francs pour lance, comprins l'estat du cappitaine, à XVIᶜ LXXIIII l., ensemble la somme de VIIˣˣ X l. t. et pour les gaiges du cappitaine des dis frans archers XXX l. t,

à payer à quatre termes, dont le premier terme est le premier
jour de décembre derrein passé, le second le premier jour
de mars ensivant, le tiers le premier jour de juing après ensivant et le quart le premier jour de mars ensivant; la ditte
commission donnée en date le XVIII° jour de décembre l'an
mil IIII° LXIX.

Lesquelx dessus nommés pour asseoir la ditte taille ont
esleu Pierre Lemoyne, Jehan de l'Ostel, Jehan du Four,
Pierre de Michi, Jehan du Russel, Pierre le Vingneron, Jehan
Poudremont, Berthelemi Creton, Thomas Hazart.

(Archives de Senlis, BB. IV, f° 4.)

LXII

13 mars 1468 (n. s.)

*Les habitants de Senlis, réunis en assemblée générale, nom-
ment pour leurs députés aux Etats généraux de Tours,
Hugues Boileau et Adam Barthélemy et votent une taille
pour payer leurs frais de voyage et de séjour.*

Assemblée faite en cest hostel de la ville au soon de la
cloche et cri publique le dimenche XIII° jour de mars l'an mil
IIII° LXVII pour eslire deux personnes ydoines et suffisantes
pour aller à Tours au mandement du roy nostre sire où il a
mandé aller ainsi qu'il est plus à plain contenu ès lettres
missibles par le dit seigneur envoyées à messieurs les bourgois manans et habitans de la ditte ville et aussi aux gens
d'église, et aussi pour remonstrer aus dis habitans plusieurs
affaires de la ditte ville.

Polet Canterel,
Jaques Roussel,
Jehan le Charon,   } Attournés;
Raoulequin Grilleu,
Jehan Mannessier, procureur;
Jehan Dupont, clerc;
Etc.

En laquelle assemblée après ce que lecture a esté faitte
des dittes lettres par Jehan Manessier, procureur de la ditte
ville, et qu'il a esté remontré aultres affaires de la ditte ville,

a esté conclud et délibéré que les dis maitre Hugues Boileaue,
lieutenant, et Adam Barthelemy yront et y ont esté esleuz ;
et pour ce qu'il convenoit bailler puissance aus dis esleus de
conclure et consentir ce qu'il leur sera remonstré, il leur a
esté donné puissance de consentir pour tous les dessus dis.
Et encore pour ce qu'il y a à avoir de l'argent pour aller au
dit voiage et habiller les francs archers, il a esté délibéré que
sur la taille qui n'est assise au moins baillée ne publiée, il sera
encore mis VI^{xx} l. p. pour prendre et colecter avec la ditte
taille, laquelle assiette sera faitte par les asseeurs ja esleus
à asseoir la ditte taille.

(Archives de Senlis, BB, IV, f⁰ 39.)

LXIII

21 avril 1468

· *Les députés de Senlis aux Etats Généraux de Tours font leur
rapport sur leur mission aux habitants de la ville, réunis
en assemblée générale.*

Assemblée faitte en l'ostel de la ville de Senlis. au saon de
la cloche par le commandement de messieurs les gouverneurs et attournéz, pour oyr le rapport de honorables hommes
et saiges maistre Hugues Boyleaue, licencié en loys, lieutenant général de monseigneur le bailli de Senlis et Adam Barthelemy, procureur du roy nostre sire ou dit baillage, envoyéz
par assemblée cy devant en la ville de Tours, ainsi que cy devant est dit et desclaré ; en laquelle assemblée estoient les
personnes qui s'ensuivent le XXI jour de avril l'an mil
IIII^c LXVIII, quatre heures après-midi.

. . . .
. . . .

Par lesquels maistre Hugues Boileaue et Adam Barthèlemy,
par la bouche du dit maistre Hugues a esté remonstré bien
au long la manière, que a esté faitte aux dis trois estas, les
causes pour quoy l'assemblée a esté faitte, les conclusions qui
ont esté prises et par qui et comment, qui seroit longue
chose à réciter et pour ce n'en a esté cy rien mis, excepté
les mémoires qui ont esté bailléz et laisséz à monseigneur le
chancellier, ainsi qu'il a esté ordonné, desquelx mémoires

bailléz par les dessus dis la teneur s'ensuit et par avant ensuit la conclusion et délibéracion, qui a esté faitte par les diz trois estas, laquelle délibéracion les dessus dis ont baillé et d'icelle délibération avant les articles la teneur s'ensuit.[1]

(Archives de Senlis. BB. IV, 40.)

LXIV

26 janvier 1469

Une assemblée de notables renvoie à une assemblée générale la nomination des répartiteurs chargés d'asseoir la taille.

Assemblée faitte en l'ostel de la ditte ville par le commandement de messieurs les attournéz le XXVI^mo jour de janvier l'an mil IIII^c LXVIII.

Polet Canterel,
Jaques Roussel, } Attournéz ;
Denis Barthelemy,
Maistre Guillaume le Fuzelier ;
Jehan Mannessier, procureur ;
Etc.

. . . .

. . . .

Ausquels a esté remonstré par la bouche de maistre Guillaume le Fuzelier l'un des dits attournéz que messieurs les esleuz avoient voulu bailler la cottité et portion de la taille, ceste année présente, mais que mes dits sieurs les gouverneurs ne l'avoient pas encore voulu accepter de recepvoir sans premier en parler aux dessus dits assembléz afin de savoir que l'en pourra fère, comme l'en la pourra asseoir et le plus expédient afin de éviter aux frais que se pevent faire et que chacun an s'en ensuivent et qui plus leur a esté remonstré plusieurs choses dittes et aléguées à mes dits sieurs les esleuz touchant ceste matière, par lesquelz a esté conclud que pour asseoir la ditte taille fault fère le moindre frait que fère ce pourra et que pour l'asseoir seront prins deux des attour-

---

[1] Ce ne sont que des préliminaires insignifiants que le scribe n'a pas eu le courage de compléter.

néz et quatre ou six hommes autres, mais pour les eslire qu'il est de nécessité de fère assemblée géneralle au son de la cloche pour eschever le murmure du peuple et commun de ceste ville.

(Archives de Senlis, BB. IV, 45.)

LXV

19 juillet 1472

Procès-verbal des délibérations d'une assemblée générale concernant la démolition de certaines maisons voisines des fortifications et le service militaire des gens d'église.

Assemblée faitte en l'ostel de la ville à son de la cloche par le commandement de messieurs les attournéz le dimenche XIX^mo jour de juillet l'an mil CCCC LXXII.

Robert de la Place,
Denis Barthelemi,
Mahieu Duchange,   } Attournéz ;
Regnault Dolle,
Etc.

En laquelle assemblée a esté remonstré la délibération qui avoit esté faitte de besogner en la fortification de la ville ainsi qu'il a esté ja commencé et pour ce que en besoignant l'en a trouvé qu'il est de nécessité desmolir et abattre aucunes maisons et édiffices, qui sont autour de la muraille comme l'ostel des XV^xx, partie de l'ostel messire Gilles Thiery, partie de l'ostel de la grant Chantrerie de Saint Rieulle et autres lieux, lesquelles desmolicions aucuns qui avoient charge de conduire les dites fortifications n'avoient pas voullu faire sans délibération sur ce, afin de savoir ce qu'il est de faire. Et oultre a est remonstré que les gens d'église ne font point de guet, du moins s'ils le font se n'y gardoient-ilz point d'ordre..... [1] s'en viennent quant ils veulent et si ne vont point à la porte assez souvent afin de regarder.

. . . .

Et au premier point a esté delibéré que les attournéz et

---

[1] Mot effacé.

gouverneurs et aultres gens notables appellés avec eux les
maistres des œuvres de massonnerie et charpenterie ou aultres gens en ce cognoissants yront veoir les édiffices qui
sont à desmolir pour la fortification de la ditte ville et tout
ce qu'il sera trouvé expédient à desmolir pour la fortification
de la ditte ville et nuysant à icelle sera desmoly et abatu au
moins dommageable de ceulx à qui est que faire se pourra,
eulx premièrement ouyz. . . . . sur aucunes offres
que l'en dit que aucuns ont faittes assavoir se les dites offres
raisonnables ou non, desquelles offres les gouverneurs et
attournéz, appellés les dits maistres des œuvres, pourront
discuter et congnoistre, considéré la nécessité qu'il est de
faire les dites fortifications commencées, lesquelles sont mout
prouffitables à la ville.

A l'autre point sur le guet et porte des dits gens d'eglise, il
a esté délibéré que ilz feront guet et arrière guet avec les
habitans et seront contrains les dits gens d'église comme les
dis habitans d'aller au guet et à la porte par le commandement des sergens et officiers de la ville, et si seront mesléz et
entrelasséz l'un parmi l'autre c'est assavoir les gens d'église
avec les habitants et n'yront point les gens d'église ensemble.
Il a esté enjoinct que nul ne se parte du guet jusques ad ce
que l'arrière guet soit venu et monté et seront envoyéz
esveiller ceulx de l'arrière guet par ung de ceulg qui sont
au guet. . . . . et demourront ceux de l'avant guet
tant et jusques ad ce que les dits de l'arrière guet seront
arrivéz.

(Archives de Senlis, BB. IV. fᵛ 52. vᵒ.)

LXVI

Mars 1475 (n. s.)

Les élus retirent trois francs-archers sur quinze à la ville de
Senlis, qui en avait plus qu'elle ne devait en supporter en
raison du nombre des feux qu'elle renfermait.

A tous ceulx qui ces présentes lettres verront les esleuz
sur le faict des aides, ordonnéz pour la guerre en la ville et
élection de Senlis, salut. Savoir faisons que le mercredi hui-

tième jour de mars l'an mil CCCC soixante quatorze nous,
estanz en la ville de Barron avec Jehan de Ronsac, lieutenant
général de Loys de Balengny, cappitaine des francs archers,
pour recevoir les monstres de la dite élection, par Denis
Barthélemi, Pierre le Moine, gouverneurs et attournéz de la
ditte ville de Senlis, Geffroy de Bonviller, argentier de la
ditte ville et Jehan Maraine, prévost du dit Senlis, stipulant
le fait d'icelle ville, nous fut dit et remonstré et au dit lieutenant, que, combien que par les ordonnances faittes par le roy
nostre sire pour la création des dits francs archers il eust
esté ordonné par le roy nostre dit seigneur à chacune élection
de son royaume, tant ès bonnes villes que ès villages, que
cinquante feux feroient ung archer, néantmoins nous ou noz
prédécesseurs esleuz leur avions ordonné fournir quinze francs
archers, dont ilz avoient esté fort chargiéz, pour ce qu'ilz
n'estoient pas tant de feux ne en si grand nombre que l'ordonnance le contenoit, et, qui pis estoit, la ditte ville de Senlis
encores estoit depuis diminuée et deppopulée de plus de la
tierce partie au moien de la peste et mortalité, qui y
avoit eu cours depuis ung an en çà, durant laquelle estoit
mort quatre francs archers et n'en avoient plus que unze,
nous requérans et au dit lieutenant général que leur voulsis-
sions faire modéracion de leurs dits quatre francs archers,
qui estoient alléz de vie à trespas, comme dit est, et ordonner
les fournir à autres villes ou villages de nostre ditte élection
ou, si non, leur en ordonner fournir tout autant et ainsi que
l'ordonnance le contient selon le nombre des feux de la ditte
ville. Sur laquelle requeste par l'advis et délibération par
nous prise avec le dit lieutenant général et avec Thomas
Fouace, lieutenant particulier des francs archers de nostre
ditte élecion, ordonnasmes et appointasmes aux dits gouverneurs et attournéz bailler par devers nous le nombre des
feux de la ditte ville pour les veoir et visiter avec tous les
autres feux des villes et villages de nostre ditte élection et,
iceulx veux, s'il estoit trouvé qu'ils feussent trop chargéz, leur
diminuer des dits francs archers ce qu'il appartiendroit par
raison, et ceulz, qui leur auroient esté diminuéz, bailler à
autres villes ou villages, que trouverions estre mains chargiéz,
que eulz, s'aucuns en trouvions. Et le vendredi ensuivant
X^mo jour du dit mois ou dit an, nous retournéz, les dits gouverneurs, en ensuivant nostre ditte ordonnance et appoin-
tement, nous ont baillé le nombre de leurs dits feux ; à ceste

cause appellé avec nous le dit Thomas Fouace, lieutenant particulier des francs archers de nostre ditte élection, avons
veu et visité les dits feux avec les autres feux des villes et
villages de nostre ditte élection et pour ce que avons trouvé
n'avoir au dit Senlis que cinq cens quatre vingt dix sept feux,
esquelx y a grand partie de femmes vesves, et par ce ne
doivent avoir ne fournir que douze francs archers au plus,
nous, par l'advis et délibéracion par nous prise avec le dit
Thomas Fouace, lieutenant particulier, avons ordonné aus-
dits habitants de Senlis fournir les dits douze francs archers,
ainsi que l'ordonnance du roy nostre dit seigneur le contient,
et les trois autres francs archers, qu'ilz avoient, faisans les
quinze, les avons ordonné fournir à autres villes et villages,
que avons trouvéz moins chargéz que les dits habitants de
Senliz, ainsi qu'il est contenu en nostre ordonnance faitte pour
le fournissement des habillemens des dits francs archers,
pourveu et par ainsi que les dits habitants de Senliz seront
tenus de bailler aux habitans des lieux, où avons ordonné
estre les dits trois francs archers, tous les habillemens que
avoient leurs dits trois francs archers, qui sont alléz de vie
à trespas, tant brigandines, sallades, hocquetons, voulges,
arcs, trousses et autres habillemens à eulx servans en guerre.
En tesmoing de ce nous avons séellé ces présentes de l'un de
nos seaulx les jours et an dessus ditz.

DESPREZ *par vostre commandement.*

(Archives de Senlis. EE, 14.)

LXVII

3 août 1475

Les habitants de Senlis décident qu'on ne les convoquera plus
aussi souvent en assemblée générale et nomment un conseil
des mestiers pour gérer les affaires communes..

Avecques ce a esté conclud, que sans plus faire si grants
assemblées de menu peuple, que de chascun mestier soit et
sera prins ung ou deulx hommes pour venir ou dit hostel de
ville pour conclurre avecques les attournéz et gouverneurs
d'icelle touchant les affaires de la ditte ville, en ensuivant

laquelle délibéracion ont esleuz les personnes qui ensuivent :

C'est assavoir pour les drappiers et chaussetiers Raoulequin Grileu et Vincent Fouques ;

Pour les bouchers, Guillaume Methelet et Regnaut d'Acy ;

Pour les tenneurs, cordonniers et autres gens de cuir, Guillaume Richevillain et Pierre Lemoyne ;

Pour les tisserans et foullons, Jehan Martine et Pierre Lape ;

Pour les merciers, chapelliers et gantiers, Regnaut Dolle et Jehan Lecry ;

Pour les charons et mareschaulx, Jehan Thue, Lancelot Sanguin ;

Pour les tonneliers, Jaquet Taconnet et Thomas Lejeune ;

Pour les massons et charpentiers, Noël Luillier et Regnaut Martine ;

Pour les barbiers, Jehan Taiffet et Regnaut Cornu ;

Pour les vignerons et mennouvriers, Guillaume Brugnart et Jaquet Favier ;

Pour les selliers, Ancelot Tavaulx et Thierry de Villiers ;

Pour les cousturiers, Jehan Boudereau et Jehan Moumet;

Pour les taverniers, Robin Gallet et Jehan Croisettes, tavernier ;

Pour les boulangers et patissiers, Jehan Thirelet, Jehan Roussel ;

Pour les praticiens, maistre Guillaume Fuzelier, Loys Leclerc ;

Ausquelx dessus nomméz esleuz et délléguez a esté donné povoir de comparoir ou dit ostel de ville, touteffois que mestier sera et de conclure, comme dessus est dit, avecques les diz attournéz pour les affaires de la ditte ville, toutes voyes n'entendent pas les dessus nomméz, que se il leur plaist estre ès dites assemblées, qu'ilz n'y puissent estre et comparoir quand bon leur semblera.

(Archives de Senlis, BB. IV, f⁰ 74, v⁰.)

LXXVIII

7 avril 1516

Le lieutenant général ordonne aux attournés ou gouverneurs
de ne plus faire d'assemblées particulières.

Assemblée générale faitte en l'ostel de la ville de Senlis le lundi VII° jour d'avril mil cinq cens et seize après Pasques par l'ordonnance de honnorables hommes maistre Arnauld des Friches, licencié en loix, lieutenant général de monsieur le bailly de Senlis, en laquelle assemblée sont comparus les personnes cy après nommées.

C'est assavoir le dit lieutenant général ;

Maistre Robert Gonet, licencié en loix, advocat du roy nostre sire ou dit baillage ;

Maistre Mathieu Barthélemy, licencié en loix. Daniel Vizet et Nicolas de l'Ostel, gouverneurs de la ditte ville.

. . . .

. . . .

Et plusieurs autres en grant nombre.

En la dite assemblée par le dit maistre Mathieu Barthélemy, gouverneur, a esté dit et remonstré qu'il y avoit procès en la court de parlement à l'encontre d'aucuns habitants de Thiers et de Neufmolin, pour raison des pasturages de la ditte ville de Senlis, qu'ilz s'efforçoient faire perdre à la ditte ville, pour raison de quoy on avoit fait assemblée générale en l'ostel de la ditte ville puis naguères ; en laquelle assemblée avoit esté conclud et délibéré qu'il y seroit pourveu par justice par la ditte ville par l'advis et oppinion de gens de bien de conseil d'icelle ville ; par quoy avoient fait appeller gens de bien de conseil de la diste ville à aujourd'huy heure de huit heures du matin en l'ostel d'icelle ville pour en parler et communiquer, et qu'il n'estoit point besoing pour ceste cause faire assemblée générale au son de la cloche et que la ditte assemblée générale n'estoit point faitte par leur auttorité et ordonnance.

Oyes lesquelles choses, par le dit lieutenant général il a esté fait deffenses aus dits maistre Mathieu Barthelemy, Daniel Vizet

et Nicolas de l'Ostel, gouverneurs, chacun d'eulx en peine de
XX l. p. d'amende en leurs pruppres et ét privéz noms, de
ne faire doresnavant aucunes assemblées particulières en
l'ostel de la ditte ville, et quant ilz en vouldroient faire
qu'ilz les facent générales et au son de la cloche. Dont et
desquelles deffenses les dits Barthelemy, Vizet et de l'Ostel,
gouverneurs, se sont déclaréz et portéz pour appelans, et en
ce faisant sont partiz et en alléz du dit hostel de ville.

(Archives de Senlis, BB. V, f° 38, v°.)

LXIX

25 février 1552 (n. s.)

*Procès-verbal d'une délibération des habitants de Senlis
concernant les assemblées générales et les quarteniers et
autres officiers du guet.*

Le jeudy vingt cinquiesme jour de febvrier jour sainct
Mathias, l'an mil cinq cent cinquante ung, a esté faitte
assemblée géneralle en l'hostel de la ville de Senlis au son
de la cloche et cry publicq par l'ordonnance et commandement de honorables François Bonnauld, Claude Germain,
Jacques Truyart et Estienne de la Fosse, gouverneurs et
eschevins de la dite ville, qui a esté signiffiée à monsieur
le lieutenant particulier de monseigneur le bailly de Senlis
et aux advocat et procureur du roy au dit bailliage par
Pierre de Bury, sergent et officier de la dite ville, en laquelle
assemblée présidoit honorable homme et saige M° Jehan
Chastellain, licencié en loix, lieutenant particulier de monseigneur le bailly du dit Senlis et y assistèrent les dits gouverneurs et les personnes qui ensuyvent.

M° Jacques Barthélemy, advocat du Roy.

M° Raoul Coulon, procureur du Roy, etc.

. . . .

. . . .

. . . .

Pareillement remonstré que eu regard aux mouvemens et
bruict des guerres, qui à présent se présentoient et estoient
en termes en ce royaulme, estoict requis et nécessaire mettre

sus et renouveller de quartiniers, cinquanteniers et dizeniers
en la dicte ville pour les affaires et choses souldaines, qui y
pourroient advenir, affin de par ce moyen y povoir promptement pourveoir et tenir la dicte ville en plus grand seuretté,
à ceste fin veoir ou faire veoir les registres ou roolle, qui en
avoient esté faictz par cy devant, pour congnoistre par cela
cy ceulx esleuz et ordonnéz estoient encore vivans et demourans au dict Senlis avec les personnes estans de leurs charges
et soubz eulx, et où il se‘trouveront ainsy, adviser par les
dits registres ou rooles, si les choses en ce regard avoient
esté et estoient bien en commandement faittes et ordonnées
et où il se trouveroit aultrement y estre pourveu et le tout
réduit et mys en bon ordre et police.

Et par la mesme remonstrance a esté dict que combien
qu'il ne se feust par cy devant faict aucune assemblée géné-
ralle en l'hostel de la ditte ville sinon au son de la cloche et
par cry publicq, néantmoyns il estoict veu ordinairement que
tant es dittes assemblées géneralles que ès particulières se
trouvoient peu des ditz habitans, aulmoings quant aux personnes d'auctorité et notables de la ditte ville, tant officiers
du roy, advocatz, gens de praticque, conseil et marchans, que
aultres de commun estat, à moyen de quoy ne pouroict des
cas, matières et affaires de la ditte ville, mys en termes et
remonstrances ès dittes assemblées, estre conclud et déter-
myné par cy amples advis et délibérations, comme il avoit
esté et seroict bien requis et nécessaire, et combien que à la
fois y comparust et assistat des dictz habitans du dict commun estat en nombre, sy toutes voyes, considéré leurs
qualitéz et estatz, ne pouvoict d'eulx estre tiré que petite
chose en advis et délibération, ce qui encores ne pouvoit
estre bonnement ne seurement faict que en désordre, bruict et
tumulte. A moyen de quoy sembleroict estre bon et convenable pour donner ordre à ce que dict est, oster et faire cesser
les deffaultes et non comparances ès dictes assemblées, tout
tumulte et confusion et les affaires, résolutions et conclusions
n'estre divulguéz ne publiéz, mais tenuz secrets en cas de
choses requises, estre ordonné que tant aus dictes assemblées
générales que particulières ne seroient doresnavant appelléz
ne souffertz comparoir ne assister que le juge présidant, les
advocat, procureur du roy, les officiers principaulx du dict
seigneur, les gouverneurs et officiers de l'hostel de la ditte
ville et les ditz quarteniers, cinquanteniers et dizeniers et non

aultres, si les cas et affaires ne requéroient y avoir et estre appelléz aucuns aultres officiers du roy, advocatz ou marchans nécessaires pour les délibérations et conclusions d'aucuns des dittes assemblées et effect d'icelles, et que ce qui seroict advizé, conclud et arresté ès assemblées faittes ainsy et à la forme et manière dessus ditte seroict tenu, demoureroict ferme et estable et sortiroict effect comme sy elles avoient esté et estoient faictes publicques entre tous les dictz habitans, sur lesquelz deus poinctz onst esté requis estre aussy pris l'advis des dictz assistans et comparans.

. . . .

. . . .

. . . .

Et sy a esté conclud concordablement par l'advis général des dictz comparans et assistans sur le contenu en l'article de la remonstrance faite cy dessus pour le faict et cas des qarteniers, cinquanteniers et dizeniers de la dite ville et de la forme de doresnavant faire les assemblées généralles et particulières en l'hostel de icelle, que le renouvellement et ordonnance des dits quarteniers cinquanteniers et dizeiniers se fera par les gouverneurs et eschevins de la ditte ville, qui à ce faire seront tenuz promptement et sanz délay vacquer.

Et seront les dictes assemblées générales et particulières doresnavant faictes en la forme et manière déclarées ès dites remonstrances et articles. Et que à ceste fin et ad ce que les dits quarteniers pussent advertir les cinquanteniers, les dizeniers, et les dizenniers leurs dizaines de personnes, estans sous la charge de eulz, des cas et matières qui se présenteront et pour lesquels deveront les dittes assemblées estre faittes et puissent les advix des dictz habitans estre entenduz par ce moyen ès dittes assemblées et par eulx estre d'iceulx respectivement munys, instruictz et selon iceulx donner leurs advis ès dittes assemblées, seront doresnavant tenuz les dictz gouverneurs et eschevins et leurs successeurs appeller ou faire appeller en l'hostel de la ditte ville les ditz quarteniers trois jours ou aultre temps plus long et compectant devant les jours des dittes assemblées et à iceulx exposer, donner à entendre, ou sy mestier est et les cas et matières sont d'importance et le requièrent, bailler par escript les causes et matières des dittes assemblées, pour par les dictz quarteniers en faire exposition, le donner à entendre, bailler par escript et faire savoir aux cinquantenyers, les cinquantenyers les faire savoir aux dizenyers et les ditz dizenyers aux personnes de leur dizaines. Lesquelles assemblées faictes par la voye et ainsy que dict est, ensemble ce que en icelles sera advisé, conclud, délibéré et arresté seront tenuz et repputéz bons, vallables et solempneblement faictz, fermes et estables et sortiront effect et accomplissement tout ainsy que si elles avoient esté ou estoient faittez publyques entre touz les diz habitans.

De Montagny.

(Archives de Senlis, BB. VI., f⁰ 100.)

LXX

18 août 1566

Les ouvriers et petits marchands s'opposent à la nomination d'un conseil de notables que proposaient les attournés d'accord avec les principaux habitants de la ville.

Assemblée générale a esté faicte et tenue en l'ostel de la ville de Senlis le dimanche dix huictiesme jour d'aoust l'an mil cinq cens soixante six heure de sept heures du matin au son de la cloche et cry publicq en la manière acoustumée de l'ordonnance de noble homme maitre Philippes Lebel, advocat au dit Senlis, maitre Nicolas de Bonviller, esleu de Senlis, et Jacques Dupuis, controulleur du grenier et magasin à sel du dit Senlis, gouverneurs et eschevins de la ditte ville, icelle signifiée dès le jour précédent aux lieutenant général et procureur du roy du bailliage du dit Senlis, en laquelle assemblée sont comparuz les dits gouverneurs en leurs personnes et plusieurs notables personnes manans et habitans de la dite ville, partie desquels sont cy après dénommés.

Premièrement

Mᵉ Philippes Loysel, lieutenant général du bailliage de Senlis, président en la dite assemblée.

Mᵉ Jehan Bougon, lieutenant cryminel du dit bailliage.

Noble homme Mᵉ Philippes le Bel, conseiller, seigneur de la Boissière.

Mᵉ Guillaume Durand.

Mᵉ François Pelletier.

Mᵉ Anthoine Parent, conseiller du siège présidial du dit Senlis.

Mᵉ Nicolas de Barthélemy, procureur du roy au dit bailliage et siège.

Mᵉ Pierre Lain, prévost forain du dit Senlis.

Mᵉ Jehan de Briquegny, prévost de la dite ville.

·Mᵉ Estienne Methelet, advocat.

Mᵉ Pierre Villet, advocat.

Mᵉ Philippes de la Haie.

Mᵉ François le Jay, esleu de Senlis.

Mᵉ Nicolas Truyart, advocat.

Mᵉ Pierre de Sainct Gobert, procureur du dit Senlis.

Mᵉ Nicolas Laurens.

Mᵉ Pierre Cornuel.

Mᵉ Anthoine Broulart.

Mᵉ Guillaume Fortier.

Mᵉ Jehan Thureau,

Mᵉ Nicolas Roussel, procureur de la dite ville.

Jehan le Torgeur, officier et concierge de l'hostel de la dite ville.

Nicolas Leullier, \
François Lesueur, } crieurs trompettes.
Yves Chastellain, /
Pierre de la Verdure.

Mᵉ Charles Chevalier.

Mᵉ Denis de Montaigny.

Mᵉ Nicolas Crochet.

Mᵉ Gérard Foucques.

Mᵉ Claude Guérin.

Mᵉ Pierre de Bonviller, procureur.

Mᵉ Anthoine Raymbault.

Mᵉ Jehan Truyart, procureur.

Mᵉ Jehan Sauvaige.

Anthoine du Houel, sergent à cheval.

François de Mérien, aussi sergent à cheval.

Rieule Delaruelle, sergent à cheval.

Robert Panthon, sergent à verge.

Nicolas le Roy, sergent à verge.

Pierre du Fresnoy, sergent à verge.

Marchans

Raoul de Cornouailles.
Jacques Truyart.
Claude Germain.
Estienne Delafosse.
Arnoult Nondart.
Claude Stocq.
Pierre de Sains.
Jacques Dugaast.
Marc Marchant.
Pierre Boucher.
Simon Petit.
Guillaume Delaruelle.
François de Bury.
Robert Ledoulx.
Quentin Duquesne.
Anthoine Lecoy.
Michel le Torgeur.
Jehan Lemoyne.
Jacques de Geresmes.
Jacques Dumesme.
Jehan Duquesnoy.
Jehan Thirelet.
Pierre Hémet.
Pierre Gosset.
Jehan Cain.
Jacques Briquegny.
Jehan Noel.
Pierre Le Rouge.
Jehan Lemaire.
Nicolas Sanson.
Jacques Dole.
Pierre Dole.
Pierre Cabart.
Jehan Panthon, tenneur.
Jehan Truffault.
Pierre Chéron.
Sandryn Belart.
Et plusieurs autres personnes en grand nombre tous habi-
tans de la dite ville de Senlis.

. . . .

Aussi remonstré que de jour en jour ou bien souvent il advient plusieurs affaires à la dite ville de grande conséquence, où il convient hastivement entendre et prendre l'advis de gens saiges et de conseil à grands fraiz pour la ditte ville, et sy advient quelzques fois aucunes affaires que l'on a accoustumé de rapporter ès assemblées des dis habitans ou le plus souvent par faulte de gens de conseil, qui ne comparent ès dittes assemblées, l'on est contrainct remettre les dittes affaires au conseil, que pour éviter aux frais qu'il peust couster à la ditte ville vers le dict conseil, que l'on appele sur les dittes affaires, et pour les autres petites affaires survenans et qui se pourront vyder avec ung nombre de gens saiges et prudens, choisiz et esleuz, soient en la présente assemblée choisi et nommé douze personnes, gens de bien, saiges et prudens, assavoir trois advocatz, trois procureurs, trois bourgeois et trois marchans artisans, pour doresnavant avec les dits gouverneurs veoir, adviser et délibérer des affaires de la ditte ville et aus dits gouverneurs donner conseil sur icelles affaires et conclurre sur ycelles ainsy qu'il appartiendra, sans à l'advenir faire assemblées des dits habitans, qui ne sert que de confusion, considéré qu'en la pluspart des dictes assemblées ny compare gens, qui puissent donner conseil et advis sur l'affaire, qui se mect en terme et qui se présente, et le plus souvent advient qu'il est conclud ès dictes assemblées, que les dits gouverneurs en communicqueront au conseil, pour estre faict selon qu'ilz trouveront par icelluy conseil, çe qui semble aus dits gouverneurs estre très utile de ainsi nommer et eslire douze telz personnaiges saiges pour entendre et donner conseil sur les dictes affaires, et sans touteffois toucher aux grandes affaires, qui pourront survenir et que requerront bien de faire entendre aux habitans de la ditte ville en assemblée générale, comme d'eslire gouverneurs de la ditte ville, asseoir et imposer deniers, eslire asseeurs et collecteurs qui pourront estre faictes comme l'on a accoustumé faire ès assemblées générales des dits habitants.

Toutes lesquelles remonstrances mises en délibération des dits assistans et prins leurs advis tant en particulier qu'en général et sur ce oy le dit procureur du roy a esté par l'advis et délibération des dits assistans en la dite assemblée conclud.

Conclud quant au dict premier point d'eslire douze personnes pour servir de conseil à la dite ville, oy les dits assistans et entre autres les dit procureur du roy, advocats et

procureurs estans en la dite assemblée, qui avoient esté
d'advis, qu'il convenoit eslire les dites douze personnes et de
faict en auroient nommé six praticiens et six marchans, ce
qui auroit esté empesché par les marchans et autre menu populaire, estans en la dite assemblée en grant nombre, disans
qu'il n'estoit besoing d'avoir autres personnes que les dits
quatre gouverneurs et que, s'il advient quelque grand affaire
de conséquence, il convenoit en faire assemblée et rapporter
en icelle ce dont il est question ou en communicquer au conseil, et que si en aucun temps y a eu pareil nombre de conseillers à la dite ville ce a esté en temps de guerre et non
en temps de paix, comme nous sommes aujourd'huy, par quoy
ne convenoit avoir à la ditte ville les dits conseillers avec les
dits gouverneurs.

A esté conclud, oy les dits marchans et menu populaire
de la manufacture, et ordonné que les dites douze personnes
pour conseil ne seront mis et instituéz, quant à présent, et
quant les dits gouverneurs auront quelque grand affaire pour
la dite ville prendront avec eulx et en communiqueront à gens
de conseil et saiges aux despens de la dite ville pour estre
fait et exécuté ce qu'ils trouveront estre à faire et le rapporter
à la première assemblée.

(Archives de Senlis, BB. VI, fol. 344.)

LXXI

21 août 1568

*Procès-verbal des délibérations d'une assemblée de notables
concernant le service militaire des gens d'église.*

Assemblée particulière a esté faitte en l'ostel de la ville
de Senlis le samedi vingt unième jour d'aoust l'an mil cinq cens
soixante huict en laquelle sont comparuz M° Jehan Carnel
advocat, Philippes Séguin, procureur, Jehan Noel et Antoine
Rigault, gouverneurs et eschevins de la dite ville, qui avoient
fait faire la dite assemblée et assistèrent en icelle monsieur
le bailly du dit Senlis en personne, M° Philippes Loysel,
lieutenant général du dit baillage et autres cy dénommés.

Monsieur le bailly de Senlis, président en la dite assemblée,
M° Philippe Loisel, lieutenant général.

M⁰ Philippes Lebel, seigneur de La Boissière, lieutenant particulier,

M⁰ Guillaume Durand, conseiller du siège présidial du dit Senlis,

M⁰ Gabriel Despougny, aussi conseiller,

M⁰ François Pelletier, conseiller,

M⁰ Jehan Fournier, elleu de Senlis,

M⁰ Nicolas de Bonviller, aussi elleu,

M⁰ Nicolas Laurens, cinquantenier,

Estienne de la Fosse,

Claude Stocq, cinquantenier,

Jacques Dupuis, l'aisné, cinquantenier,

M⁰ Pierre de Saint Gobert, procureur,

M⁰ Pierre Gormiel,

Adam de Bonviller,

Philippes Chauderon,

Jacques Dugast,

Jehan Letorgeur,

Yves Chastellain.

Et plusieurs autres habitans de la dite ville, ausquelz avoient esté signifié de comparoir.

Ausquels assistans les dits gouverneurs par le dit Carnel ont remonstré que suivant certainne ordonnance du dit sieur bailly, donnée le jour de jeudi dernier, ilz avoient faict appeller à huy, en la présente assemblée, par devant le dit sieur bailly, les religieux prieur et couvent de Saint Vincent, les religieux prieur et couvent de Saint-Maurice et aussi ceulx de Notre Dame de la Charité, dits les Bons Hommes du dit Senlis, affin qu'il soit dit avec eulx, qu'il fourniront gens et hommes cappables et suffisants pour la garde des portes et pour la deffence de la ditte ville et semblablement mettre gens au guet de la nuit selon leur tour et aux heures et jours, qui leur sera signiffié, ainsi que ont fait et font les autres manans et habitans de la dite ville, quant y leur est signiffié, considéré la guerre, qui est en ce païs à raison de la religion crestienne et pour éviter aux surprises des ennemis de la religion catholicque apostolicque et romaine ;

Aussi ont faict monsieur l'évesque du dit Senlis, pour estre comme les dessus dits cottiséz et contrainz à fournir gens et hommes es dits guets de la nuit et garde des portes de la dite ville, et semblablement messires Loys Thibault et Jehan de Moncy, prestres, chanoines de l'église cathédrale du dit Senlis, depputéz pour le clergé du dit Senlis, autres séculiers que le dit évesque, affin d'estre le dit clergé séculiers de la dite ville coctizé à fournir hommes au dit guet et portes, ou qu'il soit discuté sur ce que le dit Thibault et de Moncy avoient le jour de jeudi dernier en l'ostel de la ville, fait offre comme depputéz du dit clergé séculiers de la dite ville, d'aller les dits du clergé en personne à la garde des dites portes de la ditte ville, s'il plaisoit au dit sieur bailly et non au guet de la nuit, pour éviter à scandale et autres choses qui en pourroit advenir, s'ilz y alloient, aussi que la plus part d'iceulz sont subjetz au service des matines, requérans les dits sieur bailly et gouverneurs les vouloir excuser et exempter du dit guet de la nuit, sur laquelle requête leur avoit esté donné jour à la présente assemblée pour en estre délibéré.

Suivant lesquelles assignations sont comparuz, en la ditte assemblée, assavoir pour le dit seigneur évesque messire Pierre de Sainct Gobert comme son procureur fondé de lettres de procuration, lequel a offert, fournir et bailler, quant son tour viendra à cause de sa maison épiscopale du dit Senlis pour aller ès dit guet et portes deux hommes equippez et armez de harquebuzes et autres armes nécessaires et selon les jours, qui luy sera signifié comme les voisins de sa dite maison et non aultrement.

Pour les dits de Saint-Vincent autres que l'abbé, est comparu maistre Nicolas de Bonviller esleu et procureur du dit Senlis, comme substitut de maitre Raoul Charmolue procureur des dits religieux prieur et couvent assisté du prieur claustral, lequel a remonstre que par la particion faicte avec leur abbé, icelluy abbé est tenu les acquitter de tous subsides, fraiz et mises, qui se feront pour le roy et son service, mesmes pour le faict de la ditte ville et pour ceste cause n'estoient et ne sont tenuz bailler gens et hommes pour la garde ou deffense de la ditte ville, requerans delay pour sommer le dit abbé de Saint-Vincent.

Et par les dits de Saint Maurice, comparans par frère Claude Maupin, religieulx du dit lieu, a este dit, qu'ils estoient pauvres religieulx, qui n'ont moyen ou puissance de fournir quelque homme es ditz garde des portes et guet de la nuit, considéré qu'ilz sont au roy et tenus de fournir au service de leur dite esglise, requerans estre exempts des dits guet et garde.

Semblablement les dits religieux de Notre Dame de la Charité, dit les Bons Hommes, comparans par frère Michel, prieur du dit lieu; ont remonstré qu'ilz estoient mendians leur vie, qui n'avoient povoir et puissance de bailler homme et fournir es dits guet et portes et comme chacun scet, sy n'estoit l'aumosne des bonnes gens, qui leur donnent, ilz ne pourroient vivre du dit prieuré.

A quoy les dits gouverneurs ont faict responce tant au dit sieur évesque, que autres dessus nommez, mesmement au dit sieur Thibault et de Moncy, chanoines, comparans en la dite assemblée, comme depputez du clergé du dit Senliz pour les séculiers autres que le dit évesque;

Qu'en l'année dernière mil cinq cens soixante sept les dits de Moncy et Thibault pour les dits séculiers avoient fourny et baillé aus dits gouverneurs pour la deffence de la dite ville pour chascun jour vingt quatre hommes armez et equippez, qui ont servy assavoir les huit d'iceulz harquebuziers aux gardes des dites portes et les autres seize harlebardiers, au guet de la nuit par chacun jour et nuit, le camp des ennemis estant en la ville de Sainct Denis et depuis le dit camp levé, auroient continué la dite année V^c LXVII à bailler chacun jour et nuit les dits XXIIII hommes, et maintenant qu'il [est] autant besoins ou plus de garder la ditte ville des surprises des dits ennemis estans respanduz partout et que l'on veoit qu'ils ont puis nagueres surpris plusieurs villes circonvoisines du dit Senlis, n'ont voulu iceulx du clergé aller ou envouyer es dits guet et garde des portes de la ditre ville, soustenans les dits gouverneurs que les dits religieux de Saint Vincent doivent bailler et fournir chacun jour six hommes, les dits de Saint Maurice quatre hommes, les dits du clergé vingt hommes et le dit sieur evesque dix hommes, considéré le bien qu'ils ont en la dite ville et aussy que les pauvres habitans de la ditte ville de la manufacture artisans et tous autres bourgeois d'icelle n'ont jamais cessé d'aller en personnes es dits guet et portes, a quoy ils sont si laz que s'il ne leur est aide des dits ecclésiastiques, ilz ne pourront plus y fournir ne satisfaire.

Sur lesquelles remonstrances, prins l'advis des dits assistans en la ditte assemblée et encores oy les dits Thibault et Moncy depputez pour les dits seculliers du dit clergé autres que le dit sieur évesque, en la présence d'eulx et des dits comparans tant séculiers que réguliers, a esté ordonné par le

dit sieur bailly assisté des dits lieutenant général et particulier du dit baillage de Senlis, que les dits du clergé séculiers pour lesquels le dit sieur de Moncy et Thibault depputez
avoient offert aller en personne a la garde des dittes portes
et non au dit guet de la nuit, qu'ilz et chascun des dits du
clergé de la ditte ville séculiers iront en personnes ou
envoyront hommes pour eulx et en leurs lieux suffisans et
cappables selon leur tour et comme leurs voisins, quand leur
sera signiffié tant à la garde des dittes portes, que au guet
de la nuit, sur peine d'amende, dont ilz seront exécutéz en
leurs biens.

De laquelle ordonnance les ditz députéz ont protesté appeller
laquelle ilz feront scavoir aus dits séculiers et aux sieurs des
chappitres de Senlis.

Ordonné que le dit seigneur évesque suivant son offre sera
tenu bailler et envoyer es dites gardes des portes deux hommes
bien équippéz et arméz de harquebuzes et pareillement au
guet de la nuit, selon son tour comme ses voisins, après que
le dit de Saint Gobert pour le dit évesque a confessé que le
dit évesque ès troubles derniers fournissoit avec les dits séculiers six hommes à ses despens. Et néantmoins dit est, sy
mieulx semble au dict seigneur evesque fournir et payer par
chacun jour deux hommes au hault du clocher de l'église
Notre Dame du dit Senlis pour servir de guet et sonner le
toxin quand il verra approcher gens en trouppe vers la ditte
ville de Senlis, faire le pourra pour demourrer quitte des dicts
porte et guet de la nuit.

Ordonné que le dit prieur et couvent de Saint Vincent du
dit Senlis fourniront es dits guets de la nuit et garde des
dites portes, quant leur tour viendra, et qui leur sera signiffié
par le dixenier ou cinquantenier, deux hommes à leurs despens
arméz et équipéz.

Et suivant l'offre faite par Mᵉ Nicolas Roussel comme procureur de l'abbé du dit Saint Vincent est ordonné que le dit
abbé ou autre tenant le revenu et administration fournira ung
homme ou dit guet et partera son tour.

Que les dits de Saint Maurice fourniront deux hommes es
dits guet et portes selon leur tour et soubz le cinquantenier
ou dizenier du quartier.

Et quant aus dits relligieux des bons hommes ont esté tenuz
pour exemptz de fournir gens ès dits guets et portes considéré
leur pauvreté de biens.

Et ce, le tout par manière de provision et sauf à augmenter ou diminuer selon que la nécessité ce requerra et qu'il sera de besoing.

Dont et chacune des dites parties ont requis lettres pour sur icelles se pourvoir ainsi qu'ilz verront estre à faire et semblablement les dits gouverneurs.

LEMOYNE,
(Archives de Senlis, BB. VI. 369).

LXXII

Décembre 1609

Henri IV confirme les privilèges dont jouissaient pour le droit de minage les communiers, c'est-à-dire les habitants descendant des anciens membres de la commune supprimée en 1320.

Henry, par la grâce de Dieu roy de France et de Navarre, à tous présens et à venir salut. Nos améz et féaux les habitans de nostre ville de Senlis, yssus des communiers et francs bourgeois d'icelle ville, nous ont fait entendre que par privillège ancien, donné par nos prédécesseurs roys de France aux communiers de la ville de Senlis, ceulx qui sunt yssus des anciens communiers d'icelle ville du costé paternel ou maternel sont exempts du boisselet que le fermier de nostre minaige à Senlis a accoustumé prendre sur chacun septier de bled en telle sorte que les descendants des dits communiers, vendans bled en leur maison ou au marché de la ville de Senlis de leur creu ou avoines, ne sont tenus appeller le fermier de nostre minage ny paier aucun boisselet ou autre chose pour le droict de mesuraige, et s'ilz acheptent du bled au marché ou au grenier d'icelle ville, après la délivrance faicte de leur mesure, ils prenoient et doibvent prendre à leur proffict le droit de boisselet deu par le vendeur estranger et de ces droitz eulx et leurs prédecesseurs ont jouy par temps immémorial et par les dernières années, lesquels leur ont esté confirméz par divers jugemens, tant de nostre bailly de Senlis qu'arrezt de nostre cour de Parlement de Paris et par lettres de nos prédécesseurs, roys de France, nous requérans humblement leur vouloir accorder nos lettres de confirmation des privillèges dessus dits, non obstant que les confirmations précédentes ne soient représentéez, d'aultant que les dits communiers faisant leur assemblée ordinaire par chacun an en l'église de Saint Lazare fauxbourgs de Senlis, où ilz avoient coustume tenir leur chartrier et tiltres, icelles lettres de confirmation ont esté perdues au siège inopiné, qui fut mis par nos ennemis durant nostre dicte ville de Senlis en l'année 1589. A ces causes désirans favorablement traiter les dis habitans de nostre ville de Senlis, avons à iceulx confirmé, ratiffié et approuvé les droits et privilèges susdits de nostre grâce spéciale plaine puissance et autorité royalle, confirmons, ratiffions.   .   .   .   . etc.

Donné à Paris, au mois de décembre, l'an de grâce mil six cent neuf et de nostre règne le vingt et un.

(Archives de Senlis. Original. CC 12).

TABLE DES MATIÈRES

Chapitre II

Justice et Guerre

Chapitre III

Finances

Chapitre IV

Suppression de la commune

DEUXIÈME PARTIE

Communauté. 1320-1610

CHAPITRE I

Liquidation de la commune et formation du nouveau régime municipal.

CHAPITRE II

De l'administration municipale

Chapitre III

Des affaires municipales

Chapitre IV

Des Finances municipales

CONCLUSION

Décadence du régime démocratique; prépondérance des notables ; conditions d'éligibilité pour la nomination des attournés,
établies au profit de l'aristocratie bourgeoise; transformation
de la charge municipale de dépensier en un office royal de receveur; influence toujours croissante des lieutenants du bailli;
intervention constante des officiers royaux dans les affaires de
la communauté; organisation de la tutelle administrative ;
suppression des libertés locales et des franchises municipales. 154

PIÈCES JUSTIFICATIVES

Chartres. — Imprimerie Durand frères, rue Fulbert

ADDITIONS ET CORRECTIONS

Nous n'indiquerons pas ici les fautes de ponctuation ni les fautes d'impression que les lecteurs peuvent corriger facilement.

P. 12, l. 35. Au lieu de : *Il était sans aucun doute,* lisez : *Il était sans doute.*

P. 18, l. 37. Au lieu de : *Les serviteurs des chanoines ne devaient en principe,* lisez : *Les serviteurs des chanoines ne devaient pas en principe.*

P. 81, l. 3. Au lieu de : De 1383 à 1594, lisez : De 1383 à 1514

www.ingramcontent.com/pod-product-compliance
Lightning Source LLC
Chambersburg PA
CBHW070211030726
47505CB00006B/1639